"十二五"职业教育国家规划教材
经全国职业教育教材审定委员会审定

 全国高等职业教育药品类专业
国家卫生健康委员会"十三五"规划教材

供药品经营与管理、药品服务与管理等专业用

药品经营管理法律实务

第**3**版

主　编　李朝霞

副主编　徐　娟　梁安鹏

编　者 （以姓氏笔画为序）

王丽丽（山西药科职业学院）　　　　徐　娟（天津生物工程职业技术学院）

王柯厶（重庆医药高等专科学校）　　梁安鹏（山西滨海专业大药房连锁有限公司）

李朝霞（山西药科职业学院）　　　　韩玉娟（北京卫生职业学院）

张蓓蓓（亳州职业技术学院）

人民卫生出版社

图书在版编目（CIP）数据

药品经营管理法律实务/李朝霞主编.—3 版.—北京：
人民卫生出版社,2018
ISBN 978-7-117-26053-4

Ⅰ.①药… Ⅱ.①李… Ⅲ.①药品管理法-中国-高
等职业教育-教材 Ⅳ.①D922.164

中国版本图书馆 CIP 数据核字(2018)第 050635 号

| 人卫智网 | www. ipmph. com | 医学教育、学术、考试、健康，购书智慧智能综合服务平台 |
| 人卫官网 | www. pmph. com | 人卫官方资讯发布平台 |

药品经营管理法律实务

第 3 版

主 编：李朝霞
出版发行：人民卫生出版社(中继线 010-59780011)
地 址：北京市朝阳区潘家园南里 19 号
邮 编：100021
E - mail：pmph @ pmph. com
购书热线：010-59787592 010-59787584 010-65264830
印 刷：北京盛通数码印刷有限公司
经 销：新华书店
开 本：850×1168 1/16 印张：17 插页：1
字 数：400 千字
版 次：2009 年 1 月第 1 版 2018 年 7 月第 3 版
2024 年 1 月第 3 版第 4 次印刷(总第 8 次印刷)
标准书号：ISBN 978-7-117-26053-4
定 价：48.00 元
打击盗版举报电话：010-59787491 E-mail：WQ @ pmph. com
(凡属印装质量问题请与本社市场营销中心联系退换)

全国高等职业教育药品类专业国家卫生健康委员会
"十三五"规划教材出版说明

《国务院关于加快发展现代职业教育的决定》《高等职业教育创新发展行动计划(2015−2018年)》《教育部关于深化职业教育教学改革全面提高人才培养质量的若干意见》等一系列重要指导性文件相继出台,明确了职业教育的战略地位、发展方向。为全面贯彻国家教育方针,将现代职教发展理念融入教材建设全过程,人民卫生出版社组建了全国食品药品职业教育教材建设指导委员会。在该指导委员会的直接指导下,经过广泛调研论证,人民卫生出版社启动了全国高等职业教育药品类专业第三轮规划教材的修订出版工作。

本套规划教材首版于2009年,于2013年修订出版了第二轮规划教材,其中部分教材入选了"十二五"职业教育国家规划教材。本轮规划教材主要依据教育部颁布的《普通高等学校高等职业教育(专科)专业目录(2015年)》及2017年增补专业,调整充实了教材品种,涵盖了药品类相关专业的主要课程。全套教材为国家卫生健康委员会"十三五"规划教材,是"十三五"时期人卫社重点教材建设项目。本轮教材继续秉承"五个对接"的职教理念,结合国内药学类专业高等职业教育教学发展趋势,科学合理推进规划教材体系改革,同步进行了数字资源建设,着力打造本领域首套融合教材。

本套教材重点突出如下特点:

1. **适应发展需求,体现高职特色** 本套教材定位于高等职业教育药品类专业,教材的顶层设计既考虑行业创新驱动发展对技术技能型人才的需要,又充分考虑职业人才的全面发展和技术技能型人才的成长规律;既集合了我国职业教育快速发展的实践经验,又充分体现了现代高等职业教育的发展理念,突出高等职业教育特色。

2. **完善课程标准,兼顾接续培养** 本套教材根据各专业对应从业岗位的任职标准优化课程标准,避免重要知识点的遗漏和不必要的交叉重复,以保证教学内容的设计与职业标准精准对接,学校的人才培养与企业的岗位需求精准对接。同时,本套教材顺应接续培养的需要,适当考虑建立各课程的衔接体系,以保证高等职业教育对口招收中职学生的需要和高职学生对口升学至应用型本科专业学习的衔接。

3. **推进产学结合,实现一体化教学** 本套教材的内容编排以技能培养为目标,以技术应用为主线,使学生在逐步了解岗位工作实践、掌握工作技能的过程中获取相应的知识。为此,在编写队伍组建上,特别邀请了一大批具有丰富实践经验的行业专家参加编写工作,与从全国高职院校中遴选出的优秀师资共同合作,确保教材内容贴近一线工作岗位实际,促使一体化教学成为现实。

4. **注重素养教育,打造工匠精神** 在全国"劳动光荣、技能宝贵"的氛围逐渐形成,"工匠精神"在各行各业广为倡导的形势下,医药卫生行业的从业人员更要有崇高的道德和职业素养。教材更加强调要充分体现对学生职业素养的培养,在适当的环节,特别是案例中要体现出药品从业人员的行为准则和道德规范,以及精益求精的工作态度。

5. **培养创新意识,提高创业能力** 为有效地开展大学生创新创业教育,促进学生全面发展和全面成才,本套教材特别注意将创新创业教育融入专业课程中,帮助学生培养创新思维,提高创新能力、实践能力和解决复杂问题的能力,引导学生独立思考、客观判断,以积极的、锲而不舍的精神寻求解决问题的方案。

6. **对接岗位实际,确保课证融通** 按照课程标准与职业标准融通,课程评价方式与职业技能鉴定方式融通,学历教育管理与职业资格管理融通的现代职业教育发展趋势,本套教材中的专业课程,充分考虑学生考取相关职业资格证书的需要,其内容和实训项目的选取尽量涵盖相关的考试内容,使其成为一本既是学历教育的教科书,又是职业岗位证书的培训教材,实现"双证书"培养。

7. **营造真实场景,活化教学模式** 本套教材在继承保持人卫版职业教育教材栏目式编写模式的基础上,进行了进一步系统优化。例如,增加了"导学情景",借助真实工作情景开启知识内容的学习;"复习导图"以思维导图的模式,为学生梳理本章的知识脉络,帮助学生构建知识框架。进而提高教材的可读性,体现教材的职业教育属性,做到学以致用。

8. **全面"纸数"融合,促进多媒体共享** 为了适应新的教学模式的需要,本套教材同步建设以纸质教材内容为核心的多样化的数字教学资源,从广度、深度上拓展纸质教材内容。通过在纸质教材中增加二维码的方式"无缝隙"地链接视频、动画、图片、PPT、音频、文档等富媒体资源,丰富纸质教材的表现形式,补充拓展性的知识内容,为多元化的人才培养提供更多的信息知识支撑。

本套教材的编写过程中,全体编者以高度负责、严谨认真的态度为教材的编写工作付出了诸多心血,各参编院校对编写工作的顺利开展给予了大力支持,从而使本套教材得以高质量如期出版,在此对有关单位和各位专家表示诚挚的感谢!教材出版后,各位教师、学生在使用过程中,如发现问题请反馈给我们(renweiyaoxue@163.com),以便及时更正和修订完善。

人民卫生出版社

2018 年 3 月

全国高等职业教育药品类专业国家卫生健康委员会
"十三五"规划教材
教材目录

序号	教材名称	主编	适用专业
1	人体解剖生理学(第3版)	贺 伟　吴金英	药学类、药品制造类、食品药品管理类、食品工业类
2	基础化学(第3版)	傅春华　黄月君	药学类、药品制造类、食品药品管理类、食品工业类
3	无机化学(第3版)	牛秀明　林 珍	药学类、药品制造类、食品药品管理类、食品工业类
4	分析化学(第3版)	李维斌　陈哲洪	药学类、药品制造类、食品药品管理类、医学技术类、生物技术类
5	仪器分析	任玉红　闫冬良	药学类、药品制造类、食品药品管理类、食品工业类
6	有机化学(第3版)*	刘 斌　卫月琴	药学类、药品制造类、食品药品管理类、食品工业类
7	生物化学(第3版)	李清秀	药学类、药品制造类、食品药品管理类、食品工业类
8	微生物与免疫学*	凌庆枝　魏仲香	药学类、药品制造类、食品药品管理类、食品工业类
9	药事管理与法规(第3版)	万仁甫	药学类、药品经营与管理、中药学、药品生产技术、药品质量与安全、食品药品监督管理
10	公共关系基础(第3版)	秦东华　惠 春	药学类、药品制造类、食品药品管理类、食品工业类
11	医药数理统计(第3版)	侯丽英	药学、药物制剂技术、化学制药技术、中药制药技术、生物制药技术、药品经营与管理、药品服务与管理
12	药学英语	林速容　赵 旦	药学、药物制剂技术、化学制药技术、中药制药技术、生物制药技术、药品经营与管理、药品服务与管理
13	医药应用文写作(第3版)	张月亮	药学、药物制剂技术、化学制药技术、中药制药技术、生物制药技术、药品经营与管理、药品服务与管理

序号	教材名称	主编	适用专业
14	医药信息检索(第3版)	陈 燕 李现红	药学、药物制剂技术、化学制药技术、中药制药技术、生物制药技术、药品经营与管理、药品服务与管理
15	药理学(第3版)	罗跃娥 樊一桥	药学、药物制剂技术、化学制药技术、中药制药技术、生物制药技术、药品经营与管理、药品服务与管理
16	药物化学(第3版)	葛淑兰 张彦文	药学、药品经营与管理、药品服务与管理、药物制剂技术、化学制药技术
17	药剂学(第3版) *	李忠文	药学、药品经营与管理、药品服务与管理、药品质量与安全
18	药物分析(第3版)	孙 莹 刘 燕	药学、药品质量与安全、药品经营与管理、药品生产技术
19	天然药物学(第3版)	沈 力 张 辛	药学、药物制剂技术、化学制药技术、生物制药技术、药品经营与管理
20	天然药物化学(第3版)	吴剑峰	药学、药物制剂技术、化学制药技术、生物制药技术、中药制药技术
21	医院药学概要(第3版)	张明淑 于 倩	药学、药品经营与管理、药品服务与管理
22	中医药学概论(第3版)	周少林 吴立明	药学、药物制剂技术、化学制药技术、中药制药技术、生物制药技术、药品经营与管理、药品服务与管理
23	药品营销心理学(第3版)	丛 媛	药学、药品经营与管理
24	基础会计(第3版)	周凤莲	药品经营与管理、药品服务与管理
25	临床医学概要(第3版) *	曾 华	药学、药品经营与管理
26	药品市场营销学(第3版) *	张 丽	药学、药品经营与管理、中药学、药物制剂技术、化学制药技术、生物制药技术、中药制剂技术、药品服务与管理
27	临床药物治疗学(第3版) *	曹 红	药学、药品经营与管理、药品服务与管理
28	医药企业管理	戴 宇 徐茂红	药品经营与管理、药学、药品服务与管理
29	药品储存与养护(第3版)	徐世义 宫淑秋	药品经营与管理、药学、中药学、药品生产技术
30	药品经营管理法律实务(第3版) *	李朝霞	药品经营与管理、药品服务与管理
31	医学基础(第3版)	孙志军 李宏伟	药学、药物制剂技术、生物制药技术、化学制药技术、中药制药技术
32	药学服务实务(第2版)	秦红兵 陈俊荣	药学、中药学、药品经营与管理、药品服务与管理

序号	教材名称	主编		适用专业
33	药品生产质量管理（第3版）*	李 洪		药物制剂技术、化学制药技术、中药制药技术、生物制药技术、药品生产技术
34	安全生产知识（第3版）	张之东		药物制剂技术、化学制药技术、中药制药技术、生物制药技术、药学
35	实用药物学基础（第3版）	丁 丰	张 庆	药学、药物制剂技术、生物制药技术、化学制药技术
36	药物制剂技术（第3版）*	张健泓		药学、药物制剂技术、化学制药技术、生物制药技术
	药物制剂综合实训教程	胡 英	张健泓	药学、药物制剂技术、药品生产技术
37	药物检测技术（第3版）	甄会贤		药品质量与安全、药物制剂技术、化学制药技术、药学
38	药物制剂设备（第3版）	王 泽		药品生产技术、药物制剂技术、制药设备应用技术、中药生产与加工
39	药物制剂辅料与包装材料（第3版）*	张亚红		药物制剂技术、化学制药技术、中药制药技术、生物制药技术、药学
40	化工制图（第3版）	孙安荣		化学制药技术、生物制药技术、中药制药技术、药物制剂技术、药品生产技术、食品加工技术、化工生物技术、制药设备应用技术、医疗设备应用技术
41	药物分离与纯化技术（第3版）	马 娟		化学制药技术、药学、生物制药技术
42	药品生物检定技术（第2版）	杨元娟		药学、生物制药技术、药物制剂技术、药品质量与安全、药品生物技术
43	生物药物检测技术（第2版）	兰作平		生物制药技术、药品质量与安全
44	生物制药设备（第3版）*	罗合春	贺 峰	生物制药技术
45	中医基本理论（第3版）*	叶玉枝		中药制药技术、中药学、中药生产与加工、中医养生保健、中医康复技术
46	实用中药（第3版）	马维平	徐智斌	中药制药技术、中药学、中药生产与加工
47	方剂与中成药（第3版）	李建民	马 波	中药制药技术、中药学、药品生产技术、药品经营与管理、药品服务与管理
48	中药鉴定技术（第3版）*	李炳生	易东阳	中药制药技术、药品经营与管理、中药学、中草药栽培技术、中药生产与加工、药品质量与安全、药学
49	药用植物识别技术	宋新丽	彭学著	中药制药技术、中药学、中草药栽培技术、中药生产与加工

序号	教材名称	主编	适用专业
50	中药药理学（第3版）	袁先雄	药学、中药学、药品生产技术、药品经营与管理、药品服务与管理
51	中药化学实用技术（第3版）*	杨 红 郭素华	中药制药技术、中药学、中草药栽培技术、中药生产与加工
52	中药炮制技术（第3版）	张中社 龙全江	中药制药技术、中药学、中药生产与加工
53	中药制药设备（第3版）	魏增余	中药制药技术、中药学、药品生产技术、制药设备应用技术
54	中药制剂技术（第3版）	汪小根 刘德军	中药制药技术、中药学、中药生产与加工、药品质量与安全
55	中药制剂检测技术（第3版）	田友清 张钦德	中药制药技术、中药学、药学、药品生产技术、药品质量与安全
56	药品生产技术	李丽娟	药品生产技术、化学制药技术、生物制药技术、药品质量与安全
57	中药生产与加工	庄义修 付绍智	药学、药品生产技术、药品质量与安全、中药学、中药生产与加工

说明：* 为"十二五"职业教育国家规划教材。全套教材均配有数字资源。

全国食品药品职业教育教材建设指导委员会
成员名单

主 任 委 员： 姚文兵　中国药科大学

副主任委员：

刘　斌	天津职业大学	马　波	安徽中医药高等专科学校
冯连贵	重庆医药高等专科学校	袁　龙	江苏省徐州医药高等职业学校
张彦文	天津医学高等专科学校	缪立德	长江职业学院
陶书中	江苏食品药品职业技术学院	张伟群	安庆医药高等专科学校
许莉勇	浙江医药高等专科学校	罗晓清	苏州卫生职业技术学院
昝雪峰	楚雄医药高等专科学校	葛淑兰	山东医学高等专科学校
陈国忠	江苏医药职业学院	孙勇民	天津现代职业技术学院

委　　　员（以姓氏笔画为序）：

于文国	河北化工医药职业技术学院	杨元娟	重庆医药高等专科学校
王　宁	江苏医药职业学院	杨先振	楚雄医药高等专科学校
王玮瑛	黑龙江护理高等专科学校	邹浩军	无锡卫生高等职业技术学校
王明军	厦门医学高等专科学校	张　庆	济南护理职业学院
王峥业	江苏省徐州医药高等职业学校	张　建	天津生物工程职业技术学院
王瑞兰	广东食品药品职业学院	张　铎	河北化工医药职业技术学院
牛红云	黑龙江农垦职业学院	张志琴	楚雄医药高等专科学校
毛小明	安庆医药高等专科学校	张佳佳	浙江医药高等专科学校
边　江	中国医学装备协会康复医学装备技术专业委员会	张健泓	广东食品药品职业学院
		张海涛	辽宁农业职业技术学院
师邱毅	浙江医药高等专科学校	陈芳梅	广西卫生职业技术学院
吕　平	天津职业大学	陈海洋	湖南环境生物职业技术学院
朱照静	重庆医药高等专科学校	罗兴洪	先声药业集团
刘　燕	肇庆医学高等专科学校	罗跃娥	天津医学高等专科学校
刘玉兵	黑龙江农业经济职业学院	邾枝花	安徽医学高等专科学校
刘德军	江苏省连云港中医药高等职业技术学校	金浩宇	广东食品药品职业学院
		周双林	浙江医药高等专科学校
孙　莹	长春医学高等专科学校	郝晶晶	北京卫生职业学院
严　振	广东省药品监督管理局	胡雪琴	重庆医药高等专科学校
李　霞	天津职业大学	段如春	楚雄医药高等专科学校
李群力	金华职业技术学院	袁加程	江苏食品药品职业技术学院

莫国民　上海健康医学院　　　　　　　晨　阳　江苏医药职业学院

顾立众　江苏食品药品职业技术学院　　葛　虹　广东食品药品职业学院

倪　峰　福建卫生职业技术学院　　　　蒋长顺　安徽医学高等专科学校

徐一新　上海健康医学院　　　　　　　景维斌　江苏省徐州医药高等职业学校

黄丽萍　安徽中医药高等专科学校　　　潘志恒　天津现代职业技术学院

黄美娥　湖南食品药品职业学院

前　言

　　《药品经营管理法律实务》(第3版)是全国高等职业教育药品类专业国家卫生健康委员会"十三五"规划教材,主要适用于高职高专药品经营与管理、药品服务与管理等专业的学生。为了培养高素质技能型人才,提高学生的职业素养,真正实现课程内容与职业标准对接、教学过程与经营管理过程对接、职业教育与终身学习对接,本教材结合我国法律法规的最新发展进行了修订。修订后的教材更加经典和实用,主要特色如下:

　　1. 强调可操作性。在编写过程中,针对高等职业教育注重实践训练的特点,强调知识的实用性和内容的简洁性,以简洁明了的知识要点串联与药品经营和管理有关的主要法律,并配合大量的实务操作和经典案例,使学生在深刻理解知识要点的基础上轻松掌握各种技能、技巧。同时,注重学以致用,融会贯通,具有较强的可操作性。

　　2. 注重适用性。本教材设有"导学情景""案例分析""知识链接""课堂活动""点滴积累""目标检测"等栏目,配有PPT课件、"同步练习"等教学资源,特别适用教师的教和学生的学。另外,本教材形式活泼,内容编排灵活多样,克服了以往教材通篇全是文字的呆板格式,有助于激发高职学生的学习兴趣。

　　3. 突出应用性。本教材重点在"做"上下功夫,除了课堂教学过程中的案例分析、课堂活动外,每章的"目标检测"均编写案例分析题和实务操作等内容,且每个实务操作均给出模拟的资料背景,让学生根据资料完成各项具体工作任务,真正体现了"教、学、做"一体式的高职教育教学方法。

　　《药品经营管理法律实务》共十章,分别是法律基础知识、市场主体法律制度、合同法律制度、工业产权法律制度、市场管理法律制度、税收法律制度、劳动法律制度、药品监督管理、药品经营和使用管理、经济纠纷的解决。具体分工是:李朝霞,第一、第二章;王柯厶,第三章;韩玉娟,第四、第六章;王丽丽,第五章;张蓓蓓,第七、第十章;徐娟,第八、第九章;梁安鹏,第八章。

　　在教材编写过程中,各位编者付出了辛勤的汗水,在此深表感谢!同时感谢人民卫生出版社的信赖与帮助!由于编者水平有限,教材中难免存在一些疏漏和不妥之处,敬请专家、读者批评指正。

编　者

2018 年 3 月

目　录

第一章

法律基础知识

ER-01章PPT

▲

导学情景 ∨

情景描述：

　　李某受单位委派到某国考察，王某听说后委托李某代买一种该国生产的名贵药材。 李某考察归来后将所买的价值 1500 元的药送至王某家中。 但王某的儿子告诉李某，其父已于不久前去世，这药本来就是给他治病的，现在父亲已去世，药也就不要了，请李某自己处理。 李某非常生气，认为不管王某是否活着，这药王家都应该收下。 二人因此发生争吵。

学前导语：

　　日常工作、生活中，我们经常会遇到形形色色的类似以上案例的事件和行为，为了使处理的结果合理合法，具有说服力，就需要了解和学习更多的法律基本知识。 本章我们将带领同学们学习法律的概念和特征、法律体系、法律关系、法人、代理等内容，帮助大家树立法律意识，掌握法律常识，学会依法处理日常工作、生活中简单的法律事件。

第一节　法律及其体系

一、法律的概念和特征

　　法律是由国家制定或者认可，体现统治阶级意志，并由国家强制力保证实施的具有普遍效力的行为规范体系。

　　法律具有以下特征：

　　1. 法律规范是一种特殊的行为规范　法律规范是根据人们的行为作为判断，它明确规定人们可以做什么、应该做什么、禁止做什么，从而成为评价人们行为合法与非法的标准。这是法律规范区别于其他社会规范的重要特征之一，如道德规范主要通过思想引导、舆论压力和信念力量来调整。

　　2. 法律规范是国家制定或认可的社会规范　法律规范区别于其他社会规范的首要之处在于，法是由国家创立的社会规范。国家创立法的方式主要有两种：一是制定；二是认可。

　　3. 法律规范是规定权利和义务的社会规范　法是通过规定人们的权利和义务，以权利和义务为机制，影响人们的行为动机，指引人们的行为，调整社会关系的。

　　权利意味着人们可以作或不作一定行为以及可以要求他人作或不作一定行为。法律通过规定权利,使人们获得某些利益或者自由。义务意味着人们必须作或不作一定行为。义务包括作为义务和不作为义务两种,前者要求人们必须作出一定行为,后者要求人们不得作出一定行为。

4. 法律规范是由国家强制力保证实施的具有普遍约束力的规范　社会规范都具有某种强制性,但只有法律规范是国家强制力保障实施的。这种特殊的强制性,不仅在于它以军队、警察、法庭、监狱等国家机器为后盾,而且具有普遍性,即对全社会成员都有普遍的约束力。

二、法律的渊源

法律渊源是法学上的一个术语,是指法律规范的表现形式。我国法律渊源有以下几类:

1. 宪法　宪法是具有最高法律效力的规范性文件,是我国的根本大法。我国宪法由全国人民代表大会按特殊程序制定和修改,是其他一切法律、法规制定的依据。

2. 法律　法律是全国人民代表大会及其常务委员会依照一定的立法程序制定的规范性文件。它的法律效力仅次于宪法,是制定法规和规章的依据。

3. 行政法规　行政法规是国务院根据宪法和法律制定的规范性文件。它的法律效力仅次于法律。行政法规的名称为条例、规定和办法。

> **知识链接**
>
> 条例、规定和办法
>
> 对某一方面的行政工作做出比较全面的规定,称"条例",如国务院制定颁布的《中药品种保护条例》;对某一方面的行政工作做出部分的规定,称"规定",如《国务院关于加强食品等产品安全监督管理的特别规定》;对某一项行政工作做出比较具体的规定,称"办法",如国务院制定颁布的《麻醉药品管理办法》。

4. 部门规章　部门规章是指国务院各部、局、委员会根据法律和国务院的行政法规、决定、命令,在本部门的权限内发布的规范性文件。它的效力仅次于行政法规。如原国家食品药品监督管理总局制定颁布的《处方药与非处方药分类管理办法(试行)》。部门规章一般在全国范围内有效。

5. 地方性法规　地方性法规是指省、自治区、直辖市人民代表大会及其常委会制定的规范性文件。这种法规仅在本辖区内有效,且不得与宪法、法律和行政法规等相抵触,并报全国人大常委会备案。

6. 自治条例和单行条例　自治条例和单行条例是民族自治区、自治州、自治县的人民代表大会依照当地民族的政治、经济和文化的特点制定的规范性文件的总称。自治条例和单行条例同地方性法规具有同等层次的法律地位和效力,在民族自治机关管辖区域内有效。

7. 特别行政区的法律　特别行政区的法律是特别行政区的立法机关在宪法和法律赋予的职权范围内制定或认可,在特别行政区内具有普遍约束力的成文法和不成文法。

8. 国际条约　国际条约是指我国同外国缔结或我国加入并生效的国际性规范性法律文件。国际条约不属于国内法的范畴,但一经我国参加或承认后,就具有和国内法同样的约束力。

三、法律体系

法律体系是指把一个国家的现行法律分成若干部门,并由这些法律部门组成具有内在联系的、互相协调的统一整体。我国的法律体系,一般认为主要由以下法律部门构成:

1. 宪法　宪法作为一个法律部门又称国家法,在法律体系中居于核心地位。宪法是国家的根本大法,它规定了我国的各项基本制度、公民的基本权利和义务、国家机关的组成及其活动的基本原则等。

2. 行政法　行政法是有关国家行政管理活动的法律规范的总称。它主要规定国家行政管理体制,国家行政机关人员的选拔和使用,国家行政管理活动的基本原则,国家行政管理的职权范围、活动方式以及国家公职人员和公民的行政违法行为的制裁等。

3. 刑法　刑法是关于犯罪和刑罚的法律规范的总和。

4. 民法　民法是调整平等主体的自然人、法人和非法人组织之间的人身关系和财产关系的法律规范的总和。

知识链接

自然人、公民与法人

自然人是指基于自然属性存在（出生、死亡等）,享有民事权利和承担民事义务,受到民法规范调整的民事法律关系的主体。

公民是指具有一国国籍并依据该国宪法和法律享有权利和义务的自然人。所有的公民都是自然人,但并不是所有的自然人都是某一特定国家的公民。

法人是具有民事权利能力和民事行为能力,能以自己的名义享有民事权利和承担民事义务的组织团体。

---

5. 经济法　经济法是调整国家在管理与协调经济运行过程中发生的经济关系的法律规范的总称。

6. 诉讼法　诉讼法是关于诉讼程序的法律规范的总称。

四、法律效力

法律效力是指法律在什么时间、什么地方、对什么人具有约束力以及有无溯及既往的效力,具体分时间效力、空间效力和对人的效力。

1. 时间效力　是指法律何时开始生效,何时终止效力,以及法律对其实施前的行为和事件有无溯及力。

> **知识链接**
>
> 法律的溯及力
>
> 　　法律的溯及力是指新法律颁布施行后,对它生效以前的行为和事件是否适用。《中华人民共和国立法法》规定,法律、行政法规、地方性法规、规章、自治条例均无溯及力,但为了更好地保护公民、法人及其他组织的权利和利益的特别规定除外。

2. 空间效力　是指法律生效的地域范围,即法在哪些地方具有约束力。

3. 对人的效力　是指法律对哪些人具有拘束力。我国法律规定,在中国境内外的中国公民、在中国领域内的外国人和无国籍人,一律适用我国的法律。

五、法律责任

法律责任是指实施违法行为而应承担的法律上的责任。根据我国法律的规定,法律责任的种类有:

1. 行政责任　行政责任是指国家行政机关依照行政程序对违反法律法规的社会组织和公民个人所做的处罚。行政处罚的方法包括罚款、责令停业、加收滞纳金、没收非法所得、吊销营业执照等。

2. 民事责任　民事责任是指社会组织和公民个人因侵犯他人民事权利或违约所应承担的法律后果。民事责任的基本形式包括赔偿损失、支付违约金等。

3. 刑事责任　刑事责任是指人民法院依据刑法和有关法律的规定,对犯罪行为人所给予的制裁。

点滴积累 ∨

1. 法律是由国家制定或者认可,体现统治阶级意志,并由国家强制力保证实施的具有普遍效力的行为规范体系。
2. 我国法律渊源包括宪法、法律、行政法规、部门规章、地方性法规、自治条例和单行条例、特别行政区的法律、国际条约等。
3. 法律效力是指法律在什么时间、什么地方、对什么人具有约束力以及有无溯及既往的效力,具体分时间效力、空间效力和对人的效力。

第二节　法律关系

一、法律关系的概念

法律关系是法律规范在调整人们行为过程中所形成的一种特殊的社会关系,即法律上的权利与义务关系。法律规范的内容不同,形成的法律关系也不同,我国的法律体系包括民法、刑法、行政法、经济法等,由此形成了民事法律关系、刑事法律关系、行政法律关系、经济法律关系等。

法律关系由法律关系的主体、法律关系的客体和法律关系的内容三个要素构成,缺少其中任何一个要素,都不能构成法律关系,其中任何一个要素的变更都会导致法律关系的变更。

二、法律关系的主体

(一) 法律关系主体的含义和种类

法律关系主体是法律关系的参加者,即在法律关系中,一定权利的享有者和一定义务的承担者。

在我国,根据各种法律的规定,能够参与法律关系的主体包括以下几类:

1. **公民(自然人)** 这里的公民既指中国公民,也指居住在中国境内或在境内活动的外国公民和无国籍人。

2. **机构和组织** 主要包括三类:一是各种国家机关;二是各种企事业组织和在中国领域内设立的中外合资经营企业、中外合作经营企业和外资企业;三是各政党和社会团体。

3. **国家** 在特殊情况下,国家可以作为一个整体成为法律关系主体。国家作为法律关系主体的地位比较特殊,既不同于一般公民,也不同于法人。国家可以直接以自己的名义参与国内的法律关系,如发行国库券,但在多数情况下则由国家机关或授权的组织作为代表参加法律关系。

(二) 法律关系主体的资格

法律关系主体的资格是指法律赋予法律关系主体参与法律关系,享有权利、承担义务的条件和能力。它包括两个方面的能力,即权利能力和行为能力。

1. **权利能力** 是指能够参与一定的法律关系,依法享有一定权利和承担一定义务的法律资格。

权利能力是法律赋予主体享有权利、承担义务的可能性,不论主体是否实际参加法律关系,这种能力都是存在的。公民的权利能力始于出生,终于死亡。法人的权利能力自法人成立时产生,至法人解体时消灭。

2. **行为能力** 是指法律关系主体能够通过自己的行为实际取得权利和履行义务的能力。

作为法律关系的主体,仅有权利能力是不够的,法律关系主体还必须有能力通过自身的行为来实现法律赋予的权利,有能力以自己的独立行动实际参加到法律关系中去,这就是行为能力问题。

公民的行为能力是公民的意识能力在法律上的反映。确定公民有无行为能力,其标准有二,一是年龄,二是智力。依据以上两个标准,一般把公民划分为完全行为能力人、限制行为能力人和无行为能力人。

知识链接

《中华人民共和国民法总则》对公民民事行为能力的有关规定

《中华人民共和国民法总则》对公民的民事行为能力作了如下规定:①完全行为能力人。18周岁以上的成年公民,具有完全民事行为能力,可以独立进行民事活动,是完全民事行为能力人。16周岁以上不满18周岁的公民,以自己的劳动收入作为主要生活来源的,视为完全民事行为能力人。②限制行为能力人。8周岁以上的未成年人,不能完全辨认自己行为的精神病人,是限制行为能力人。可以进行与其年龄、智能或精神健康状况相适应的民事活动。③无行为能力人。不满8周岁的未成年人,完全不能辨认自己行为的精神病人是无行为能力人。

法人的行为能力的范围不得超过他的权利能力的范围。法人的行为能力由其法定代表人行使。法人的行为能力始于法人的成立,终于法人的结束。

三、法律关系的客体

(一)法律关系客体的概念

法律关系客体是指法律关系主体之间的权利和义务所指向的对象。

(二)法律关系客体的种类

由于权利和义务类型的不断丰富,法律关系客体的范围和种类有不断扩大和增多的趋势。归纳起来,有以下几类:

1. **物**　法律意义上的物是指法律关系主体支配的、在生产上和生活上所需要的客观实体。它可以是天然物,也可以是生产物;可以是活动物,也可以是不活动物。作为法律关系客体的物与物理意义上的物既有联系,又有不同,它不仅具有物理属性,而且应具有法律属性。

知识链接

关于法律关系客体的物的具体规定

物理意义上的物要成为法律关系客体,须具备以下条件:第一,应得到法律的认可。第二,应为人类所认识和控制。不可认识和控制之物(如地球以外的天体)不能成为法律关系客体。第三,能够给人们带来某种物质利益,具有经济价值。第四,须具有独立性。不可分离之物如房屋之门窗等一般不能脱离主物,故不能单独作为法律关系的客体存在。

在我国,以下几种物不得成为私人法律关系的客体:①人类公共之物或国家专有之物,如海洋、山川、水流、空气;②文物或贵金属;③军事设施、武器,如枪支、弹药等;④危害人类之物,如毒品、假药、淫秽书籍等。

---

2. **人身利益**　人身利益包括生命健康、姓名、肖像、名誉、尊严、荣誉、身份等。人身利益虽然与主体人身不能分离,但并非主体本身,而只是能够满足主体人身需求的客观事物。

3. **精神产品**　精神产品也称精神财富或者非物质财富,包括知识产品和道德产品。知识产品也称智力成果,是指人们通过脑力劳动创造的能够带来经济价值的精神财富。如著作、发现、发明、设计等。道德产品是指人们在各种社会活动中所取得的非物化的道德价值,如荣誉称号、嘉奖表彰等。

4. **行为**　行为作为法律关系的客体不是指人们的一切行为,而是指法律关系的主体为达到一定目的所进行的作为(积极行为)或不作为(消极行为),是人的有意识的活动。如生产经营行为、经济管理行为、完成一定工作的行为和提供一定劳务的行为等。

四、法律关系的内容

法律关系的内容是指法律关系主体所享有的权利和承担的义务,即法律权利和法律义务。

法律权利是指法律赋予法律关系主体的某种利益或行为自由。具体内容包括：①权利人有权为或不为一定行为；②权利人有权要求他人为或不为一定行为；③权利人有权要求国家机关对自己的权利予以保护。但是需要注意，公民在行使自己的权利的时候，不得侵犯其他公民的合法权利。

法律义务是指法律规定法律关系主体必须履行的某种责任或行为界限。具体内容包括：①为一定行为，即义务人必须按照权利人的要求或法律的规定做出某种积极的行为，如成年子女有赡养父母的义务；②不为一定行为，即义务人不得实施法律禁止的行为；③接受国家的强制措施，即当义务人有违法行为时，有接受国家法律强制或制裁的义务。

法律权利和义务作为构成法律关系内容的两个方面，是密切联系不可分离的。

案例分析

案例：宏达药品有限责任公司（以下简称宏达公司）采购了一批假阿莫西林、罗红霉素等药品进行销售，导致消费者王某等6人药物中毒或死亡。药品监督管理部门接到举报后，查获100多箱假药，遂没收了宏达公司违法经营所得，并处以50万元罚款。公司法定代表人张某被公安机关抓获。

问题：（1）该案中有几种法律关系存在？分别是什么法律关系？

（2）说明各法律关系的主体。

分析：（1）因宏达公司销售假药，导致王某等6人中毒或死亡所产生的侵权的民事法律关系；因药品监督管理部门对宏达公司的售假行为采取行政处罚措施所产生的行政法律关系；因宏达公司的售假行为造成了严重的法律后果，宏达公司及其法定代表人应依法承担相应的刑事责任，故该案中还存在刑事法律关系。

（2）在民事法律关系中，法律关系的权利主体是受害人王某等6人或他们的监护人、近亲属；义务主体为加害人宏达公司。在行政法律关系中，法律关系的主体为行政主体药品监督管理部门和行政相对人宏达公司。在刑事法律关系中，法律关系的主体为国家和犯罪嫌疑人宏达公司及其法定代表人张某。

五、法律关系的产生、变更和消灭

（一）法律关系产生、变更与消灭的条件

法律关系处在不断的生成、变更和消灭的运动过程。它的形成、变更和消灭，需要具备一定的条件。其中最主要的条件有二：一是法律规范；二是法律事实。法律规范是法律关系形成、变更和消灭的法律依据，没有一定的法律规范就不会有相应的法律关系。法律关系的形成、变更和消灭还必须具备直接的前提条件，这就是法律事实。

所谓法律事实，就是法律规范所规定的，能够引起法律关系产生、变更和消灭的客观情况。

（二）法律事实的种类

依是否以人们的意志为转移作标准，可以将法律事实大体上分为两类，即法律事件和法律行为。

1. 法律事件 法律事件是法律规范规定的、不以当事人的意志力为转移而引起法律关系形

成、变更或消灭的客观事实。法律事件又分为社会事件和自然事件两种。前者如动乱、战争等，后者如人的生老病死、自然灾害等。这两种事件对于特定的法律关系主体而言，都是不可避免的，是不以其意志为转移的。但由于这些事件的出现，法律关系主体之间的权利与义务关系就有可能产生，也有可能发生变更，甚至完全归于消灭。例如，由于人的出生便产生了父母与子女之间的抚养关系和监护关系，而人的死亡却又导致抚养关系、夫妻关系或赡养关系的消灭和继承关系的产生等。

2. 法律行为　法律行为可以作为法律事实而存在，能够引起法律关系形成、变更和消灭。人们的行为可以分为善意行为与合法行为、恶意行为与违法行为。善意行为、合法行为能够引起法律关系的形成、变更和消灭。例如，依法登记结婚的行为，导致婚姻关系的成立。同样，恶意行为、违法行为也能够引起法律关系的形成、变更和消灭。如犯罪行为产生刑事法律关系，也可能引起某些民事法律关系的产生或变更。

点滴积累 ∨

1. 法律关系是法律规范在调整人们行为过程中所形成的一种特殊的社会关系，由法律关系的主体、法律关系的客体和法律关系的内容三个要素构成。

2. 法律关系的主体包括公民、机构和组织、国家，法律关系的客体包括物、人身利益、精神产品、行为。

3. 法律事实就是法律规范所规定的、能够引起法律关系产生、变更和消灭的客观情况。法律事实大体上分为两类，即法律事件和法律行为。

第三节　法人

一、法人的概念和特征

法人是具有民事权利能力和民事行为能力，依法独立享有民事权利和承担民事义务的组织。法人具有以下基本特征：

1. 法人是一种社会组织　法人是社会组织，但不是任何组织都能取得法人资格，只有那些具备法定条件得到国家认可的社会组织才能取得法人资格。

2. 法人是依法成立的社会组织　依法成立，是一定的社会组织能够成为民事主体的基本前提。

3. 法人是具有民事权利能力和民事行为能力的社会组织　法律对法人的承认，其目的在于使其能够作为民事主体参与民事法律关系，因此，法人具有民事权利能力和民事行为能力。

4. 法人是能够独立承担民事责任的社会组织　法人的独立责任是指法人在违反义务而对外承担责任时，其责任范围应当以其所拥有或经营管理的财产为限，法人的成员和其他人不对此承担责任。

知识链接

法人与自然人的区别

1. 自然人是基于自然规律出生、生存的人；法人不是实实在在的生命体，其依法产生、消亡。

2. 自然人是单个人，我们每个人都是自然人；法人是社会组织，指国家机关、事业单位、社会团体、企业单位等，是社会组织在法律上的人格化。

3. 虽然法人、自然人都是民事主体，但法人是集合的民事主体，即法人是一些自然人的集合体。对比之下，自然人则是以个人本身作为民事主体的。

4. 法人的民事权利能力、民事行为能力与自然人也有所不同。

二、法人成立的条件和程序

（一）法人成立的条件

《中华人民共和国民法总则》规定,法人应当具备以下条件：

1. **依法成立** 法人必须是经国家认可的社会组织。在我国,成立法人主要有两种方式：一是根据法律法规或行政审批而成立；二是经过核准登记而成立。

2. **有自己的名称、组织机构、住所** 法人的名称是其区别于其他社会组织的标志符号。经过登记的名称,法人享有专用权。法人的组织机构即办理法人一切事务的组织,被称作法人的机关,由自然人组成。法人的住所是指从事生产经营或社会活动的固定地点。

3. **有自己的财产或者经费** 法人必须拥有独立的财产,作为其独立参加民事活动的物质基础。独立的财产,是指法人对特定范围内的财产享有所有权或经营管理权,能够按照自己的意志独立支配,同时排斥外界对法人财产的行政干预。

法人成立的具体条件和程序,依照法律、行政法规的规定。

设立法人,法律、行政法规规定须经有关机关批准的,依照其规定。

（二）法人成立的程序

在我国,法人的设立程序主要有两种：

1. **根据法律规定或行政命令设立** 国家机关及事业单位的设立应根据法律的直接规定或主管机关的行政命令设立。如学校的设立,必须根据教育主管机关的行政命令；法院、检察院的设立,必须符合《中华人民共和国人民法院组织法》及《中华人民共和国人民检察院组织法》的规定。这些法人组织自成立之日起,依法取得法人资格。

2. **经过核准登记设立** 企业作为一种以营利为目的的社会组织,其设立必须经市场监督管理机关的核准登记,取得法人营业执照。某些社会团体如各种学会、协会、行业团体等的设立,应经过有关主管部门审查同意,向登记机关申请登记。

只有设立程序合法的组织,才能取得法人资格。

三、法人的分类

根据法人设立的宗旨和所从事的活动的性质,可以将法人分为三类:一是营利法人;二是非营利法人;三是特别法人。

1. 营利法人　以取得利润并分配给股东等出资人为目的成立的法人,为营利法人。

营利法人包括有限责任公司、股份有限公司和其他企业法人等。

2. 非营利法人　为公益目的或者其他非营利目的成立,不向出资人、设立人或者会员分配所取得利润的法人,为非营利法人。

非营利法人主要包括事业单位、社会团体、基金会、社会服务机构等。

3. 特别法人　机关法人、农村集体经济组织法人、城镇农村的合作经济组织法人、基层群众性自治组织法人,为特别法人。

点滴积累　∨

1. 法人是具有民事权利能力和民事行为能力,依法独立享有民事权利和承担民事义务的组织。
2. 法人应当具备以下条件:①依法成立;②有自己的名称、组织机构、住所;③有自己的财产或者经费。
3. 法人分为三类:一是营利法人;二是非营利法人;三是特别法人。

第四节　代理

一、代理的概念和特征

代理是指代理人在代理权限内,以被代理人的名义与第三人实施法律行为,由此产生的法律后果直接由被代理人承担的一种法律制度。

代理有以下几个法律特征:

1. 代理行为是民事法律行为　通过代理实施的行为,必须是能发生、变更和终止一定权利义务的行为,如代理签订合同、进行诉讼、商标注册等。

并非所有的民事法律行为都可以代理,某些具有人身性质的民事法律行为,如立遗嘱、结婚等,以及双方当事人约定必须由本人亲自实施的民事法律行为,不得代理。

2. 代理人须以被代理人的名义实施民事法律行为　因代理的法律效果由被代理人承受,所以法律要求行为实施之时必须以被代理人本人名义。如果是以自己的名义进行民事法律行为的,就不是代理。

3. 代理人是在代理权限内独立进行代理行为的　代理人必须在代理权限范围内行使代理权,独立地以自己的意志向第三人进行意思表示和实施法律行为,从而在被代理人与第三人之间产生了权利和义务关系。

4. 代理行为产生的法律后果直接由被代理人承担　代理人在代理权限范围内进行的代理行为所设定的权利义务由被代理人承担。如果代理人的行为超出代理权限范围,所产生的法律后果,则由代理人本人承担。

二、代理的种类

根据代理权发生原因的不同,可将代理分为委托代理、法定代理和指定代理三类。

1. 委托代理　代理人依照被代理人的授权而进行的代理,是委托代理。委托代理应以一定的法律关系如委托合同为基础。

书面的委托形式是授权委托书。委托书授权不明的,被代理人应当向第三人承担民事责任,代理人负连带责任。

2. 法定代理　是以一定的社会关系的存在为依据,由法律直接规定的代理。《民法通则》规定,未成年人的父母是未成年人的监护人。无民事行为能力人、限制民事行为能力人的监护人是他的法定代理人。

3. 指定代理　按照人民法院或者有权机关的指定而产生的代理,为指定代理。在没有法定代理人和委托代理人的情况下,人民法院或者有权机关可以依法为不能亲自处理自己事务的人指定代理人。在指定代理中,依法被指定为代理人的,如无特殊原因不得拒绝担任。代理人享有的代理权由人民法院或者指定机关指定。

三、无权代理

（一）无权代理的概念

无权代理,是指行为人不具有代理权而以他人名义实施代理的行为。无权代理不具备代理的实质特征,即欠缺代理权,但具备代理行为的表面特征。

（二）无权代理的类型

无权代理包括以下三种类型:

1. 没有代理权的代理　即当事人在实施代理行为时,根本未获得被代理人的授权。

2. 超越代理权的代理　即代理人虽然有被代理人的授权,但其实施的代理行为,不在被代理人的授权范围内,而是超越了被代理人的授权。

3. 代理权已终止后的代理　即代理人获得了被代理人的授权,但代理授权所规定的代理期限届满后,代理人继续实施代理行为。

（三）无权代理的法律效果

1. 因被代理人的追认而产生代理的法律效力　被代理人对无权代理行为有追认权,通过被代理人行使追认权,可使无权代理行为中所欠缺

▶▶ 课堂活动

　　李某要出差到太原,张某委托其代买2000g党参,李某见当地党参物美价廉,就以张某的名义多买了2000g。李某多买2000g党参的行为属于(　　)。

　　A. 代理权终止以后的行为

　　B. 有权代理行为

　　C. 滥用代理权行为

　　D. 超越代理权行为

的代理权得到补足,转化为有权代理,发生与有权代理同样的法律效果。

2. 因被代理人的拒绝而对被代理人不发生代理的法律效力　无权代理行为发生后,被代理人享有追认或拒绝追认的选择权,代理行为处于效力未定的状态。如果被代理人明确表示拒绝追认或在催告期内不作出追认的表示,就可视为被代理人拒绝追认,无权代理行为对被代理人不发生代理的法律效力。

四、代理关系的终止

代理关系因某种法律事实的出现而不复存在称为代理关系的终止。

委托代理因下列原因之一而终止:①代理期满或者代理事物完成;②被代理人取消委托或者代理人辞去委托;③代理人死亡或者代理人丧失民事行为能力;④作为被代理人或者代理人的法人终止。

法定代理和指定代理因下列原因之一而终止:①被代理人取得或者恢复民事行为能力;②被代理人死亡;③代理人死亡或者丧失民事行为能力;④指定代理的人民法院或者指定单位取消指定;⑤由其他原因引起的被代理人和代理人之间的监护关系消灭。

点滴积累 〢

1. 代理是指代理人在代理权限内,以被代理人的名义与第三人实施法律行为,由此产生的法律后果直接由被代理人承担的一种法律制度。
2. 根据代理权发生原因的不同,可将代理分为委托代理、法定代理和指定代理三类。
3. 无权代理,是指行为人不具有代理权而以他人名义实施代理行为。无权代理包括三种类型:①没有代理权的代理;②超越代理权的代理;③代理权已终止后的代理。

目标检测

一、单项选择题

1. 下列关于法的本质与特征的表述中,**不正确**的是(　　)

   A. 法是由国家制定或认可的规范

   B. 法是全社会成员共同意志的体现

   C. 法由统治阶级的物质生活条件所决定

   D. 法凭借国家强制力的保障获得普遍遵行的效力

   E. 法是规定权利和义务的社会规范

2. 下列规范性文件中,属于行政法规的是(　　)

   A. 全国人民代表大会常务委员会制定的《中华人民共和国药品管理法》

   B. 国务院制定的《麻醉药品和精神药品管理条例》

   C. 山西省人民代表大会制定的《山西省药品监督管理条例》

   D. 中国人民银行制定的《人民币银行结算账户管理办法》

E. 原国家食品药品监督管理总局公布的《药品召回管理办法》

3. 下列各项中,能够成为法律关系客体的有( )

　　A. 公民　　　　　B. 企业　　　　C. 物　　　　　D. 空气　　　E. 机关

4. 下列法律事实中,属于法律事件的是( )

　　A. 纵火　　　　　B. 签订合同　　C. 爆发战争　　D. 签发支票　E. 投毒

5. 甲医药公司的业务员王某被开除后,为了报复,用盖有甲医药公司公章的空白合同书与乙制药厂订立一购销合同。乙制药厂并不知情,并按时将货送至甲医药公司所在地。甲医药公司拒收,引起纠纷。下列说法中,正确的是( )

　　A. 王某的行为为无权代理,合同无效

　　B. 王某的行为为无权代理,合同有效

　　C. 王某的行为为有权代理,合同无效

　　D. 王某的行为为有权代理,合同有效

　　E. 王某的行为为滥用代理权,合同无效

二、案例分析题

2016 年 7 月,某市甲医药公司将盖有本单位公章的空白合同书交给韩某,委托他购买药品。2016 年 8 月 10 日,韩某用该空白合同书与该市乙药厂签订了购买 200 箱阿莫西林的购销合同,货款总额为 53 000 元,合同规定货到后 15 天内付款。韩某将签好的合同带回交给甲医药公司经理王某,王某对此合同未置可否。2016 年 8 月 25 日,乙药厂将 200 箱阿莫西林如数运至甲医药公司,甲医药公司验收后陆续出售,但甲医药公司并未在约定的付款期内付款,在乙药厂电话催收时,甲医药公司却以韩某超越代理权限与乙药厂签订合同为由拒付货款。

问题:1. 本案中存在几个法律关系?分别是什么法律关系?

2. 甲医药公司应承担什么性质的法律责任?

3. 对于双方之间的法律关系,乙药厂可通过何种方式进行保护?

ER-01章习题

（李朝霞）

第二章

市场主体法律制度

导学情景 ∨

情景描述：

　　张强、李宁、王武大学毕业后积极响应国家"大众创业"的号召，想共同创办企业，但创办什么样的企业，他们的意见产生了分歧，张强说开设公司好，因为承担的风险和责任小，李宁、王武说还是合伙企业比较灵活……三人因此争论不休。

学前导语：

　　我国目前主要有个人独资企业、合伙企业、有限责任公司、股份有限公司等多种企业法律形态。企业法律形态不同，法律地位和投资人承担的风险和责任也不同。本章我们将带领同学们学习主要企业法律形态设立和经营的法律相关规定，帮助大家学会依法设立和经营企业的基本知识和基本技能。

第一节　个人独资企业法

一、个人独资企业法概述

（一）个人独资企业的概念和特征

　　个人独资企业，是指依法在中国境内设立，由一个自然人投资，财产为投资人个人所有，投资人以其个人财产对企业债务承担无限责任的经营实体。

　　与其他企业形态相比较，个人独资企业具有以下基本特征：

　　1. **企业的投资人为一个自然人**　这是个人独资企业在投资主体上与合伙企业和公司的区别所在。合伙企业和公司的投资人既可以是自然人，也可以是法人和非法人组织。

　　2. **企业的财产为投资人个人所有**　即投资人对本企业的财产依法享有所有权。这种产权关系是个人独资企业区别于其他企业形态的重要特征之一。

　　3. **投资人以其个人全部财产对企业的债务承担无限责任**　其中主要包括三层意思：一是投资人应以个人财产清偿债务，不包括其家庭成员的财产；二是投资人承担企业债务的，不仅限于其投资，其责任财产包括独资企业中的全部财产和其他个人财产；三是企业的债务全部由投资人承担，但以家庭共有财产作为个人出资的除外。

　　4. **个人独资企业不具有法人资格**　尽管个人独资企业有自己的名称，并以企业的名义从事经营及其他活动,但仍不具有独立的法人地位。

5. 企业必须依法设立　即依照《中华人民共和国个人独资企业法》规定的条件和程序设立。

案例分析

　　案例:李某2013年1月独资开办了一家食品加工厂,注册资金为4万元。 在经营过程中,由于原材料保存不当,发生了腐烂,造成消费者中毒;消费者索赔16万,食品加工厂被迫破产。 因其破产财产只有7万元,消费者向法院要求执行李某的个人财产及其家庭财产。

　　问题:李某是否应当用个人财产承担偿还责任? 李某能否用家庭财产偿还?

　　分析:李某应当用个人财产承担偿还责任。 因为,投资人应承担无限责任。 企业登记时如果明确是以家庭共有财产出资的,李某就要用家庭财产进行偿还。

(二) 个人独资企业法的概念和适用范围

　　个人独资企业法是调整在国家协调经济运行过程中发生的关于个人独资企业的各种经济关系的法律规范的总称。我国于1999年8月30日在第九届全国人民代表大会常务委员会第十一次会议通过了《中华人民共和国个人独资企业法》(以下简称为《个人独资企业法》),并于2000年1月1日起实施。

　　《个人独资企业法》适用于在中国境内设立的个人独资企业,包括符合《个人独资企业法》规定条件的现有个人独资企业和部分个体工商户,但不包括具有独资特点的国有和集体所有的独资企业,也不包括外商独资企业。

知识链接

个体工商户和个人独资企业的区别

　　个体工商户和个人独资企业均属自然人出资,但二者是有区别的。

　　1. 个人独资企业仅能以个人名义出资设立;个体工商户可以是一个自然人设立,也可以是家庭出资设立。

　　2. 个人独资企业的投资人以其个人财产对企业债务承担无限责任,只有在企业设立登记时明确以其家庭共有财产作为个人出资的,才能以家庭共有财产对企业债务承担无限责任;个体工商户的债务,个人经营的,以个人财产承担;家庭经营的,以家庭财产承担;无法区分的,以家庭财产承担。

　　3. 个人独资企业依照《个人独资企业法》设立;个体工商户依照《民法总则》和《城乡个体工商户管理暂行条例》的规定设立。

　　4. 个人独资企业是一种企业组织形态;个体工商户不采用企业形式。

二、个人独资企业的设立与变更

(一) 个人独资企业的设立条件

　　根据《个人独资企业法》第8条的规定,设立个人独资企业须具有以下五个方面的条件:

1. 投资人为一个自然人 但法律、行政法规禁止从事营利性活动的人,不得作为投资人申请设立个人独资企业。

2. 有合法的企业名称 企业的名称应当符合企业名称登记管理的有关规定,并与其责任形式及从事的营业相符合。同时,企业名称中不得使用"有限""有限责任"和"公司"等字样。

> **知识链接**
>
> ### 企业名称登记管理的相关规定
>
> 企业名称的登记主管机关是国家市场监督管理总局和地方市场监督管理局。企业只准使用一个名称,在登记主管机关辖区内不得与已登记注册的同行业企业名称相同或者近似。企业名称应当由以下部分依次组成:字号(或者商号)、行业或者经营特点、组织形式。企业名称应当冠以企业所在地省(包括自治区、直辖市)或者市(包括州)或者县(包括市辖区)行政区划名称。企业名称应当使用汉字。企业可以选择字号。字号应当由两个以上的字组成。

3. 有投资人申报的出资 由于个人独资企业的投资人承担的是无限责任,故个人独资企业法没有对个人独资企业的最低注册资本金作出规定,仅要求投资人有自己申报的出资即可。投资人既可以个人财产出资,也可以家庭共有财产作为个人出资。

4. 有固定的生产经营场所和必要的生产经营条件。

5. 有必要的从业人员。

(二)个人独资企业的设立程序

1. 提出申请 申请设立个人独资企业,应当由投资人或者其委托的代理人向个人独资企业所

▶ **课堂活动**

个人独资企业法没有对个人独资企业的最低注册资本金作出规定,那么投资一元钱可以设立个人独资企业吗?个人独资企业是法人吗?

在地的登记机关提出设立登记申请。申请设立登记,应当向登记机关提交下列文件:

(1)投资人签署的个人独资企业设立申请书;

(2)投资人身份证明,主要是身份证、户籍证等证明材料;

(3)企业生产经营场所使用证明,如土地使用权证明、房屋产权证等;

(4)委托代理人申请设立登记的,应当出具投资人的委托书和代理人合法证明;

(5)法律、法规规定提交的其他文件。从事法律、行政法规规定须报经有关部门审批的业务,应当在申请设立登记时,提交有关部门的批准文件。

个人独资企业设立申请书应当载明下列事项:企业的名称和住所;投资人的姓名和居所;投资人的出资额和出资方式;经营范围。个人独资企业投资人以家庭共有财产作为个人出资的,应当在设立申请中予以明确。

2. 工商登记 登记机关应当在收到设立申请文件之日起 15 日内,对符合个人独资企业法规定条件的予以登记,发给营业执照;对不符合法定条件的,不予登记,并应当给予书面答复,说明理由。登记机关对符合法定条件的申请不予登记或者超过法定时限不予答复的,当事人可以依法申请行政

复议或提起行政诉讼。个人独资企业的营业执照签发日期,为个人独资企业成立日期,在领取个人独资企业营业执照前,投资人不得以个人独资企业名义从事经营活动。

3. 分支机构设立登记　个人独资企业设立分支机构,应当由投资人或者其委托的代理人向分支机构所在地的登记机关申请登记。申请文件除包括设立个人独资企业所应提交的所有文件外,还应提交登记机关加盖印章的企业营业执照复印件。分支机构经核准登记后,应将登记情况报该分支机构隶属的个人独资企业的登记机关备案。分支机构的民事责任由设立该分支机构的个人独资企业承担。

三、个人独资企业的投资人及事务管理

(一) 个人独资企业的投资人

1. 个人独资企业投资人的条件　《中华人民共和国个人独资企业法》第 16 条规定:"法律、行政法规禁止从事营利性活动的人,不得作为投资人申请设立个人独资企业。"这一规定表明,除法律、行政法规禁止从事营利性活动的自然人以外,其余自然人均可以作为个人独资企业的投资人。我国现行法律、行政法规所禁止从事营利性活动的人包括法官、检察官、人民警察、国家公务员等。

2. 个人独资企业投资人的权利

(1) 个人独资企业投资人对独资企业的财产依法享有所有权,个人独资企业成立时的出资和经营过程中积累的财产都归其投资人所有。

(2) 个人独资企业的投资人的有关权利可以依法进行转让或继承。

3. 个人独资企业投资人的责任　个人独资企业投资人对企业债务承担无限责任。如果投资人在申请企业设立登记时明确以其家庭共有财产作为个人出资的,应当依法以家庭共有财产对企业债务承担无限责任。

(二) 个人独资企业的事务管理

1. 个人独资企业事务管理的方式有以下三种:

(1) 自行管理:投资人本人对企业经营事务直接进行管理。

(2) 委托管理:投资人委托其他具有民事行为能力的人负责企业的事务管理。

(3) 聘任管理:投资人聘任其他具有民事行为能力的人负责企业的事务管理。

委托或聘任管理应订立书面合同,以明确双方的具体职责和权利范围。

投资人对受委托人或者被聘用的人的职权的限制,不得对抗善意第三人。

善意第三人是指在就有关经济业务交往中,没有与受托人或者被聘用的人员串通,从事故意损害投资人利益的第三人。

▶▶ **课堂活动**

2014 年 4 月 26 日,张某出资 5 万元设立益民药店(个人独资企业)。 因张某不懂管理,便聘请赵某管理企业事务,同时约定,凡赵某对外签订标的额超过 1 万元以上的合同,须经过张某同意。 6 月 18 日,赵某未经张某同意,以益民药店的名义向善意第三人曾某购入价值 1.6 万元的药品。 2016 年 8 月,益民药店亏损,不能支付到期的曾某的债务,张某决定解散该企业。

赵某于 6 月 18 日以益民药店的名义向曾某购买价值 1.6 万元药品的行为是否有效?

2. 受托人或被聘用的管理人的义务 《个人独资企业法》规定,受托人或被聘用的人应履行诚信、勤勉义务,按照与投资人签订的合同负责个人独资企业的事务管理,不得从事下列行为:

(1) 利用职务的便利,索取或者收受贿赂;

(2) 利用职务或者工作上的便利侵占企业财产;

(3) 挪用企业的资金归个人使用或者借贷给他人;

(4) 擅自将企业资金以个人名义或者以他人名义开立账户储存;

(5) 擅自以企业财产提供担保;

(6) 未经投资人同意,从事与本企业相竞争的业务;

(7) 未经投资人同意,同本企业订立合同或者进行交易;

(8) 未经投资人同意,擅自将企业商标或者其他知识产权转让给他人使用;

(9) 泄露本企业的商业秘密;

(10) 法律、行政法规禁止的其他行为。

四、个人独资企业的解散与清算

(一) 个人独资企业的解散

个人独资企业的解散是指个人独资企业因出现某些法定事由而导致其民事主体资格消灭的行为。个人独资企业有下列情形之一时,应当解散:

1. 投资人决定解散;

2. 投资人死亡或者被宣告死亡,无继承人或继承人放弃继承;

知识链接

《民法总则》关于宣告死亡的规定

我国《民法总则》第46条规定:自然人有下列情形之一的,利害关系人可以向人民法院申请宣告该自然人死亡:

(1) 下落不明满四年;

(2) 因意外事件,下落不明满二年。

因意外事件下落不明,经有关机关证明该自然人不可能生存的,申请宣告死亡不受二年时间的限制。

---

3. 被依法吊销营业执照;

4. 法律、行政法规规定的其他情形。

(二) 个人独资企业的清算

个人独资企业解散,由投资人自行清算或者由债权人申请人民法院指定清算人进行清算。

投资人自行清算的,应当在清算前15日内书面通知债权人,无法通知的,应当予以公告。债权人应当在接到通知之日起 30 日内,未接到通知的应当在公告之日起 60 日内,向投资人申报其债权。

在清算期间,个人独资企业不得开展与清算目的无关的经营活动。在清偿债务前,投资人不得转移、隐匿财产。

个人独资企业解散,财产应当按照下列顺序清偿:①所欠职工工资和社会保险费用;②所欠税款;③其他债务。

个人独资企业财产不足以清偿债务的,投资人应当以其个人的其他财产予以清偿,个人独资企业解散后,原投资人对个人独资企业存续期间的债务仍应承担偿还责任,但责任人在 5 年内未向债务人提出偿还请求的,该责任消灭。

案例分析

案例:A 企业是由甲出资设立的个人独资企业,因经营管理不善,造成亏损,甲决定解散该企业,并请求人民法院指定清算人。 经人民法院指定的清算人查实后,A 企业和甲的资产及债权债务情况如下:①A 企业欠丙工资 6000 元,欠社会保险费用 5000 元,欠缴税款 3000 元,欠债权人丁 12 万元;②A 企业有银行存款 2 万元,实物折价 7.8 万元;③甲个人其他可执行的财产价值 2 万元。

问题:(1) 如何满足丁的债权请求?

(2) A 企业解散后,甲是否还应偿还对丁的债务? 为什么?

分析:(1) 甲在偿还丙工资 6000 元、社会保险费用 5000 元、税款 3000 元后,用剩余的 6000 元及实物 7.8 万元、其他可执行的个人财产 2 万元,共计 10.4 万元偿还对丁的债务。

(2) A 解散后,甲仍应偿还对丁的债务。《个人独资企业法》规定,个人独资企业解散后,原投资人对个人独资企业存续期间的债务仍应承担偿还责任。

个人独资企业清算结束后,投资人或者人民法院指定的清算人员应当编制清算报告,并于 15 日内到登记机关办理注销登记手续。

点滴积累 ∨

1. 个人独资企业是在中国境内设立,由一个自然人投资,财产为投资人个人所有,投资人以其个人财产对企业债务承担无限责任的经营实体。

2. 个人独资企业的设立必须具备一定的条件并依法进行登记。

3. 个人独资企业投资人可以自行管理企业事务,也可以委托或者聘用其他具有民事能力的人负责企业的事务管理。

第二节 合伙企业法

一、合伙企业法概述

（一）合伙企业的概念

合伙企业，是指自然人、法人和其他组织依照《中华人民共和国合伙企业法》在中国境内设立的普通合伙企业和有限合伙企业。

（二）合伙企业的成立

设立合伙企业应当向市场监督管理部门申请设立登记，同时，提交登记申请书、合伙协议书、合伙人身份证明、出资权属证明等文件。企业登记机关应当自收到申请登记文件之日起 30 日内，作出是否登记的决定。合伙企业的营业执照签发日期，为合伙企业的成立日期。

（三）合伙企业法的概念

合伙企业法，是指调整合伙企业在设立、经营、变更、终止过程中形成的各种社会关系的法律规范的总称。《中华人民共和国合伙企业法》（以下简称《合伙企业法》）于 1997 年 2 月 23 日由第八届全国人大常委会第二十四次会议通过，并于 2006 年 8 月 27 日第十届全国人大常委会第二十三次会议进行了修订。修订后的《合伙企业法》于 2007 年 6 月 1 日实施。

二、普通合伙企业

（一）普通合伙企业的概念和特征

普通合伙企业，是指由普通合伙人组成，合伙人对合伙企业债务承担无限连带责任的一种合伙企业。普通合伙企业具有以下法律特征：

1. 合伙企业的设立以订立合伙协议为法律基础。

2. 须有两个以上的合伙人。

知识链接

关于合伙人的具体规定

《合伙企业法》规定的合伙人是指自然人、法人和其他组织。但国有独资公司、国有企业、上市公司以及公益性的事业单位、社会团体不得成为普通合伙人。

3. 合伙人对合伙企业的债务承担无限连带责任。

4. 合伙企业是不具有法人资格的营利性经济组织。

（二）合伙企业的设立

根据《合伙企业法》的规定，设立合伙企业应当具备以下条件：

1. 有两个以上的合伙人 合伙人为自然人的,应当具有完全民事行为能力。

2. 有书面合伙协议 合伙协议应当载明以下事项:①合伙企业的名称和主要经营场所的地点;②合伙目的和合伙经营范围;③合伙人的姓名或者名称、住所;④合伙人的出资方式、数额和缴付期限;⑤利润分配、亏损分担方式;⑥合伙事务的执行;⑦入伙与退伙;⑧争议解决办法;⑨合伙企业的解散与清算;⑩违约责任。

合伙协议经全体合伙人签名、盖章后生效。修改或者补充合伙协议,应当经全体合伙人一致同意;但是,合伙协议另有约定的除外。

3. 有合伙人认缴或者实际缴付的出资 合伙人应当按照合伙协议约定的出资方式、数额和缴付期限,履行出资义务。合伙人可以用货币、实物、知识产权、土地使用权或者其他财产权利出资,也可以用劳务出资。合伙人以实物、知识产权、土地使用权或者其他财产权利出资,需要评估作价的,可以由全体合伙人协商确定,也可以由全体合伙人委托法定评估机构评估。合伙人以劳务出资的,其评估办法由全体合伙人协商确定,并在合伙协议中载明。以非货币财产出资的,依照法律、行政法规的规定,需要办理财产权转移手续的,应当依法办理。

4. 有合伙企业的名称和生产经营场所 合伙企业名称中应当标明"普通合伙"字样。

5. 法律、行政法规规定的其他条件。

案例分析

案例:赵某、高某、秦某、徐某四人达成协议,成立一个药店(普通合伙企业)。四人认为彼此间关系很密切,没有必要订立书面协议,所以仅在口头上达成协议。高某是某机关工作人员,只能利用休闲时间经营管理药店,因而约定,四人中,高某分得的利润最少。四人将该药店的名称定为"康宁药业有限公司"。

问题:赵某等四人设立合伙企业时有哪些不符合法律规定之处?

分析:不符合法律规定之处有:①没有书面合伙协议;②高某属于法律、行政法规禁止从事营利性活动的人,不得成为合伙企业的合伙人;③普通合伙企业名称中使用了"有限公司"字样。

设立合伙企业,应由全体合伙人指定的代表或者共同委托的代理人向企业登记机关申请设立登记。登记机关为市场监督管理部门。

知识链接

申请设立合伙企业应提交的文件

申请设立合伙企业,应向企业登记机关提交下列文件:①全体合伙人签署的设立登记申请书;②全体合伙人的身份证明;③全体合伙人指定的代表或者共同委托的代理人的委托书;④合伙协议;⑤出资权属证明;⑥经营场所证明;⑦其他证明材料,如依法应提交的有关行政审批文件。

（三）合伙企业的财产

1. 合伙企业财产的构成　合伙企业的财产主要由两部分构成：①合伙人的出资；②以合伙企业名义取得的收益和依法取得的其他财产。

2. 合伙企业财产的性质　合伙人在合伙企业清算前，不得请求分割合伙企业的财产；但是，本法另有规定的除外。合伙人在合伙企业清算前私自转移或者处分合伙企业财产的，合伙企业不得以此对抗善意第三人。

3. 合伙人财产份额的转让　由于合伙企业及其财产性质的特殊性，其财产的转让，将会影响到合伙企业以及各合伙人的切身利益。因此，《合伙企业法》对合伙企业财产的转让作了以下限制性规定：

（1）除合伙协议另有约定外，合伙人向合伙人以外的人转让其在合伙企业中的全部或者部分财产份额时，须经其他合伙人一致同意；

（2）合伙人之间转让在合伙企业中的全部或者部分财产份额时，应当通知其他合伙人；

（3）合伙人向合伙人以外的人转让其在合伙企业中的财产份额的，在同等条件下，其他合伙人有优先购买权；但是，合伙协议另有约定的除外。

（4）合伙人以其在合伙企业中的财产份额出质的，须经其他合伙人一致同意；未经其他合伙人一致同意，其行为无效，由此给善意第三人造成损失的，由行为人依法承担赔偿责任。

（四）合伙事务执行

1. 合伙事务的执行方式　合伙人对执行合伙事务享有同等的权利。合伙人执行合伙事务，通常采用以下两种形式：①全体合伙人共同执行；②委托一个或者数个合伙人执行合伙事务。

2. 合伙事务执行的决议办法　合伙人对合伙企业有关事项作出决议，按照合伙协议约定的表决办法办理。合伙协议未约定或者约定不明确的，实行合伙人一人一票并经全体合伙人过半数通过的表决办法。但除合伙协议另有约定外，合伙企业的下列事项应当经全体合伙人一致同意：①改变合伙企业的名称；②改变合伙企业的经营范围、主要经营场所的地点；③处分合伙企业的不动产；④转让或者处分合伙企业的知识产权和其他财产权利；⑤以合伙企业名义为他人提供担保；⑥聘任合伙人以外的人担任合伙企业的经营管理人员。

3. 合伙人在执行合伙事务中的权利和义务

（1）合伙人在执行合伙事务中的权利包括：①合伙人平等享有合伙事务执行权；②执行合伙事务的合伙人对外代表合伙企业；③不执行合伙事务的合伙人有权监督执行事务合伙人执行合伙事务的情况；④各合伙人有权查阅合伙企业会计账簿等财务资料；⑤合伙人有提出异议和撤销委托执行事务权。

（2）合伙人在执行合伙事务中的义务包括：①执行事务合伙人应当定期向其他合伙人报告事务执行情况以及合伙企业的经营和财务状况；②合伙人不得自营或者同他人合作经营与本合伙企业相竞争的业务；③合伙人不得同本合伙企业进行交易；④合伙人不得从事损害本合伙企业利益的活动。

4. 合伙企业的损益分配　合伙企业的利润分配、亏损分担，按照合伙协议的约定办理；合伙协议未约定或者约定不明确的,由合伙人协商决定;协商不成的,由合伙人按照实缴出资比例分配、分担;无法确定出资比例的,由合伙人平均分配、分担。合伙协议不得约定将全部利润分配给部分合伙人或者由部分合伙人承担全部亏损。

（五）合伙企业与第三人的关系

1. 合伙企业与善意第三人的关系　《合伙企业法》规定,合伙企业对合伙人执行合伙事务以及对外代表合伙企业权利的限制,不得对抗善意第三人。

2. 合伙企业的债务与合伙人的关系　合伙企业对其债务,应先以其全部财产进行清偿。合伙企业不能清偿到期债务的,合伙人承担无限连带责任。合伙人由于承担无限连带责任,清偿数额超过其亏损分担比例的,有权向其他合伙人追偿。

3. 合伙人的个人债务与合伙企业的关系　合伙人发生与合伙企业无关的债务,相关债权人不得以其债权抵销其对合伙企业的债务;也不得代位行使合伙人在合伙企业中的权利。

合伙人的自有财产不足清偿其与合伙企业无关的债务的,该合伙人可以以其从合伙企业中分取的收益用于清偿;债权人也可以依法请求人民法院强制执行该合伙人在合伙企业中的财产份额用于清偿。人民法院强制执行合伙人的财产份额时,应当通知全体合伙人,其他合伙人有优先购买权。

（六）入伙与退伙

1. 入伙　入伙是指在合伙企业存续期间,合伙人以外的第三人加入合伙企业,从而取得合伙人资格的行为。

（1）入伙的条件:新合伙人入伙,除合伙协议另有约定外,应当经全体合伙人一致同意,并依法订立书面入伙协议。

订立入伙协议时,原合伙人应当向新合伙人如实告知原合伙企业的经营状况和财务状况。

（2）入伙的法律后果:入伙的新合伙人与原合伙人享有同等权利,承担同等责任。入伙协议另有约定的,从其约定。新合伙人对入伙前合伙企业的债务承担无限连带责任。

2. 退伙　退伙是指合伙人退出合伙企业,从而丧失合伙人资格的行为。

（1）退伙的种类:根据《合伙企业法》的规定,退伙可分为自愿退伙和法定退伙两种形式。

1）自愿退伙:是指合伙人基于自愿的意思表示而退伙。自愿退伙可分为协议退伙和通知退伙两种。

关于协议退伙。合伙协议约定合伙期限的,在合伙企业存续期间,有下列情形之一的,合伙人可以退伙:①合伙协议约定的退伙事由出现;②经全体合伙人一致同意;③发生合伙人难以继续参加合伙的事由;④其他合伙人严重违反合伙协议约定的义务。

关于通知退伙。合伙协议未约定合伙期限的,合伙人在不给合伙企业事务执行造成不利影响的情况下,可以退伙,但应当提前30日通知其他合伙人。

2）法定退伙:是指合伙人因出现法律规定的事由而退伙。法定退伙分为当然退伙和除名退伙两种。

关于当然退伙。合伙人有下列情形之一的,当然退伙:①作为合伙人的自然人死亡或者被依法宣告死亡;②个人丧失偿债能力;③作为合伙人的法人或者其他组织依法被吊销营业执照、责令关闭、撤销,或者被宣告破产;④法律规定或者合伙协议约定合伙人必须具有相关资格而丧失该资格;⑤合伙人在合伙企业中的全部财产份额被人民法院强制执行。当然退伙以退伙事由实际发生之日为退伙生效日。

关于除名退伙。合伙人有下列情形之一的,经其他合伙人一致同意,可以决议将其除名:①未履行出资义务;②因故意或者重大过失给合伙企业造成损失;③执行合伙事务时有不正当行为;④发生合伙协议约定的事由。对合伙人的除名决议应当书面通知被除名人。被除名人接到除名通知之日,除名生效,被除名人退伙。被除名人对除名决议有异议的,可以自接到除名通知之日起30日内,向人民法院起诉。

(2) 退伙的法律后果:合伙人退伙,其他合伙人应当与该退伙人按照退伙时的合伙企业财产状况进行结算,退还退伙人的财产份额。退伙人对给合伙企业造成的损失负有赔偿责任的,相应扣减其应当赔偿的数额。退伙时有未了结的合伙企业事务的,待该事务了结后进行结算。

退伙人对基于其退伙前的原因发生的合伙企业债务,承担无限连带责任。合伙人退伙时,合伙企业财产少于合伙企业债务的,退伙人应当依法分担亏损。

案例分析

案例:甲、乙、丙、丁四人决定投资设立一普通合伙企业,并签订了书面合伙协议。合伙协议的部分内容如下:①甲、乙、丙以货币出资;②丁以劳务折价出资,但丁不得过问企业事务,也不承担企业亏损的民事责任。③由甲执行合伙企业事务,对外代表合伙企业,但签订标的1万元以上的合同应经其他合伙人同意。

合伙企业在存续期间,发生下列事实:合伙人丁提出退伙,合伙企业又接纳戊新入伙。后合伙企业的债权人A公司就合伙人丁退伙前发生的债务24万元要求合伙企业的现合伙人甲、乙、丙、戊及退伙人丁共同承担连带清偿责任。丁以自己已经退伙为由,拒绝承担清偿责任。戊以自己新入伙为由,拒绝对其入伙前的债务承担清偿责任。

问题:丁和戊拒绝承担清偿责任的主张是否成立?并说明理由。

分析:丁和戊的主张均不成立。根据《合伙企业法》的规定,退伙人对其退伙前已发生的合伙企业债务,与其他合伙人承担连带责任。入伙的新合伙人对入伙前合伙企业的债务承担连带责任。

(七) 特殊的普通合伙企业

1. **特殊的普通合伙企业的含义** 特殊的普通合伙企业,是指以专业知识和专门技能为客户提供有偿服务的专业服务机构。特殊的普通合伙企业名称中应当标明"特殊普通合伙"字样。

2. **特殊的普通合伙企业的责任形式** 《合伙企业法》第57条规定,一个合伙人或者数个合伙人在执业活动中因故意或者重大过失造成合伙企业债务的,应当承担无限责任或者无限连带责任,其他合伙人以其在合伙企业中的财产份额为限承担责任。合伙人在执业活动中非因故意或者重大过失造成的合伙企业债务以及合伙企业的其他债务,由全体合伙人承担无限连带责任。

合伙人执业活动中因故意或者重大过失造成的合伙企业债务,以合伙企业财产对外承担责任后,该合伙人应当按照合伙协议的约定对给合伙企业造成的损失承担赔偿责任。

三、有限合伙企业

（一）有限合伙企业的概念

有限合伙企业,是指由普通合伙人和有限合伙人组成,普通合伙人对合伙企业债务承担无限连带责任,有限合伙人以其认缴的出资额为限对合伙企业债务承担责任的合伙企业。

（二）有限合伙企业设立的特殊规定

1. 有限合伙企业由2个以上50个以下合伙人设立;但是,法律另有规定的除外。有限合伙企业至少应当有一个普通合伙人。

2. 有限合伙企业名称中应当标明"有限合伙"字样。

3. 合伙协议还应当载明下列事项:①普通合伙人和有限合伙人的姓名或者名称、住所;②执行事务合伙人应具备的条件和选择程序;③执行事务合伙人权限与违约处理办法;④执行事务合伙人的除名条件和更换程序;⑤有限合伙人入伙、退伙的条件、程序以及相关责任;⑥有限合伙人和普通合伙人相互转变程序。

4. 有限合伙人可以用货币、实物、知识产权、土地使用权或者其他财产权利作价出资。有限合伙人不得以劳务出资。

5. 有限合伙人应当按照合伙协议的约定按期足额缴纳出资;未按期足额缴纳的,应当承担补缴义务,并对其他合伙人承担违约责任。

6. 有限合伙企业登记事项中应当载明有限合伙人的姓名或者名称及认缴的出资数额。

7. 有限合伙企业仅剩有限合伙人的,应当解散;有限合伙企业仅剩普通合伙人的,转为普通合伙企业。

（三）有限合伙企业事务执行的特殊规定

1. 有限合伙企业由普通合伙人执行合伙事务。有限合伙人不执行合伙事务,不得对外代表有限合伙企业。

2. 有限合伙企业不得将全部利润分配给部分合伙人;但是,合伙协议另有约定的除外。

3. 有限合伙人可以同本有限合伙企业进行交易;但是,合伙协议另有约定的除外。

4. 有限合伙人可以自营或者同他人合作经营与本有限合伙企业相竞争的业务;但是,合伙协议另有约定的除外。

5. 第三人有理由相信有限合伙人为普通合伙人并与其交易的,该有限合伙人对该笔交易承担与普通合伙人同样的责任。有限合伙人未经授权以有限合伙企业名义与他人进行交易,给有限合伙企业或者其他合伙人造成损失的,该有限合伙人应当承担赔偿责任。

（四）有限合伙企业财产出质与转让的特殊规定

1. 有限合伙人可以将其在有限合伙企业中的财产份额出质;但是,合伙协议另有约定的除外。

2. 有限合伙人可以按照合伙协议的约定向合伙人以外的人转让其在有限合伙企业中的财产份额,但应当提前30日通知其他合伙人。

（五）有限合伙人债务清偿的特殊规定

有限合伙人的自有财产不足清偿其与合伙企业无关的债务的,该合伙人可以以其从有限合伙企业中分取的收益用于清偿;债权人也可以依法请求人民法院强制执行该合伙人在有限合伙企业中的财产份额用于清偿。人民法院强制执行有限合伙人的财产份额时,应当通知全体合伙人。在同等条件下,其他合伙人有优先购买权。

（六）有限合伙企业的入伙与退伙

新入伙的有限合伙人对入伙前有限合伙企业的债务,以其认缴的出资额为限承担责任。有限合伙人退伙后,对基于其退伙前的原因发生的有限合伙企业债务,以其退伙时从有限合伙企业中取回的财产承担责任。

（七）合伙人性质转变的特殊规定

1. 除合伙协议另有约定外,普通合伙人转变为有限合伙人,或者有限合伙人转变为普通合伙人,应当经全体合伙人一致同意。

> ▶ **课堂活动**
>
> 对普通合伙企业与有限合伙企业进行分析、比对。 分析、比对后,你能列举出二者的哪些异同点?

2. 有限合伙人转变为普通合伙人的,对其作为有限合伙人期间有限合伙企业发生的债务承担无限连带责任。

3. 普通合伙人转变为有限合伙人的,对其作为普通合伙人期间合伙企业发生的债务承担无限连带责任。

四、合伙企业的解散、清算

（一）合伙企业的解散

合伙企业有下列情形之一的,应当解散:①合伙期限届满,合伙人决定不再经营;②合伙协议约定的解散事由出现;③全体合伙人决定解散;④合伙人已不具备法定人数满 30 天;⑤合伙协议约定的合伙目的已经实现或者无法实现;⑥依法被吊销营业执照、责令关闭或者被撤销;⑦法律、行政法规规定的其他原因。

（二）合伙企业的清算

合伙企业解散,应当由清算人进行清算。

1. **清算人**　清算人由全体合伙人担任;经全体合伙人过半数同意,可以自合伙企业解散事由出现后 15 日内指定一个或者数个合伙人,或者委托第三人,担任清算人。自合伙企业解散事由出现之日起 15 日内未确定清算人的,合伙人或者其他利害关系人可以申请人民法院指定清算人。

清算人自被确定之日起 10 日内将合伙企业解散事项通知债权人,并于 60 日内在报纸上公告。债权人应当自接到通知书之日起 30 日内,未接到通知书的自公告之日起 45 日内,向清算人申报债权。

2. **财产清偿**　合伙企业财产在支付清算费用后,按下列顺序清偿:①合伙企业所欠职工的工资、社会保险费用和法定补偿金;②合伙企业所欠税款;③合伙企业的债务。

清算结束,清算人应当编制清算报告,经全体合伙人签名、盖章后,在 15 日内向企业登记机关报送清算报告,申请办理合伙企业注销登记。合伙企业注销后,原普通合伙人对合伙企业存续期间的债务仍应承担无限连带责任。

点滴积累 ∨

1. 合伙企业是指自然人、法人和其他组织依照《合伙企业法》在中国境内设立的普通合伙企业和有限合伙企业。

2. 设立合伙企业应当具备法定条件,依据法定程序。

3. 入伙是指在合伙企业存续期间,合伙人以外的第三人加入合伙企业,从而取得合伙人资格的行为。 入伙的新普通合伙人与原合伙人享有同等权利,承担同等责任。

4. 退伙是指合伙人退出合伙企业,从而丧失合伙人资格的行为。 退伙可分为自愿退伙和法定退伙两种形式。

第三节　公司法

一、公司法概述

(一) 公司的概念和种类

1. 公司的概念　公司是指依《中华人民共和国公司法》设立的、以营利为目的的企业法人。

2. 公司的种类

(1) 按照公司资本结构和股东对公司债务承担责任的方式,可将公司分为有限责任公司、股份有限公司、无限公司、两合公司和股份两合公司。

(2) 按照公司之间的控制与依附关系,可将公司分为母公司和子公司。

知识链接

母公司与子公司

母公司是指拥有另一个公司一定比例以上的股份或通过协议方式能够对另一个公司实行实际控制的公司。 子公司是指一定比例以上的股份被另一个公司持有或通过协议方式受到另一个公司实际控制的公司。

子公司受母公司的实际控制,即母公司对子公司的重大事项拥有实际决定权,能够决定子公司董事会的组成,可以直接行使权力任命董事会董事;母公司、子公司各为独立的法人。

(3) 按照公司的股票是否上市流通,可将公司分为上市公司和非上市公司。

(4) 按照公司的组织管辖系统,可将公司分为总公司和分公司。

知识链接

总公司与分公司

1. 分公司没有自己的独立财产，其实际占有、使用的财产是总公司财产的一部分，列入总公司的资产负债表。

2. 分公司不具有法人资格，不独立承担民事责任。

3. 分公司的设立程序与一般意义上的公司设立程序不同，设立分公司只需办理简单的登记和开业手续。

4. 分公司没有自己的公司章程，没有董事会等公司经营决策机构。

5. 分公司名称为总公司名称后加分公司字样，其名称中虽有公司字样，但不是真正意义上的公司。

（5）按照公司国籍，可将公司分为本国公司和外国公司。

（6）按照公司的信用基础，可将公司分为人合公司、资合公司和人资两合公司。

（二）公司法的概念和适用范围

1. 公司法的概念　公司法是规定公司法律地位，调整公司组织关系，规范公司在设立、变更与终止过程中的组织行为的法律规范的总称。公司法有广义和狭义之分。广义的公司法，是指一切关于公司的设立、组织与行为的各种法律、法规、规章及司法解释等。狭义的公司法，仅指《中华人民共和国公司法》（以下简称《公司法》）。

《中华人民共和国公司法》于1993年12月29日由第八届全国人民代表大会常务委员会第五次会议通过，并先后于1999年、2004年、2005年和2013年由全国人民代表大会常务委员会对其进行了四次修订。

2. 公司法的适用范围　《公司法》所称的公司是指依该法在我国境内设立的有限责任公司和股份有限公司。

二、有限责任公司

（一）有限责任公司的设立

有限责任公司是指股东以其认缴的出资额为限对公司承担责任，公司以其全部财产对公司的债务承担责任的企业法人。

1. 设立条件　设立有限责任公司，应当具备如下条件：

（1）股东符合法定人数：有限责任公司由50个以下股东出资设立。

（2）有符合公司章程规定的全体股东认缴的出资额：①有限责任公司的注册资本为在公司登记机关登记的全体股东认缴的出资额。法律、行政法规以及国务院决定对有限责任公司注册资本实缴、注册资本最低限额另有规定的，从其规定。②股东可以用货币出资，也可以用实物、知识产权、土地使用权等可以用货币估价并可以依法转让的非货币财产作价出资；但是，法律、行政法规规定不得作为出资的财产除外。对作为出资的非货币财产应当评估作价,核实财产,不得高估或者低估作价;③股东应当按期足额缴纳公司章程中规定的各自所认缴的出资额。股东以货币出资的,应当将货币出资足额存入有限责任公司在银行开设的账户;以非货币财产出资的,应当依法办理其财产权的转移手续。股东不按照前款规定缴纳出资的,除应当向公司足额缴纳外,还应当向已按期足额缴纳出资的股东承担违约责任。公司成立后,发现作为设立公司出资的非货币财产的实际价额显著低于公司章程所定价额的,应当由交付该出资的股东补足其差额;公司设立时的其他股东承担连带责任。

（3）股东共同制定公司章程:公司章程是由全体股东共同制定的有关公司组织与活动的规范性文件。公司章程应当载明下列事项:①公司名称和住所;②公司经营范围;③公司注册资本;④股东的姓名或者名称;⑤股东的出资方式、出资额和出资时间;⑥公司的机构及其产生办法、职权、议事规则;⑦公司法定代表人;⑧股东会会议认为需要规定的其他事项。

（4）有公司名称,建立符合有限责任公司要求的组织机构。

（5）有公司住所。

2. 设立程序　有限责任公司的设立程序比较简单,其基本程序如下:

（1）订立公司章程:公司章程须由全体股东共同制定,并经全体股东签名、盖章。

（2）股东缴纳出资:股东应当按期足额缴纳公司章程中规定的各自所认缴的出资额。

（3）申请设立登记:股东认足公司章程规定的出资后,由全体股东指定的代表或者共同委托的代理人向公司登记机关报送公司登记申请书、公司章程等文件,申请设立登记。依法设立的公司,由公司登记机关发给公司营业执照。公司营业执照签发日期为公司成立日期。

（二）有限责任公司的组织机构

1. 股东会

（1）股东会的职权:有限责任公司的股东会由全体股东组成,是公司的权力机构,依法行使下列职权:①决定公司的经营方针和投资计划;②选举和更换非由职工代表担任的董事、监事,决定有关董事、监事的报酬事项;③审议批准董事会的报告;④审议批准监事会或者监事的报告;⑤审议批准公司的年度财务预算方案、决算方案;⑥审议批准公司的利润分配方案和弥补亏损方案;⑦对公司增加或者减少注册资本作出决议;⑧对发行公司债券作出决议;⑨对公司合并、分立、解散、清算或者变更公司形式作出决议;⑩修改公司章程及公司章程规定的其他职权。

（2）股东会的形式:股东会会议分为定期会议和临时会议两种。定期会议应当依照公司章程的规定按时召开。代表1/10以上表决权的股东,1/3以上的董事,监事会或者不设监事会的公司的监事提议召开临时会议的,应当召开临时会议。

（3）股东会的召开:首次股东会会议由出资最多的股东召集和主持。公司设立董事会的,股东会会议由董事会召集,董事长主持;董事长不能履行职务或者不履行职务的,由副董事长主持;副董事长不能履行职务或者不履行职务的,由半数以上董事共同推举一名董事主持。不设董事会的,股东会会议由执行董事召集和主持。董事会或者执行董事不能履行或者不履行召集股东会会议职责的,由监事会或者不设监事会的公司的监事召集和主持;监事会或者监事不召集和主持的,代表

1/10 以上表决权的股东可以自行召集和主持。

召开股东会会议,应当于会议召开 15 日前通知全体股东,公司章程另有规定或者全体股东另有约定的除外。

(4) 股东会的决议:股东会会议由股东按照出资比例行使表决权;但是,公司章程另有规定的除外。股东会会议作出修改公司章程、增加或者减少注册资本的决议,以及公司合并、分立、解散或者变更公司形式的决议,必须经代表 2/3 以上表决权的股东通过。除此之外,股东会的议事方式和表决程序,由公司章程规定。

2. 董事会

(1) 董事会的组成:有限责任公司董事会的成员为 3 ~ 13 人。两个以上的国有企业或者两个以上的其他国有投资主体投资设立的有限责任公司,其董事会成员中应当有公司职工代表;其他有限责任公司董事会成员中可以有公司职工代表。董事会设董事长 1 人,可以设副董事长。董事任期由公司章程规定,但每届任期不得超过三年。董事任期届满,连选可以连任。

(2) 董事会的职权:董事会是公司股东会的执行机构,对股东会负责,行使下列职权:①召集股东会会议,并向股东会报告工作;②执行股东会的决议;③决定公司的经营计划和投资方案;④制订公司的年度财务预算方案、决算方案;⑤制订公司的利润分配方案和弥补亏损方案;⑥制订公司增加或者减少注册资本以及发行公司债券的方案;⑦制订公司合并、分立、解散或者变更公司形式的方案;⑧决定公司内部管理机构的设置;⑨决定聘任或者解聘公司经理及其报酬事项,并根据经理的提名决定聘任或者解聘公司副经理、财务负责人及其报酬事项;⑩制定公司的基本管理制度及公司章程规定的其他职权。

股东人数较少或者规模较小的有限责任公司,可以设一名执行董事,不设董事会。执行董事可以兼任公司经理。执行董事的职权由公司章程规定。

(3) 董事会的召开:董事会会议由董事长召集和主持;董事长不能履行职务或者不履行职务的,由副董事长召集和主持;副董事长不能履行职务或者不履行职务的,由半数以上董事共同推举一名董事召集和主持。

(4) 董事会的决议:董事会的议事方式和表决程序,除《公司法》有规定的外,由公司章程规定。董事会应当对所议事项的决定作成会议记录,出席会议的董事应当在会议记录上签名。董事会决议的表决,实行一人一票。

(5) 公司经理:有限责任公司经理由董事会决定聘任或者解聘。经理对董事会负责,行使下列职权:①主持公司的生产经营管理工作,组织实施董事会决议;②组织实施公司年度经营计划和投资方案;③拟订公司内部管理机构设置方案;④拟订公司的基本管理制度;⑤制定公司的具体规章;⑥提请聘任或者解聘公司副经理、财务负责人;⑦决定聘任或者解聘除应由董事会决定聘任或者解聘以外的负责管理人员;⑧董事会授予的其他职权。公司章程对经理职权另有规定的,从其规定。经理列席董事会会议。

3. 监事会

(1) 监事会的组成:监事会是有限责任公司的监督机构,其成员不得少于 3 人。股东人数较少或者规模较小的有限责任公司,可以设 1~2 名监事,不设监事会。监事会应当包括股东代表和适当比例的公司职工代表,其中职工代表的比例不得低于 1/3,具体比例由公司章程规定。监事会设主席 1 人,由全体监事过半数选举产生。监事会主席召集和主持监事会会议;监事会主席不能履行职务或者不履行职务的,由半数以上监事共同推举一名监事召集和主持监事会会议。董事、高级管理人员不得兼任监事。

监事的任期每届为 3 年。监事任期届满,连选可以连任。

(2) 监事会的职权:监事会、不设监事会的公司的监事行使下列职权:①检查公司财务;②对董事、高级管理人员执行公司职务的行为进行监督,对违反法律、行政法规、公司章程或者股东会决议的董事、高级管理人员提出罢免的建议;③当董事、高级管理人员的行为损害公司的利益时,要求董事、高级管理人员予以纠正;④提议召开临时股东会会议,在董事会不履行本法规定的召集和主持股东会会议职责时召集和主持股东会会议;⑤向股东会会议提出提案;⑥依照《公司法》的规定,对董事、高级管理人员提起诉讼;⑦公司章程规定的其他职权。

监事可以列席董事会会议,并对董事会决议事项提出质询或者建议。监事会、不设监事会的公司的监事发现公司经营情况异常,可以进行调查;必要时,可以聘请会计师事务所等协助其工作。

(3) 监事会的决议:监事会每年度至少召开一次会议,监事可以提议召开临时监事会会议。监事会决议应当经半数以上监事通过。监事会的议事方式和表决程序,除《公司法》有规定的外,由公司章程规定。监事会应当对所议事项的决定作成会议记录,出席会议的监事应当在会议记录上签名。

(三) 一人有限责任公司的特别规定

1. 一人有限责任公司的概念　一人有限责任公司,是指只有一个自然人股东或者一个法人股东的有限责任公司。

2. 一人有限责任公司的特别规定

(1) 一个自然人只能投资设立一个一人有限责任公司。该一人有限责任公司不能投资设立新的一人有限责任公司。

(2) 一人有限责任公司应当在公司登记中注明自然人独资或者法人独资,并在公司营业执照中载明。一人有限责任公司章程由股东制定。

(3) 一人有限责任公司不设股东会。股东决定关于公司的经营方针和投资计划等事项时,应当采用书面形式,并由股东签名后置备于公司。

▶▶ 课堂活动

　　比较一人有限责任公司与个人独资企业,并说出二者的异同点。

(4) 一人有限责任公司应当在每一会计年度终了时编制财务会计报告,并经会计师事务所审计。股东不能证明公司财产独立于股东自己的财产的,应当对公司债务承担连带责任。

(四) 国有独资公司的特别规定

1. 国有独资公司的概念　国有独资公司,是指国家单独出资、由国务院或者地方人民政府授权本级人民政府国有资产监督管理机构履行出资人职责的有限责任公司。

2. 国有独资公司的特别规定

（1）国有独资公司不设股东会，由国有资产监督管理机构行使股东会职权。国有资产监督管理机构可以授权公司董事会行使股东会的部分职权，决定公司的重大事项，但公司的合并、分立、解散、增加或者减少注册资本和发行公司债券，必须由国有资产监督管理机构决定；其中，重要的国有独资公司合并、分立、解散、申请破产的，应当由国有资产监督管理机构审核后，报本级人民政府批准。国有独资公司章程由国有资产监督管理机构制定，或者由董事会制订报国有资产监督管理机构批准。

（2）国有独资公司设董事会，董事每届任期不得超过 3 年。董事会成员中应当有公司职工代表。董事会成员由国有资产监督管理机构委派；但是，董事会成员中的职工代表由公司职工代表大会选举产生。董事会设董事长 1 人，可以设副董事长。董事长、副董事长由国有资产监督管理机构从董事会成员中指定。

（3）国有独资公司设经理，经理由董事会聘任或者解聘。经国有资产监督管理机构同意，董事会成员可以兼任经理。

（4）国有独资公司的董事长、副董事长、董事、高级管理人员，未经国有资产监督管理机构同意，不得在其他有限责任公司、股份有限公司或者其他经济组织兼职。

（5）国有独资公司设监事会，监事会成员不得少于 5 人，其中职工代表的比例不得低于 1/3，具体比例由公司章程规定。监事会成员由国有资产监督管理机构委派；但是，监事会成员中的职工代表由公司职工代表大会选举产生。监事会主席由国有资产监督管理机构从监事会成员中指定。

（五）有限责任公司的股东及股权转让

1. 股东的权利与义务　股东的权利包括共益权和自益权两个方面。

共益权是股东基于自己的出资而享有的参与公司经营管理的权利，包括：查阅、复制公司章程、股东会会议记录、董事会会议决议、监事会会议决议和财务会计报告；可以要求查阅公司会计账簿；选举和被选举为董事会成员、监事会成员等。

自益权是股东基于自己的出资而享有经济利益的权利，包括：分取红利；公司新增资本时，优先认缴出资；优先购买其他股东转让的出资；公司终止后，依法分得公司的剩余财产；股东权益受到侵犯时，有权向人民法院提起诉讼等。

股东的义务主要包括以下几个方面：①按期足额缴纳公司章程中规定的各自所认缴的出资额；②公司设立后不得抽逃出资；③依其所认缴的出资额承担公司债务。

2. 股权转让

（1）股东之间转让股权：有限责任公司的股东之间可以相互转让其全部或者部分股权。

（2）股东向股东以外的人转让股权：①股东向股东以外的人转让股权，应当经其他股东过半数同意。股东应就其股权转让事项书面通知其他股东征求同意，其他股东自接到书面通知之日起满 30 日未答复的，视为同意转让。其他股东半数以上不同意转让的，不同意的股东应当购买该转让的股权;不购买的,视为同意转让;②经股东同意转让的股权,在同等条件下,其他股东有优先购买权。两个以上股东主张行使优先购买权的,协商确定各自的购买比例;协商不成的,按照转让时各自的出资比例行使优先购买权;③公司章程对股权转让另有规定的,从其规定。

(3) 人民法院强制转让股权:人民法院依照法律规定的强制执行程序转让股东的股权时,应当通知公司及全体股东,其他股东在同等条件下有优先购买权。其他股东自人民法院通知之日起满20日不行使优先购买权的,视为放弃优先购买权。

(4) 请求公司收购股权:有下列情形之一的,对股东会该项决议投反对票的股东可以请求公司按照合理的价格收购其股权:①公司连续5年不向股东分配利润,而公司该5年连续盈利,并且符合本法规定的分配利润条件的;②公司合并、分立、转让主要财产的;③公司章程规定的营业期限届满或者章程规定的其他解散事由出现,股东会会议通过决议修改章程使公司存续的。自股东会会议决议通过之日起60日内,股东与公司不能达成股权收购协议的,股东可以自股东会会议决议通过之日起90日内向人民法院提起诉讼。

股东转让股权后,公司应当注销原股东的出资证明书,向新股东签发出资证明书,并相应修改公司章程和股东名册中有关股东及其出资额的记载。对公司章程的该项修改不需再由股东会表决。

案例分析

案例:甲、乙、丙、丁、戊拟共同组建一有限责任性质的饮料公司,注册资本200万元,公司拟不设董事会,由甲任执行董事;不设监事会,由丙担任公司的监事。饮料公司成立后经营一直不景气,已欠A银行贷款100万元未还。经股东会决议,决定把饮料公司唯一盈利的保健品车间分出去,另成立有独立法人资格的保健品厂。后饮料公司增资扩股,乙将其股份转让给C公司。

问题:(1) 饮料公司的组织机构设置是否符合公司法的规定? 为什么?

(2) 乙转让股权时应遵循股权转让的何种规则?

分析:(1) 符合公司法的规定。公司法规定,有限责任公司的股东人数较少和规模较少的,可以设1名执行董事,不设立董事会;股东人数较少和规模较小,可以设1至2名监事。

(2) 股东向股东以外的人转让其出资时,必须经全体股东过半数同意;不同意购买的股东应当购买该转让的出资,如果不购买该转让的出资,视为同意转让。经股东同意转让的出资,在同等条件下,其他股东对该出资有优先购买权。

三、股份有限公司

(一) 股份有限公司的设立

股份有限公司是指公司全部资本分为等额股份,股东以其认购的股份为限对公司承担责任,公司以其全部财产对公司的债务承担责任的企业法人。

1. **设立方式**　股份有限公司的设立,可以采取发起设立或者募集设立的方式。

发起设立是指由发起人认购公司应发行的全部股份而设立公司。募集设立,是指由发起人认购公司应发行股份的一部分,其余股份向社会公开募集或者向特定对象募集而设立公司。

2. **设立条件**

(1) 发起人符合法定人数:设立股份有限公司,应当有 2 人以上 200 人以下为发起人,其中须有半数以上的发起人在中国境内有住所。

(2) 有符合公司章程规定的全体发起人认购的股本总额或者募集的实收股本总额:股份有限公司采取发起设立方式设立的,注册资本为在公司登记机关登记的全体发起人认购的股本总额。股份有限公司采取募集方式设立的,注册资本为在公司登记机关登记的实收股本总额。法律、行政法规以及国务院决定对股份有限公司注册资本实缴、注册资本最低限额另有规定的,从其规定。

以发起设立方式设立股份有限公司的,发起人应当书面认足公司章程规定其认购的股份,并按照公司章程规定缴纳出资。以非货币财产出资的,应当依法办理其财产权的转移手续。以募集设立方式设立股份有限公司的,发起人认购的股份不得少于公司股份总数的 35% ;但是,法律、行政法规另有规定的,从其规定。

股份有限公司成立后,发起人未按照公司章程的规定缴足出资的,应当补缴;其他发起人承担连带责任。股份有限公司成立后,发现作为设立公司出资的非货币财产的实际价额显著低于公司章程所定价额的,应当由交付该出资的发起人补足其差额;其他发起人承担连带责任。

(3) 股份发行、筹办事项符合法律规定。

(4) 发起人制订公司章程,采用募集方式设立的经创立大会通过。

(5) 有公司名称,建立符合股份有限公司要求的组织机构。

(6) 有公司住所。

3. **设立程序**

(1) 发起设立的程序:①发起人制定公司章程;②发起人认购公司股份;③选举董事会和监事会;④申请设立登记。

(2) 募集设立的程序

1) 发起人制定公司章程。

2) 发起人认购股份:发起人认购的股份不得少于公司股份总数的 35% 。

3) 向社会公开募集股份:发起人向社会公开募集股份,必须公告招股说明书,并制作认股书;应当由依法设立的证券公司承销,签订承销协议;应当同银行签订代收股款协议。

4) 召开创立大会:发起人应当自股款缴足之日起 30 日内主持召开公司创立大会。创立大会由发起人、认股人组成。发起人应当在创立大会召开 15 日前将会议日期通知各认股人或者予以公告。创立大会应有代表股份总数过半数的发起人、认股人出席,方可举行。

5) 申请设立登记:董事会应于创立大会结束后 30 日内,向公司登记机关报送有关文件,申请设立登记。

（二）股份有限公司的组织机构

1. 股东大会

（1）股东大会的职权：股东大会是股份有限公司的权力机构，由全体股东组成，其职权的规定，与有限责任公司股东会职权的规定基本相同。

（2）股东大会的形式：股份有限公司股东大会的形式分为年会和临时大会两种。年会每年召开一次。有下列情形之一的，应当在两个月内召开临时股东大会：①董事人数不足本法规定人数或者公司章程所定人数的2/3时；②公司未弥补的亏损达实收股本总额1/3时；③单独或者合计持有公司10%以上股份的股东请求时；④董事会认为必要时；⑤监事会提议召开时；⑥公司章程规定的其他情形。

（3）股东大会的召集：股东大会会议由董事会召集，董事长主持；董事长不能履行职务或者不履行职务的，由副董事长主持；副董事长不能履行职务或者不履行职务的，由半数以上董事共同推举一名董事主持。董事会不能履行或者不履行召集股东大会会议职责的，监事会应当及时召集和主持；监事会不召集和主持的，连续90日以上单独或者合计持有公司10%以上股份的股东可以自行召集和主持。召开股东大会会议，应当将会议召开的时间、地点和审议的事项于会议召开20日前通知各股东；临时股东大会应当于会议召开15日前通知各股东；发行无记名股票的，应当于会议召开30日前公告会议召开的时间、地点和审议事项。

（4）股份有限公司股东大会的决议：股东出席股东大会会议，所持每一股份有一表决权。但是，公司持有的本公司股份没有表决权。股东大会作出决议，必须经出席会议的股东所持表决权过半数通过。但是，股东大会作出修改公司章程、增加或者减少注册资本的决议，以及公司合并、分立、解散或者变更公司形式决议，必须经出席会议的股东所持表决权的2/3以上通过。

2. 董事会

（1）董事会的组成：股份有限公司设董事会，其成员为5～19人。董事会成员中可以有公司职工代表。董事会设董事长1人，可以设副董事长。

（2）董事会的职权：股份有限公司董事会的职权与有限责任公司董事会的职权基本相同。

（3）董事会的召开：董事长召集和主持董事会会议，检查董事会决议的实施情况。副董事长协助董事长工作，董事长不能履行职务或者不履行职务的，由副董事长履行职务；副董事长不能履行职务或者不履行职务的，由半数以上董事共同推举一名董事履行职务。

董事会每年度至少召开2次会议，每次会议应当于会议召开10日前通知全体董事和监事。代表1/10以上表决权的股东、1/3以上董事或者监事会，可以提议召开董事会临时会议。董事长应当自接到提议后10日内，召集和主持董事会会议。

（4）董事会的决议：董事会会议应有过半数的董事出席方可举行。董事会作出决议，必须经全体董事的过半数通过。董事会决议的表决，实行一人一票。

（5）经理：股份有限公司设经理，由董事会决定聘任或者解聘，其职权与有限责任公司经理的职权相同。公司董事会可以决定由董事会成员兼任经理。

案例分析

案例：2016 年 12 月 8 日，某医药股份有限公司召开董事会临时会议，讨论召开股东大会临时会议和解决债务问题。该公司共有董事 9 人，这天出席会议的有李某、章某、王某、丁某、唐某，另有 4 名董事知悉后由于有事未出席会议。在董事会议上，章某、王某、丁某、唐某同意召开股东临时会，并作出决议。李某不同意，便在表决之前中途退席。此后，公司根据董事会临时决议召开股东大会临时会议，并在大会上通过了偿还债务的决议。李某对此表示异议，认为股东大会临时决议无效。

问题：（1）该董事会临时会议的召开是否合法？说出其法律依据。

（2）作出召开股东大会临时会议的决议是否有效？说出其法律依据。

分析：（1）董事会的召开是合法的。《公司法》规定，董事会可根据需要随时决定召开董事会会议，并应当于会议召开前 10 日通知全体董事，但紧急事项可以另定通知方式和时间。董事会会议由 1/2 以上的董事出席即可举行。

（2）作出召开股东大会临时会议的决议是无效的。《公司法》规定，董事会决议须经全体董事过半数同意。

3. 监事会

（1）监事会的组成：股份有限公司设监事会，其成员不得少于 3 人。监事会应当包括股东代表和适当比例的公司职工代表，其中职工代表的比例不得低于 1/3，具体比例由公司章程规定。董事、高级管理人员不得兼任监事。监事的任期与有限责任公司的规定相同。

（2）监事会的职权：股份有限公司监事会的职权与有限责任公司监事会的职权基本相同。

（3）监事会的召开与决议：监事会每 6 个月至少召开一次会议。监事可以提议召开临时监事会会议。监事会的议事方式和表决程序，除公司法有规定的外，由公司章程规定。监事会决议应当经半数以上监事通过。监事会应当对所议事项的决定作成会议记录，出席会议的监事应当在会议记录上签名。

4. 上市公司组织机构的特别规定

（1）上市公司设独立董事，具体办法由国务院规定。

（2）上市公司设董事会秘书。董事会秘书负责公司股东大会和董事会会议的筹备、文件保管以及公司股东资料的管理，办理信息披露事务等事宜。

（3）上市公司在一年内购买、出售重大资产或者担保金额超过公司资产总额 30% 的，应当由股东大会作出决议，并经出席会议的股东所持表决权的 2/3 以上通过。

（4）上市公司董事与董事会会议决议事项所涉及的企业有关联关系的，不得对该项决议行使表决权，也不得代理其他董事行使表决权。该董事会会议由过半数的无关联关系董事出席即可举行，董事会会议所作决议须经无关联关系董事过半数通过。出席董事会的无关联关系董事人数不足 3 人的，应将该事项提交上市公司股东大会审议。

> **知识链接**
>
> 《证券法》关于股票上市交易的规定
>
> 上市公司，是指其股票在证券交易所上市交易的股份有限公司。
>
> 《证券法》第50条规定了公司股票上市的条件：①股票经国务院证券监督管理机构核准已公开发行；②公司股本总额不少于人民币3000万元；③公开发行的股份达到公司股份总数的25%以上；公司股本总额超过人民币4亿元的，公开发行股份的比例为10%以上；④公司最近3年无重大违法行为，财务会计报告无虚假记载。

（三）股份发行和转让

1. 股份发行

（1）股份与股票：股份是均分公司全部资本的最基本的计算单位，是资本的构成部分。股东的权利、义务大小与持有股份的多少直接相关。股票是公司签发的证明股东所持股份的凭证。股票是股份的载体，是股份的外在表现形式。

（2）股份发行的原则：股份的发行，实行公平、公正的原则。同次发行的同种类股票，每股的发行条件和价格应当相同；任何单位或者个人所认购的股份，每股应当支付相同价额。

（3）股份发行的价格：股份发行价格可以按股票票面金额，也可以超过票面金额，但不得低于票面金额。

2. 股份转让　股份转让是指股份持有人通过法定程序将股份出让给受让人，使其取得股份成为公司股东的行为。股份转让的法律规定有：

（1）股东持有的股份可以依法转让。股东转让其股份，应当在依法设立的证券交易场所进行或者按照国务院规定的其他方式进行。

（2）记名股票，由股东以背书方式或者法律、行政法规规定的其他方式转让。无记名股票的转让，由股东将该股票交付给受让人后即发生转让的效力。

（3）发起人持有的本公司股份，自公司成立之日起1年内不得转让。公司公开发行股份前已发行的股份，自公司股票在证券交易所上市交易之日起1年内不得转让。公司董事、监事、高级管理人员应当向公司申报所持有的本公司的股份及其变动情况，在任职期间每年转让的股份不得超过其所持有本公司股份总数的25%；所持本公司股份自公司股票上市交易之日起1年内不得转让。上述人员离职后半年内，不得转让其所持有的本公司股份。公司章程可以对公司董事、监事、高级管理人员转让其所持有的本公司股份作出其他限制性规定。

（4）公司不得收购本公司股份。但是，有下列情形之一的除外：①减少公司注册资本；②与持有本公司股份的其他公司合并；③将股份奖励给本公司职工；④股东因对股东大会作出的公司合并、分立决议持异议，要求公司收购其股份的。

（5）公司不得接受本公司的股票作为质押权的标的。

案例：天津某医药股份有限公司于 2010 年底成立，2013 年 7 月，该公司的股票在证券交易所挂牌买卖。由于该公司经营管理不善，因此，2015 年底仅有微利。公司经理李某认为公司股票可能下跌，将其拥有的 5000 股无记名股票全部转让。某私营企业老板高某以每股 3 元的价格买下了这 5000 股股票。2016 年 2 月，该私营企业与该医药股份有限公司签订了总价款 10 万元的药品买卖合同，并约定私营企业预付总价款的 5%（5000 元）。该私营企业由于资金周转困难，高某提出以 5000 股股票冲作预付款，医药公司同意。

问题：本案中有哪些方面违反了公司法的规定？

分析：违法之处有：①公司经理李某将其拥有的 5000 股无记名股票全部转让；②医药公司同意私营企业老板高某以 5000 股股票冲作预付款。

四、公司债券

（一）公司债券的概念和种类

1. 公司债券的概念 公司债券，是指公司依照法定程序发行、约定在一定期限还本付息的有价证券。

2. 公司债券的种类

（1）记名公司债券和无记名公司债券：债券上记载持券人的姓名或者名称的债券，为记名公司债券。记名公司债券由债券持有人以背书方式或者法律、行政法规规定的其他方式转让；转让后由公司将受让人的姓名或者名称及住所记载于公司债券存根簿。债券上不记载持券人的姓名或者名称的债券，为无记名公司债券。无记名公司债券的转让，由债券持有人将该债券交付给受让人后即发生转让的效力。

（2）可转换公司债券和非转换公司债券：可转换公司债券是指公司债券的持有人在一定的条件下，可以将持有的公司债券转换成公司股票的公司债券。非转换公司债券即是不能转换为公司股票的公司债券。

股票与债券的区别

股票与债券均属于有价证券和公司获得经营所需资金的方式，它们都具有一定的流动性，都可以通过买卖实行转让。但是，公司债券与股票有着显著区别：

1. 法律性质不同 股票是所有权证书，股东在法律上享有特定财产权即股权，股票持有者是公司所有者；债券是一种债权凭证，持有人与发行人之间是债权债务关系。

2. 法定的权利和义务不同 股票的持有人是公司的股东，有权参加股东大会并进行投票，参与公司的经营决策，分享股利和剩余财产分配，但同时在自己股份内承担风险责任；公司债券的持有人仅是公司的债权人，有权按照约定期限取得利息，收回本金，但无参与公司经营的法定权利，也无权分享公司剩余财产。

3. 期限不同　购买股票是一种永久性投资，股东不得要求公司返还本金，它不存在到期日；而公司债券则有一定的清偿期，届时公司必须返还本金。

4. 收益不同　债券有规定的利率，可获得固定的利息；而股票的股息红利不固定，一般视公司的经营情况而定。

5. 风险程度不同　股票风险较大，债券风险相对较小。

（二）公司债券发行

公司发行公司债券应当符合《中华人民共和国证券法》规定的发行条件和程序。发行公司债券的申请经国务院授权的部门核准后,应当公告公司债券募集办法。公司债券募集办法中应当载明下列主要事项:①公司名称;②债券募集资金的用途;③债券总额和债券的票面金额;④债券利率的确定方式;⑤还本付息的期限和方式;⑥债券担保情况;⑦债券的发行价格、发行的起止日期;⑧公司净资产额;⑨已发行的尚未到期的公司债券总额;⑩公司债券的承销机构。

上市公司发行可转换为股票的公司债券,应当报国务院证券监督管理机构核准。发行可转换为股票的公司债券,应当在债券上标明可转换公司债券字样,并在公司债券存根簿上载明可转换公司债券的数额。发行可转换为股票的公司债券的,公司应当按照其转换办法向债券持有人换发股票,但债券持有人对转换股票或者不转换股票有选择权。

知识链接

《中华人民共和国证券法》关于公开发行公司债券的规定

《中华人民共和国证券法》第16条规定了公开发行公司债券的条件:①股份有限公司的净资产不低于人民币3000万元,有限责任公司的净资产不低于人民币6000万元;②累计债券总额不超过公司净资产的40%;③最近3年平均可分配利润足以支付公司债券1年的利息;④筹集的资金投向符合国家产业政策;⑤债券的利率不超过国务院限定的利率水平;⑥国务院规定的其他条件。

五、公司的合并、分立、增资、减资、解散与清算

（一）公司的合并

公司合并,是指两个或者两个以上的公司依法归并为一个公司的法律行为。公司合并可以采取吸收合并或者新设合并。一个公司吸收其他公司为吸收合并,被吸收的公司解散。两个以上公司合并设立一个新的公司为新设合并,合并各方解散。

1. 公司合并的程序

（1）签订合并协议:公司合并,应当由合并各方签订合并协议。

（2）编制资产负债表及财产清单。

（3）通知债权人:公司应当自作出合并决议之日起 10 日内通知债权人,并于 30 日内在报纸上公告。债权人自接到通知书之日起 30 日内,未接到通知书的自公告之日起 45 日内,可以要求公司清偿债务或者提供相应的担保。

（4）办理登记手续:公司合并,登记事项发生变更的,应当依法向公司登记机关办理变更登记;公司解散的,应当依法办理公司注销登记;设立新公司的,应当依法办理公司设立登记。

2. 公司合并各方的债权、债务　公司合并时,合并各方的债权、债务,应当由合并后存续的公司或者新设的公司承继。

（二）公司分立

公司分立,是指一个公司依法分成两个或者两个以上公司的法律行为。公司分立的形式有两种,即派生分立和新设分立。派生分立,是指一个公司以其部分资产另设一个或者数个公司的法律行为。新设分立,是指一个公司将其全部资产分割设立两个或者两个以上的公司的法律行为。

公司分立的程序与公司合并的程序基本相同。

公司分立前的债务由分立后的公司承担连带责任。但是,公司在分立前与债权人就债务清偿达成的书面协议另有约定的除外。

▶▶ 课堂活动

　某大型制药公司(以下简称为制药公司)于 2013 年 2 月分立为 A 制药有限公司(以下简称为 A 公司)和 B 医药有限公司(以下简称为 B 公司)。 制药公司分立时,其财产作了相应的分割,编制了资产负债表及财产清单。 A 公司与 B 公司就制药公司分立前的债务达成协议,全额由 A 公司承担。 公司于 2013 年 2 月 5 日作出分立决议后,2 月 15 日前通知了债权人,并在 3 月 4 日在报纸上就分立事宜进行公告。 制药公司的债权人甲接到通知书的当日,与制药公司达成协议,由 A 公司承担偿还甲的债权。 债权人乙接到通知书后,没有作出反应。 2013 年 3 月 10 日,公司正式分立。 制药公司在外地的债权人丙未接到分立通知书,2013 年 4 月 2 日才知晓制药公司已分立。 后来由于 A 公司经营不善,无法偿还甲、乙、丙的债务。 B 公司则以分立前与 A 公司有协议为由,拒绝了甲、乙、丙的偿债要求。

　问题:（1）甲是否可以要求 B 公司承担债务? 为什么?

　（2）乙、丙是否可以要求 B 公司承担债务? 为什么?

（三）公司的增资和减资

有限责任公司增加注册资本时,股东认缴新增资本的出资,依照《中华人民共和国公司法》设立有限责任公司缴纳出资的有关规定执行。股份有限公司为增加注册资本发行新股时,股东认购新股,依照《中华人民共和国公司法》设立股份有限公司缴纳股款的有关规定执行。

公司需要减少注册资本时,应当自作出减少注册资本决议之日起 10 日内通知债权人,并于 30 日内在报纸上公告。债权人自接到通知书之日起 30 日内,未接到通知书的自公告之日起 45 日内,有权要求公司清偿债务或者提供相应的担保。

公司增加或者减少注册资本,应当依法向公司登记机关办理变更登记。

（四）公司解散

公司因下列原因解散:①公司章程规定的营业期限届满或者公司章程规定的其他解散事由出现;②股东会或者股东大会决议解散;③因公司合并或者分立需要解散;④依法被吊销营业执照、责令关闭或者被撤销;⑤人民法院依法予以解散。

（五）公司清算

公司清算应当按照以下程序进行:

1. **成立清算组**　清算组应当在解散事由出现之日起15日内成立,并开始清算。有限责任公司的清算组由股东组成,股份有限公司的清算组由董事或者股东大会确定的人员组成。逾期不成立清算组进行清算的,债权人可以申请人民法院指定有关人员组成清算组进行清算。

2. **登记债权**　清算组应当自成立之日起10日内通知债权人,并于60日内在报纸上公告。债权人应当自接到通知书之日起30日内,未接到通知书的自公告之日起45日内,向清算组申报其债权。清算组应当对债权进行登记。在申报债权期间,清算组不得对债权人进行清偿。

3. **清理公司财产,制订清算方案**　清算组在清理公司财产、编制资产负债表和财产清单后,应当制订清算方案,并报股东会、股东大会或者人民法院确认。清算组在清理公司财产、编制资产负债表和财产清单后,发现公司财产不足清偿债务的,应当依法向人民法院申请宣告破产。

4. **清偿公司债务**　清算组依法按照下列顺序进行清偿:①支付清算费用;②职工的工资、社会保险费用和法定补偿金;③缴纳所欠税款;④清偿公司债务。公司财产在未依照规定清偿前,不得分配给股东。

5. **分配剩余财产**　公司清偿债务后的剩余财产,有限责任公司按照股东的出资比例分配,股份有限公司按照股东持有的股份比例分配。

6. **制作清算报告并办理注销登记**　公司清算结束后,清算组应当制作清算报告,报股东会、股东大会或者人民法院确认,并报送公司登记机关,申请注销公司登记,公告公司终止。

点滴积累　∨

1. 在我国,只允许设立有限责任公司和股份有限公司。

2. 股份有限公司设立的方式为两种,即发起设立和募集设立。

3. 有限责任公司是指股东以其出资额为限对公司承担责任,公司以其全部资产对公司债务承担责任的企业法人。有限责任公司的设立必须具备法定条件。有限责任公司其组织机构为股东会、董事会和监事会。有限责任公司的股东的股权可以转让。

4. 国有独资公司和一人有限责任公司是有限责任公司的特殊形式。

5. 股份有限公司,是指其全部资本分为等额股份,股东以其所持股份为限对公司承担责任,公司以其全部资产对公司的债务承担责任的企业法人。有限责任公司的设立必须具备法定条件。股份有限公司的组织机构包括股东大会、董事会、监事会。股份有限公司可以发行股票,其股东的股权可以转让。

目标检测

一、单项选择题

1. 甲某准备成立一家个人独资企业,下列律师给的咨询意见中,正确的是(　　)
　　A. 个人独资企业对被聘用人员的限制不得对抗善意第三人
　　B. 个人独资企业成立时需缴足法定最低注册资本
　　C. 个人独资企业应依法缴纳企业所得税
　　D. 个人独资企业的投资人以其投资额为限对个人独资企业债务承担责任
　　E. 个人独资企业的投资人只能自行管理企业

2. 甲、乙与丙按照合伙协议共同出资设立合伙企业,甲任合伙企业事务执行人。依照我国《合伙企业法》的规定,关于合伙人对企业承担的责任的正确表述是(　　)
　　A. 全体合伙人均承担有限责任
　　B. 甲作为合伙企业事务执行人负无限责任,其他合伙人均负有限责任
　　C. 合伙人的责任分别由合伙协议约定
　　D. 全体合伙人承担无限连带责任
　　E. 甲作为合伙企业事务执行人负有限责任,其他合伙人均负无限责任

3. 股份有限公司设董事会,其成员为(　　)人
　　A. 3～13　　　B. 2～10　　　C. 3～19　　　D. 5～19　　　E. 5～13

4. 依照《公司法》,有限责任公司的股东人数是(　　)
　　A. 为2人以上200人以下,而且须有半数以上的发起人在中国境内有住所
　　B. 为2人以上50人以下
　　C. 50人以下
　　D. 200人以下
　　E. 没有任何限制

5. 有限合伙人**不可以**用(　　)作价出资
　　A. 货币　　　B. 实物　　　C. 劳务　　　D. 知识产权　　　E. 土地使用权

6. 有限责任公司股东会对公司增加或减少注册资本,公立、合并、解散、变更公司或者修改公司章程作出决议,必须经代表(　　)以上表决权的股东通过
　　A. 1/2　　　B. 1/3　　　C. 2/3　　　D. 1/4　　　E. 3/4

7. 甲、乙、丙、丁、戊五人准备以募集方式设立一家股份有限公司,股本为9000万元。甲出资550万元,乙出资650万元,丙出资750万元,丁出资850万元。根据《公司法》规定,戊的出资至少应当是(　　)
　　A. 250万元　　　B. 350万元　　　C. 450万元　　　D. 480万元　　　E. 520万元

8. 公司解散时财产分配顺序为(　　)①缴纳所欠税款;②支付清算费用;③职工的工资、社会保险费用和法定补偿金;④清偿公司债务

A. ①②③④　　B. ②③①④　　C. ③①②④　　D. ①③②④　　E. ②①③④

9. 国有独资公司设监事会,监事会成员不得少于 5 人,其中职工代表的比例**不得低于**(　　)

　　A. 1/2　　　　B. 1/3　　　　C. 2/3　　　　D. 1/4　　　　E. 3/4

10. 股票发行价格(　　)

　　A. 可以按票面金额,也可以超过票面金额

　　B. 可以按票面金额,也可以低于票面金额

　　C. 不可以超过票面金额,但可以低于票面金额

　　D. 不可以超过票面金额,也不可以低于票面金额

　　E. 可以超过票面金额,也可以低于票面金额

二、知识应用题

（一）案例分析

案例 1:2012 年 2 月,甲、乙、丙、丁共同出资设立一家从事药品经营的有限合伙企业 A,合伙协议约定:丙为普通合伙人,甲、乙、丁均为有限合伙人;甲和乙以现金出资,丙以劳务出资,丁以房屋出资;各合伙人平均分配赢利、分担亏损;由丙执行合伙企业事务,甲、乙、丁不执行合伙事务。合伙人丙还于 2012 年 8 月设立了一家从事贸易活动的个人独资企业。

2012 年的经营期内,合伙企业 A 发生了下列业务:①2012 年 5 月,甲以合伙企业 A 普通合伙人的身份与银行签订了借款合同。经查,银行有充分的理由相信甲为该合伙企业的普通合伙人。②丙为了改善合伙企业 A 的经营管理状况,于 2013 年 9 月独自聘任合伙人以外的戊担任合伙企业 A 的经营管理人员;并以合伙企业 A 的名义为 B 公司提供担保。经查,合伙协议中未对聘任经营管理人员和担保的事项作出约定。③2012 年 11 月,丙与合伙企业 A 签订了一份买卖合同,由丙设立的个人独资企业向合伙企业提供 1000 套工作衣。该交易甲、乙、丁均表示同意。

2013 年 1 月 5 日,丙设立的个人独资企业因不能支付到期的庚的债务,丙决定解散该企业。2 月 15 日人民法院指定 C 作为清算人对个人独资企业进行清算。经查,该个人独资企业和丙的债权债务情况如下:①企业欠缴税款 2000 元,欠职工工资 5000 元,欠社会保险费用 5000 元,欠庚 10 万元;②企业银行存款 1 万元,实物折价 8 万元;③丙在合伙企业 A 的出资 6 万元(占 50% 的出资额),该合伙企业每年可向其分配利润;④丙个人没有其他可执行的财产。

2013 年 3 月,庚向人民法院申请强制执行丙在合伙企业的财产份额用于清偿剩余债务。合伙人丙被人民法院强制执行在合伙企业中的全部财产份额后,甲、乙、丁决定以现有状况继续经营。

问题:(1) 丙在合伙企业 A 中以劳务出资是否合法? 丙在其设立的个人独资企业中是否也可以用劳务出资?

(2) 合伙协议中约定甲、乙、丁不执行合伙事务是否符合规定? 说明理由。

(3) 甲以普通合伙人身份与银行签订借款合同,甲对此业务应承担什么责任?

(4) 丙聘任戊担任合伙企业的经营管理人员及为 B 公司提供担保的行为是否合法? 为什么?

(5) 丙与合伙企业 A 签订买卖合同的行为是否合法? 为什么?

（6）请说明丙设立的个人独资企业清算时的财产清偿顺序。

（7）甲、乙、丁决定以现有状况继续经营是否正确？为什么？

案例2：甲、乙、丙于2012年6月出资设立A医药有限责任公司，注册资本为500万元，甲出资170万元，全部为货币出资，乙以机器设备作价200万元出资，丙以知识产权作价130万元出资，2013年1月，该公司又吸收丁入股。2013年4月，该公司因经营管理不善造成严重亏损，拖欠巨额债务，被依法宣告破产。管理人在清算中查明，乙在公司设立时作为出资的机器设备，其实际价额为150元，显著低于公司章程所定价额200万元，乙的个人财产仅为30万元。

问题：（1）对于乙出资不实的行为，在公司内部应承担何种法律责任？

（2）对于乙出资不足的问题，股东丁是否应对其承担连带责任？并说明理由。

案例3：A、B、C三人经协商，准备成立一家有限责任公司甲，主要从事医疗器械的生产，其中：A为公司提供厂房和设备，经评估作价25万元；B从银行借款20万元现金作为出资；C原为一家私营企业的厂厂长，具有丰富的管理经验，提出以管理能力出资，作价15万元。A、B、C制定出公司章程后，遂向市场监督管理部门申请注册登记。

问题：（1）本案例包括哪几种出资形式？请分析A、B、C的出资效力。

（2）市场监督管理部门是否会予以该公司的注册登记？为什么？

（二）实务操作

1. 甲有货币12万元，乙有一套临街房屋，价值人民币80万元，丙有货币8万元，丁有一项专利技术，可以作价10万元。甲、乙、丙、丁欲设立一家医药企业，但不知选用何种企业形态。请你帮助他们选择一种企业形态，并为他们准备企业设立登记时的法律文件。

2. 王丹、张光荣、赵亮和李光辉于2016年5月22日商议合伙开一家药店，并就药店的名称、出资、经营管理等事项达成一致意见：药店为普通合伙企业；药店名称为"益康药店"；王丹以自己的三间临街房屋出资，张光荣、赵亮和李光辉以货币出资；缴款期限为2016年6月5日前；4人平均分配利润，分担风险；合伙事务由赵亮负责管理；合伙人如违反协议约定，破坏合伙经营，其他合伙人可以提出退伙或者将其除名。请根据以上材料拟写一份合伙协议。

（李朝霞）

第三章

合同法律制度

导学情景

情景描述：

张同学酷爱发明，在上学期间申请发明专利两项，其中一项关于药物存储装置的发明以 2 万元授权给一医药公司使用，后医药公司通过实施这一专利，每年获利 1000 万元，张同学得知这一情况后，便以合同显失公平为由起诉该医药公司，要求该医药公司至少再补偿其 500 万元。张同学的请求有法律依据吗？

学前导语：

合同是人与人之间建立民事法律关系的最主要的形式，在现代社会中，各种各样的活动大都需要合同制度来保证实施，很少有人在现代社会中完全不用任何合同。本章将通过对合同的订立以及订立的注意事项、合同的效力和合同的履行的学习，帮助大家理解和掌握合同法律制度的基本知识及签订药品购销合同的基本技能。

合同法是调整平等主体之间合同关系的法律规范的总称。合同法分为形式意义的合同法和实质意义的合同法。形式意义的合同法是指合同法典，在我国是指 1999 年 3 月 15 日由第九届全国人民代表大会第二次会议通过、1999 年 10 月 1 日起施行的《中华人民共和国合同法》（以下简称为《合同法》）。实质意义的合同法包括调整合同关系的所有法律规范。本章所称合同法是指实质意义的合同法。

《合同法》第 2 条对合同定义如下："本法所称合同是平等主体的自然人、法人、其他组织之间设立、变更、终止民事权利义务关系的协议。"

第一节　合同的订立

合同是合同当事人之间设立、变更、终止民事权利义务关系的协议，是他们意思表示一致的结果。合同法理论将合同当事人在合同订立过程中的意思表示分别称为要约和承诺。要约和承诺两个阶段一旦完成，合同即告成立。我国《合同法》第 13 条也规定："当事人订立合同，采取要约、承诺方式。"

一、合同订立的程序

(一) 要约

1. 要约的概念 要约是指以缔结合同为目的,希望相对人予以承诺的意思表示。提出的一方称为要约人,其相对方为受要约人。受要约人可以是特定的某个人或某些人,也可以是不特定的任何人,如商家以自动售货机方式作出要约,其面对的就是不特定的社会公众,任何人都可以以投币方式予以承诺,得到自己所需的商品。

2. 要约的条件

(1) 主体特定:要约人必须特定,既可以是本人也可以是本人的代理人。受要约人原则上也应当特定,但下列两种情形,要约可以向不特定的人发出:一是发布悬赏广告;二是要约人愿意向不特定人发出具有要约内容的商业广告。要约人和受要约人都应当具有相应的民事权利能力和民事行为能力。

(2) 目的明确:要约人必须主观上具有订立合同的目的和愿望,而且必须要有表明要约一经受要约人承诺,要约人即受其约束的意思表示。

(3) 内容确定:要约的内容必须具有足以使合同成立的明确肯定的主要条款。要约到底应具备哪些条款,我国《合同法》并未明确,这要根据不同的合同类型而定。比如买卖合同,根据我国签署的《联合国国际货物销售合同公约》第14条的规定,需要包括标的、数量和价格这三项内容。但如果双方签订的是赠与合同,价格条款则是不需要的。

知识链接

要约邀请和要约的区别

要约邀请,是指一方当事人邀请对方当事人向自己发出要约的一种提议。 要约邀请和要约尽管都是一方当事人向对方发出的一种提议,但两者又有明显不同, 其一,要约以订立合同为目的,是要约人主动希望与对方订立合同的意思表示;要约邀请以诱导对方当事人向其发出要约为目的。 其二,受要约人一旦对要约作出承诺,合同即告成立,对当事人产生约束力;要约邀请中并不包含其愿受拘束的意思,因此要约邀请本身并不发生任何法律效力,充其量是作为订立合同的预备行为。 要约邀请有各种形式,经济生活中常用的有寄送的商品价目表、拍卖公告、招标公告、招股说明书、商业广告等。

---

3. 要约的生效

(1) 要约生效的时间:根据我国《合同法》第16条规定:"要约到达受要约人时生效。"由此,"到达"时间的理解就成为关键问题。如果以口头形式发出要约,到达的时间以受要约人在正常情况下能够了解要约内容的时间为准;如果以书面形式发出要约,其生效时间的确定有两种理解:一是发信主义,即要约人将要约置于其控制范围之外时,要约即告生效,如将信函投入邮箱、将电报交给邮局发出,等。二是收信主义,即要约必须于达到受要约人之时始生法律效力。我国采用的是收信主义,即要约到达受要约人控制范围(如其个人信箱、单位传达室)即视为到达。同时,《合同法》第16条第2款规定了数据电文形式的要约。以数据电文形式发出要约的,如果收件人指定了特定系统接收数据电文的,该数据电文进入该特定系统的时间,视为到达时间;如果收件人未指定特定系统的,该数据电文进入收件人的任何系统的首次时间,视为到达时间。

(2) 要约的法律效力:要约的法律效力表现在要约生效后对要约人和受要约人两个方面:对要约人而言,要约一经生效即受其约束,要约人不得随意撤销或改变其内容;对受要约人而言,受要约人取得了承诺的权利,一旦受要约人承诺,合同即告成立。

(3) 要约的有效期限:要约的有效期限由要约人规定。如果要约人没有明确规定,则按以下规则来确定:①以口头形式发出的要约,只有在受要约人立即作出承诺的时候,才能对要约人产生约束力,如果受要约人没有立即作出承诺,则要约失去效力。②以书面形式发出的要约,则应当确定一段合理时间作为要约的有效期限。合理时间应考虑以下因素:要约到达受要约人的时间;受要约人作出承诺所必要的时间;承诺通知到达要约人所必需的时间。

4. 要约的失效

▶▶ **课堂活动**

　　某制药公司向多家医药公司发出广告,广告内容为公司10天内将以成本价出售一批优质的非处方药。某医药公司接到广告后,于第12天派人要与这家制药公司签订购销合同,结果制药公司的这批优质廉价药已售完。请问制药公司发出的广告是要约吗? 如果是,某医药公司于第12天来签约时这个要约有效吗?

(1) 要约的撤回:要约的撤回,是指要约人宣告取消其已经发出但还未发生法律效力的要约的意思表示。所有未生效的要约都可以撤回,条件是撤回要约的通知先于或与要约同时到达受要约人。

(2) 要约的撤销:要约的撤销是指要约人在要约生效以后,宣告取消该项要约,从而使要约的效力归于消灭的意思表示。

知识链接

要约不得撤销的情形

　　我国《合同法》第19条规定了两种要约不得撤销的情形:①要约人确定了承诺期限或者以其他形式明示要约不可撤销。规定承诺期限表明要约人放弃了在此期限内的撤销权。如"9月1日后价格失效",其中的9月1日就是承诺期限的最后期限,在此期限之前要约人不得撤销要约。②受要约人有理由认为要约是不可撤销的,并已经为履行合同做了准备工作。比如"如你方同意,请尽快发货",或者"款到即发货"等。当然除此之外,受要约人还必须已经为履行合同做了必要的准备。比如,购买原材料、筹备货款等。

---

(3) 要约有效期限届满:要约如果明确规定了有效期,则在此期限终了时,要约自行失效。要约如果没有规定承诺期限,若口头要约未得到当即承诺,要约即失效;若当事人以函电方式发出要

约,如不在相当期间内或"依通常情形可期待承诺达到的期间内"作出承诺,要约即告失效。

（4）受要约人对要约的内容作出实质性变更。实质性变更是指对有关合同的标的、数量、质量、价款或者报酬、履行期限、履行地点和方式、违约责任和解决争议方法的变更。如果在受要约人作出的承诺通知中,并没有更改要约的实质内容,而只是对要约的非实质性内容予以变更,而要约人又没有及时表示反对,则此种承诺不视为对要约的拒绝。但如果要约人事先声明要约的任何内容都不得改变或虽然事先并未有此声明但要约人及时表示反对的,则受要约人更改要约的非实质性内容,也会产生拒绝要约的效果。

（二）承诺

1. 承诺的概念　一般说来,承诺是指受要约人按照要约所指定的方式,对要约的内容表示同意的一种意思表示。

2. 承诺的条件

（1）主体特定:承诺必须由受要约人作出。受要约人包括其本人及其授权的代理人。换句话说,只有受要约人才有承诺的权利,其承诺才具有法律效力,任何第三方对要约表示同意,均不是有效的承诺,不能成立合同。

（2）内容一致:承诺必须与要约的内容一致。

（3）限期到达:承诺必须在要约的有效期间内进行。在要约未规定有效期的情况下,承诺则必须在"依照常情可期待得到承诺的期间内",或是在"合理的时间内"进行。超过上述时间的承诺,一般视为新的要约。

（4）方式适当:承诺的传递方式必须符合要约所提出的要求。承诺应当以通知的方式作出,但根据交易习惯或者要约表明可以通过行为作出承诺的除外。

3. 承诺的生效　承诺通知到达要约人,承诺即生效,合同即宣告成立。如果根据交易习惯或者要约的要求承诺可以以行为作出的,一旦受要约人作出承诺的行为,承诺即生效,合同即告成立。

4. 承诺的撤回　撤回承诺,是受要约人阻止承诺发生效力的一种意思表示。所有的承诺都可撤回,条件是撤回承诺的通知应当在承诺通知到达要约人之前或者与承诺通知同时到达要约人。

二、合同的内容和形式

（一）合同的内容

合同的内容,是指合同当事人所达成协议的具体条款,分为一般条款和特殊条款。

1. 一般条款　一般条款是指合同一般应具备的条款。主要包括:①当事人的名称或者姓名和住所;②标的;③数量和质量;④价款或者报酬(仅限于有偿合同);⑤履行期限、地点和方式;⑥违约责任;⑦解决争议的方法。

2. 特殊条款　特殊条款主要包括以下三类:①根据合同性质必须具备的条款;②根据法律规定必须具备的条款;③一方当事人要求必须规定的条款。

（二）合同的形式

合同的形式,是指订立合同的当事人各方意思表示一致而成立合同的外在表现方式。当事人订立合同的形式有书面形式、口头形式和其他形式。

1. 书面形式　书面形式是指合同当事人以书面文字形式表达合同内容的方式。根据《合同法》第 11 条规定,合同书、信件、数据电文(包括电报、电传、传真、电子数据交换和电子邮件)等可以有形表现合同内容的形式都是书面形式。根据我国《合同法》的相关规定以及通行的做法,合同的书面形式要求具备以下两点:一是合同当事人的意思表示必须以某种方式(手写、印刷或打字机打印)在纸上或其他可以书写的材料上加以表达和固定,从而形成一个文件形式;二是该文件上必须有当事人亲笔签名或盖章。

知识链接

合同书面形式的类别

合同的书面形式又可分为一般书面形式和特殊书面形式。

一般书面形式,是指用书面形式订立且不需要履行其他特殊手续的合同。

特殊书面形式,是指以书面形式订立且要履行特定手续的合同。一般包括以下几种:①公证形式。我国法律对合同的公证实行自愿原则,即由当事人协商合同是否要公证。如果当事人自愿进行公证,公证机关一般对所提交的书面合同的内容进行审查,确认其真实性和合法性,并作成公证文书,以资证明。②鉴证形式。鉴证是国家合同管理机关即市场监督管理机关审查合同的真实性、合法性的一种监督管理制度。我国法律对合同鉴证同样采取自愿原则,即由合同当事人双方自由协商决定合同是否提交鉴证。③审批形式。有些合同除合同当事人意思表示一致外,还需要将书面合同及有关材料提交有关国家主管机关审查批准方可生效。比如合同涉及国家技术秘密。④登记形式。某些合同如涉及不动产买卖的合同,可由当事人提交有关机构进行登记。

---

2. 口头形式　合同的口头形式是当事人以直接对话的方式订立合同。这种形式在社会生活各领域广泛应用,与人们的日常生活密切相关。如一般日常生活用品的买卖、集市上的现货交易都采用口头形式。

3. 其他形式　合同的其他形式包括数据电文形式、默示形式等方式。

三、订立合同的注意事项

(一)对签约主体的资格审查

合同是具有法律效力的法律文件,因此,要求签订合同的双方都必须具有签约资格。否则,即使签订合同,也是无效的合同。

资格审查是审查合同相对方的民事权利能力和民事行为能力。对单位就是审查对方是否有从事相关经营的资格、资质、履约能力和信用等级等;对公民就是审查公民是否属于限制行为能力人、无行为能力人以及是否对合同标的有处分权。

1. 在签订合同前,要认真做好签约主体的资格审查,看对方有没有资格签订该项合同。可要求对方提供相应的证明文件,并在所提供的文件上签名盖章确保真实,文件包括:营业执照复印件、资质证明、授权委托书,详细记录其身份证号码、住址(地址)、电话等。

如对方是单位,要特别注意对方签合同的工作人员是否有单位的授权,保存对方的授权委托书。如果他有担保人,也要调查担保人。

2. 合同一般要求盖公章,重要合同必须盖公章。加盖公章后尽量要求对方法定代表人签字或业务经理、特别授权代理人签字。

(1) 对于要求加盖公章才生效的合同应要求对方加盖"法人公章",尽量避免对方单位使用"财务专用章"和"合同专用章"。

(2) 加盖公章必须清晰可辨,多页合同包括合同附件盖章时要注意加盖骑缝章;合同中尽量不添字修改,如需修改必须在修改处加盖公章。

(3) 对于签字生效的合同,则必须由双方法定代表人或经授权的委托代理人签字。验看对方的授权文书,特别注意授权委托人的权限范围,有无签约资格,审核合格签字后要留存委托书原件。

(二) 合同内容的文字表述要明确具体

合同的文字表述一定要明确,条款内容要具体详细、协调一致。在有些合同中,即使是规定了双方各自的责任、义务,但是合同条款的文字表述不明确,也无法追究违约者的责任。因此在订立合同过程中,一定要确保合同条款的表述要具体详细,协调一致,并且文字的表述没有任何歧义。

合同各个条款的内容必须是明确的,应避免出现"尽量""原则上"等一些不确定的词。

1. 合同所涉及的数量、质量、货款支付以及履行期限、地点、方式等,都必须严谨、清楚。

2. 商品的标准应明确规定。有国家标准的,按国家标准执行,没有国家标准而有专业标准的,按照专业标准执行;没有国家、专业标准的,按企业标准执行。

3. 签订合同时,对于双方在买卖过程中所牵涉到的商品,它的名称必须准确而规范。若有国家统一名称,用国家统一名称;若没有国家统一名称,谈判双方应该统一名称,必要时还要留存样品。留存样品时要求双方签字盖章封存。

4. 合同必须明确规定双方应承担的义务和违约的责任。规定的双方各自责任、义务要清楚明确,如果考虑到对方违约可能性大时,要尽量明确约定违约金数额或计算标准。

5. 要注意关键字的表述

(1) 订金、定金要区别。订金是指预付款,合同解除或终止时抵作货款或退回;而定金是担保金,交付定金一方违约时不予返还,收取定金一方违约双倍返还,正常履行时可顶抵货款。合同起草时不能将"定金"写成"订金""保证金""押金"或"定约金"等。

(2) "签字盖章后生效"要求是在合同上签字并加盖公章,否则会有合同没有生效的风险。避免方式是约定"盖章后生效"或"签字或盖章后生效"。

(三) 合同形式的选择

合同形式有书面形式、口头形式和其他形式,甚至可以有形地表现所载内容的形式都属于合同的组成部分。但最好在一份合同中能够采纳表示清楚、完备意思的合同形式,以免由于形式而产生歧义。如果需要在执行中分批签订合同,应在每次签订合同或形成新文件(如电报、电传、传真、电子数据交换和电子邮件、信件)后及时对照以前的文件,如发现有变化或文字表述有歧义,应及时提出达成一致、补签合同。对于执行期限较长并不断形成新文件的合同,应每隔一段时间或每完成一个阶段,在下阶段开始之前签订备忘录作为一个阶段的总结,及时明确合同内容。

(四) 遵守法律法规

合同双方都必须严格遵守《民法总则》《合同法》等相关法律法规的规定,准确把握法律的强制性、禁止性规定与任意性规定,订立合同的形式、内容都应符合法律法规的规定。

点滴积累 ∨ ....

1. 合同的订立一般要经过两个程序: 要约和承诺。
2. 合同的形式有书面形式、口头形式和其他形式。
3. 订立合同时,要对签约主体的资格进行审查,合同内容的文字表述要明确具体,要遵守法律法规等。

第二节 合同的效力

合同的效力是指已成立的合同将对合同当事人乃至第三方产生的法律后果,或称为法律拘束力。

一、合同的生效

1. **合同生效的概念** 合同的生效,是指已经成立的合同在当事人之间产生法律约束力。通常情况下,当事人依法就合同的主要条款达成一致,合同就成立并生效。合同成立是合同生效的前提,但已经成立的合同却不一定都生效。如果法律规定需要履行特别手续才能生效的合同,在履行了有关手续后,合同才生效。附生效条件或生效期限的合同,则自条件成就或期限届至时生效。

2. **合同生效的要件**

(1) 主体合法:当事人订立合同,应当具有相应的民事权利能力和民事行为能力。对自然人而言,完全民事行为能力人可以成为合同的主体,限制民事行为能力人只能单独订立与其年龄、智力、精神健康状况相适应的合同,无民事行为能力人一般不能自己订立合同,但纯获利益的合同除

▶▶ **课堂活动**

已获得执业药师资格证的小王,想要开一间零售药店,选定门面后,与业主签订了租赁合同,但业主在合同中约定: 如业主本人未能顺利移民出国,则收回门面,租赁合同中止。请问,该租赁合同是否已经生效?

外。对单位而言,依法成立的法人和其他组织原则上应在其行为能力的范围内订立合同。但在社会主义市场经济条件下,当事人超越经营范围订立合同,除违反国家限制经营、特许经营以及法律、行政法规禁止经营规定的外,人民法院并不因此认定合同无效。

(2) 表意真实:当事人意思表示真实,不存在意思表示不自由、意思与表示不一致等瑕疵。

(3) 内容合法:不违反强制性法律规范和公序良俗。

(4) 形式合法:合同可以采取书面形式、口头形式或者其他形式。法律规定用特定形式的,应

当依照法律规定。

二、无效合同

1. 无效合同的概念 无效合同,是指合同虽然已经成立,但因其违反法律、行政法规的强制性规定或社会公共利益而确定地不能发生法律效力的合同。

2. 无效合同的种类

(1)一方以欺诈、胁迫手段订立的损害国家利益的合同:国家利益的范围非常广泛,一般来说,国家利益可以概括为政治利益、经济利益和安全利益等。只要一方以欺诈、胁迫手段订立的损害国家利益的合同均是无效的合同。

(2)恶意串通,损害国家、集体或者第三人利益的合同:恶意串通的合同是指当事人主观上出于恶意非法地串通在一起,共同故意订立的损害国家、集体或者第三人利益的合同。

(3)以合法形式掩盖非法目的的合同:以合法形式掩盖非法目的是指当事人实施的行为在形式上是合法的,但在内容上和目的上是非法的。当事人故意表示出来的形式或实施的行为并不是其要达到的目的,而只是希望通过这种形式和行为掩盖和达到其非法目的。

(4)损害社会公共利益的合同:社会公共利益体现了全体社会成员的共同利益,违反社会公共利益的合同无效。

(5)违反法律、行政法规强制性规定的合同:这里所说的法律是指狭义的法律,即全国人大及其常委会制定、通过的规范性文件;行政法规是指国务院根据宪法和法律,按照法定程序制定的规范性文件。违反法律和行政法规强制性规定的合同无效。

此外,《合同法》还规定,造成对方人身伤害和因故意或者重大过失造成对方财产损失的免责条款无效;提供格式条款一方免除其责任、加重对方责任、排除对方主要权利的格式条款无效。

3. 合同无效的法律后果 无效合同自合同订立时起就没有法律约束力,因该合同取得的财产,应当予以返还;不能返还或者没有必要返还的,应当折价补偿。有过错的一方应当赔偿对方因此受到的损失,双方都有过错的,应当各自承担相应的责任。当事人恶意串通,损害国家、集体或者第三人利益的,因此取得的财产收归国家所有或者返还集体、第三人。

案例分析

案例:甲、乙两商贸公司未经批准,签订了一份秘密从境外购买某第一类精神药品并运至国内销售的合同。甲公司依双方约定,按期将该精神药品偷运至境内,但乙公司提走货物后,以目前账上无钱为由,要求暂缓支付货款,甲公司同意。3个月后,乙公司仍未支付货款,甲公司多次索要无果,遂在诉讼时效期内向当地人民法院起诉要求乙公司支付货款并支付违约金。

问题:请分析该合同的效力。

分析:双方签订的合同违反了药品管理法规的强制性规定——国务院发布的《麻醉药品和精神药品管理条例》,因此是无效合同。

三、可撤销合同

1. 可撤销合同的概念　可撤销合同,是指法律允许利益受损害一方请求撤销主要因意思表示不真实而订立并已经生效的合同。

2. 可撤销合同的种类

（1）显失公平的合同:显失公平的合同是指一方在订立合同时因情况紧迫或缺乏经验而订立的明显对自己有重大不利的合同。需要注意的是,判断合同是否显失公平的时间是在订立合同时而不是履行合同时。

（2）重大误解的合同:重大误解,是指行为人因自己的过错对行为的性质、对方当事人、标的物的品种、质量、规格和数量等的错误认识,使行为的后果与自己的意思相悖,并造成较大损失的行为。当事人因此而订立的合同即是重大误解的合同。

（3）一方以欺诈、胁迫手段或者乘人之危,使对方在违背真实意思的情况下订立的不损害国家利益的合同:欺诈是指一方当事人故意欺骗他人如故意告知对方虚假情况,或者故意隐瞒真实情况,并使他人陷入错误而订立合同的行为。胁迫是以即将要发生的物质性损害或精神性损害相威胁,使对方产生恐惧并因此而订立合同的行为。乘人之危,是指行为人利用他人的危难处境或紧迫需要,强迫对方接受某种明显不公平的条件并作出违背其真实意志的意思表示。

3. 撤销权的行使　撤销权由意思表示不真实的一方或受损害的一方当事人享有,我国法律规定应由受损害方向人民法院或仲裁机构提起诉讼或仲裁解决。

撤销权人必须在规定的期限内行使撤销权。具有撤销权的当事人自知道或者应当知道撤销事由之日起一年内没行使撤销权或者知道撤销权人行使撤销权的一年为不变期间,不适用诉讼时效中止、中断或者延长的规定。

4. 合同被撤销的法律后果　可撤销合同被依法撤销后,则该合同自成立之日起就没有法律约束力。合同被撤销以后,因该合同取得的财产,应当予以返还;不能返还或者没有必要返还的,应当折价补偿。有过错的一方应当赔偿对方因此受到的损失,双方都有过错的,应当各自承担相应的责任。

四、效力待定的合同

1. 效力待定合同的概念　效力待定的合同是指合同虽然已经成立,但因不完全符合合同生效的条件,因此其效力能否发生尚不确定,一般须经有权人表示承认才能生效的合同。

2. 效力待定合同的种类

（1）无相应民事行为能力人订立的合同:无民事行为能力人原则上不得独立进行民事活动。限制民事行为能力人只能实施与其年龄、智力和精神健康状况相适应的民事行为,其他民事活动须由其法定代理人代理,或在征得其法定代理人同意后实施。限制民事行为能力人超越其能力范围独立订立的合同,须经法定代理人追认后才生效,但纯获利益的合同除外。相对人可以催告法定代理人在一个月内予以追认。法定代理人未作表示的,视为拒绝追认。合同被追认之前,善意相对人有撤销的权利。撤销应当以通知的方式作出。如果相对人明知缔约人为限制民事行为能力人而仍然与之订立合同的,不享有撤销权。

（2）无权代理人订立的合同:无权代理,是指无权代理人以被代理人的名义与第三人从事民事活动的行为。无权代理主要有三种情况:根本没有代理权的代理;超越代理权的代理;代理权终止后的代理。

无权代理人订立的合同,未经被代理人追认,对被代理人不发生效力,表见代理除外。相对人可以催告被代理人在一个月内予以追认。被代理人未作表示的,视为拒绝追认。合同被追认之前,善意相对人有撤销的权利。撤销应当以通知的方式作出。

知识链接

表　见　代　理

表见代理,是指代理人虽不具有代理权,但具有代理权的表面要件,这些表面要件足以使无过错的相对人相信其有代理权,从而法律规定被代理人须对之负授权责任的无权代理。 尽管表见代理实质上仍然是属于无权代理,但其后果与无权代理大不相同,表见代理产生与有权代理同样的法律后果,代理行为有效,被代理人应当承受合同义务产生的责任。

（3）无权处分人订立的合同:无权处分,是指无处分权人以自己的名义处分他人财产的行为。无处分权的人处分他人财产,经权利人追认或者无处分权的人订立合同后取得处分权的,该合同有效。权利人拒绝追认的,合同无效,受让人为善意第三人的除外。在权利人追认或者处分人取得处分权之前,该合同的效力处于待定状态。

（4）法定代表人越权订立的合同:法人或其他组织的法定代表人、负责人越权订立的合同,非经法人或其他组织追认则无效。但相对人若为善意,则代表行为有效。

相对人可以催告法定代理人、被代理人、权利人在一个月内追认。未作表示的,视为拒绝。合同被追认之前,善意相对人有撤销的权利,撤销以通知方式做出。

点滴积累 ∨

1. 合同的效力是合同成立后的法律效果状态, 可分为有效、无效、可变更撤销及效力待定四种类型。
2. 无效合同系自始地、当然地、确定地不发生合同的效力。
3. 可变更撤销的合同只是暂且有效, 但允许当事人请求变更撤销。
4. 效力待定的合同在其成立时是否有效处于不明状态, 需由第三人的意思或其他法定事实补正其效力。

第三节 合同的履行

一、合同的履行原则

合同的履行,是指合同的当事人全面、适当地按照合同的约定完成其承担的义务,从而使对方的权利得以实现的行为。

合同履行的原则,是指当事人在履行合同时所应遵循的基本准则。主要包括诚实信用原则和经济合理原则。

1. 诚实信用原则 我国《合同法》第60条第2款规定:"当事人应当遵循诚实信用原则,根据合同的性质、目的和交易习惯履行通知、协助、保密等义务。"此外,该法第6条也规定:"当事人行使权利、履行义务应当遵循诚实信用原则。"

2. 经济合理原则 经济合理原则,是指当事人在履行合同时,应讲求经济效益,付出最小的成本取得最大的合同利益。如债务人在不违反法律规定和合同约定的情况下,可以采用对自身最具经济效益的履行时间和履行方式;债务人因故不能履行或不能完全履行时,债权人应积极采取措施避免或减少损失等。

二、合同的履行规则

1. 合同约定不明时的履行规则 合同生效后,当事人就质量、价款或者报酬、履行地点等内容没有约定或者约定不明确的,可以协议补充;不能达成补充协议的,按照合同有关条款或者交易习惯确定。如果仍然无法确定合同的有关内容,则适用下列规则:

(1) 质量要求不明确的,按照国家标准、行业标准履行;没有国家或行业标准的,按照通常标准或者符合合同目的的特定标准履行。

(2) 价款或者报酬不明确的,按照订立合同时履行地的市场价格履行。依法应当执行政府定价或者政府指导价的,在合同约定的交付期限内政府价格调整时,按照交付时的价格执行;逾期交付标的物的,遇价格上涨时,按照原价格执行,价格下降时,按照新价格执行;逾期提取标的物或者逾期付款的,遇价格上涨时,按照新价格执行,价格下降时,按照原价格执行。

(3) 履行地点不明确,给付货币的,在接受货币一方所在地履行;交付不动产的,在不动产所在地履行;其他标的,在履行义务一方所在地履行。

(4) 履行期限不明确的,债务人可以随时履行,债权人也可以随时要求履行,但应当给对方必要的准备时间。

(5) 履行方式不明确的,按照有利于实现合同目的的方式履行。

(6) 履行费用的负担不明确的,由履行义务的一方负担。

2. 由第三人接受或代为履行时的履行规则 合同义务通常由债务人直接向债权人履行,当事人也可以约定由债务人向第三人履行或者由第三人向债权人履行。当事人约定由债务人向第三人履行债务的,债务人未向第三人履行债务或者履行债务不符合约定,债务人应当向债权人承担违约责任。

3. 提前履行或部分履行时的履行规则　债务人提前履行债务的,债权人可以拒绝债务人的提前履行,但提前履行不损害债权人利益的除外。债务人提前履行债务给债权人增加的费用,由债务人负担。

债务人部分履行债务的,债权人可以拒绝债务人部分履行,但部分履行不损害债权人利益的除外。债务人部分履行债务给债权人增加的费用,由债务人负担。

三、合同履行中的抗辩权

合同履行中的抗辩权,是指在双务合同中,当符合法定或约定条件时,当事人一方对抗对方当事人的履行请求,暂时拒绝履行其债务的权利。包括同时履行抗辩权、后履行抗辩权和不安抗辩权。合同履行中抗辩权的行使,只是在一定期限内中止履行合同,并不消灭合同的履行效力,当产生抗辩权的原因消失后,债务人仍应履行其债务。

1. 同时履行抗辩权　同时履行抗辩权,是指双务合同中当事人的债务到期且没有先后履行顺序的,一方当事人在对方当事人履行之前,可拒绝履行自己的债务;一方当事人在对方履行债务不符合约定时,可拒绝履行自己相应债务的权利。

2. 后履行抗辩权　后履行抗辩权,是指当事人互负债务,有先后履行顺序,应当先履行一方未履行的,后履行一方有权拒绝其履行请求;先履行一方履行债务不符合约定的,后履行一方有权拒绝其相应的履行请求的权利。

3. 不安抗辩权　不安抗辩权,是指按照合同约定或交易习惯,应当先履行债务的当事人在有证据证明对方当事人的经营状况严重恶化,或者有转移财产、抽逃资金以逃避债务的行为,或者丧失商业信誉,以及其他丧失或者可能丧失履行债

▶▶ **课堂活动**

分析同时履行抗辩权、后履行抗辩权和不安抗辩权的行使条件,并比较三种抗辩权的区别和共同点。

务能力的情况时,有权在对方提供充分的担保前中止履行自己债务的权利。

当事人行使不安抗辩权时,应当及时通知对方,并负有举证证明的义务。

四、合同的保全

合同的保全,是指为防止因债务人的财产不当减少或应增加而不增加而给债权人的债权带来损害,允许债权人行使代位权或撤销权,以保护其债权的法律制度。

1. 代位权　代位权是指因债务人怠于行使其到期债权并对债权人的债权造成损害的,债权人可以向人民法院请求以自己的名义代位行使债务人的债权的权利。代位权行使的债权须不是专属于债务人自身的债权且行使范围仅以债权人的债权为限。债权人行使代位权的必要费用,由债务人负担。

2. 撤销权　撤销权是指因债务人放弃其到期债权、无偿或以明显不合理低价转让财产并对债

权人的债权造成损害的,债权人可以请求人民法院撤销债务人的行为的权利。

在债务人放弃其到期债权、债务人无偿转让财产的情况下,行使撤销权时对债务人的主观心理态度如何不用考虑。在债务人以明显不合理的低价转让财产时,要求债务人与第三人主观上应具有恶意。

撤销权的行使范围以债权人的债权为限。债权人行使撤销权的必要费用,由债务人负担。撤销权的行使期限自债权人知道或者应当知道撤销事由之日起1年内行使。自债务人的行为发生之日起5年内没有行使撤销权的,该撤销权消灭。该5年为不变期间,不适用诉讼时效中止、中断或者延长的规定。

案例分析

案例:甲公司与乙公司签订了一份买卖感冒冲剂的合同。合同约定买方甲公司应在合同生效后15日内向卖方乙公司支付40%的预付款,乙公司收到预付款后3日内发货至甲公司,甲公司收到货物验收后即结清余款。乙公司收到甲公司40%预付款后的第2日即发货至甲公司。甲公司收到货物后经验收发现该感冒冲剂质量不符合合同约定,遂及时通知乙公司并拒绝支付余款。

问题:请对甲公司拒付余款的行为进行分析。

分析:乙公司负有先履行交货的义务,且乙公司所交货物质量与合同约定不符,甲公司拒付余款是行使后履行抗辩权的正当行为。

五、违约责任概述

1. 违约责任的概念　违约责任是指合同当事人不履行合同义务或者履行合同义务不符合约定而向对方承担的民事责任。

2. 违约责任的构成要件　违约责任的构成要件是:

(1) 要有违约行为:违约行为,是指合同当事人违反合同义务的行为。

(2) 不存在法定和约定的免责事由:法定的免责事由主要是指不可抗力。当事人在不违背法律规定的前提下,也可以事先在合同中约定免责事由。如果存在免责事由,即使当事人有违约行为也不需承担违约责任;如果不存在免责事由,一般而言,无论违约人主观上有无过错均应承担违约责任。

3. 违约行为的形态　根据履行期限是否到来,违约行为的形态分为预期违约和实际违约。

预期违约也称先期违约,是指在履行期限到来之前,一方当事人无正当理由而明确表示其在履行期到来后将不履行合同,或者其行为表明其在履行期到来以后将不可能履行合同义务的行为。预期违约包括明示悔约和默示悔约两种形态。在一方预期违约的情况下,另一方可以等到履行期限到来以后要求毁约方继续履行合同或承担违约责任,也可以立即提出请求,要求对方在履行期到来前承担违约责任或继续履行。

实际违约是指在履行期限到来以后,当事人不履行或不完全履行合同义务的行为。实际违约的类型主要有：①拒绝履行；②迟延履行；③不适当履行；④部分履行；⑤其他不完全履行的行为。

六、承担违约责任的方式

1. **继续履行**　继续履行是指在一方违反合同时，另一方在不违背合同性质和法律规定的情况下有权要求其依据合同的规定继续履行其未完成的合同义务。继续履行可以与违约金、赔偿损失等责任并用，但不能与解除合同的方式并用。

2. **支付定金**　定金，是指合同当事人为了确保合同的履行，约定由一方按合同标的额的一定比例预先给付对方的金钱。

债务人履行债务后，定金应当抵作价款或收回。给付定金的一方不履行约定债务的，无权要求返还定金；收受定金的一方不履行约定债务的，应当双倍返还定金。定金的数额不得超过合同标的额的20%。如果当事人约定的定金比例超过了合同标的额的20%，则超过部分不作为定金对待。

3. **支付违约金**　当事人可以约定一方违约时应当根据违约情况向对方支付一定数额的违约金，也可以约定因违约产生的损失赔偿额的计算方法。约定的违约金低于或过分高于造成的损失的，当事人可以请求人民法院或者仲裁机构予以调整。当事人既约定违约金，又约定定金的，一方违约时，对方可以选择适用违约金或者定金条款。

4. **赔偿损失**　当事人一方不履行合同义务或者履行合同义务不符合约定，给对方造成损失的，损失赔偿额应当相当于因违约造成的损失，包括合同履行后可以获得的利益，但不得超过违反合同一方订立合同时预见到或者应当预见到的因违反合同可能造成的损失。当事人也可以事先约定免责条款，从而免除其未来的违约责任包括赔偿损失责任。

七、合同违约的免责

1. **合同违约免责的概念**　合同违约免责，是指在合同履行过程中，由于出现一定的事由而导致不能履行的，债务人不需承担违约责任。合同违约的免责事由有法定的免责事由和约定的免责事由。

2. **法定免责事由**　是指法律明文规定的对当事人不履行合同免除其违约责任的事由。主要有：

（1）不可抗力：不可抗力是指不能预见、不能避免并不能克服的客观情况。不可抗力包括某些自然现象和某些社会事件。自然现象如地震、洪水、海啸、泥石流等，社会事件如战争、罢工、骚乱等。

因不可抗力不能履行合同的，根据不可抗力的影响，部分或者全部免除责任，但法律另有规定的除外。当事人迟延履行后发生不可抗力的，不能免除责任。

在不可抗力事件发生以后，当事人一方因不可抗力的原因而不能履行合同的，应及时向对方通报并取得相关证明，同时也应当尽最大的努力减少因不可抗力所造成的损失。

案例分析

　　案例：某医药公司与某制药厂签订了一份买卖400件补钙药品的购销合同，双方在合同中约定：制药厂应于2016年7月1日之前交付200件药品，2016年10月1日前交付200件药品。后由于制药厂内部管理问题，该药品未能如期交付。2016年7月25日，制药厂因雷击发生火灾，导致其主要厂房和全部存货被毁，现已无力履行与医药公司的合同，并由此给医药公司共造成了2万元的损失。医药公司要求制药厂赔偿全部损失。

　　问题：请分析制药厂的法律责任。

　　分析：以2016年7月25日为界，前200件未履行，制药厂应承担赔偿损失的责任；后200件未履行是因为发生了不可抗力，制药厂得以免责。由于医药公司的全部损失是2万元，因此，制药厂须赔偿医药公司1万元的损失。

　　（2）债权人的过错。

　　（3）货物本身的自然性质或合理损耗。

　　3. 约定的免责事由　合同双方当事人在合同中约定的旨在排除或限制其未履行责任的事由。根据合同自由原则，当事人可以在合同中作出此种约定，但内容必须不违背法律，不损害公序良俗。

点滴积累 ╲╱

　　1. 合同的履行需要遵循诚实信用原则和经济合理原则。

　　2. 合同履行中的抗辩权包括三种情形：同时履行抗辩权、后履行抗辩权、不安抗辩权。

　　3. 为了合同的保全，债权人可以行使代位权或撤销权。

　　4. 合同当事人构成违约应承担违约责任，主要包括：继续履行、定金责任、支付违约金、赔偿损失等几种方式。

　　5. 法定的免责事由主要是不可抗力、债权人的过错、货物本身的自然性质或合理损耗。

目标检测

一、单项选择题

1. 关于承诺，下列叙述**不正确**的有（　　　）

　　A. 承诺是受要约人同意要约的意思表示

　　B. 承诺应当以通知的方式做出，但根据交易习惯或者要约表明可以通过行为做出承诺的除外

　　C. 承诺应当在要约确定的期限内到达要约人

　　D. 承诺只能以和要约相同的方式做出

　　E. 承诺通知到达要约人，承诺即生效，合同即宣告成立

2. 下列附条件合同效力的描述，正确的是（　　　）

A. 附生效条件的合同,自条件成就时失效

B. 附解除条件的合同,自条件成就时生效

C. 在附生效条件的合同中,当事人为自己的利益不正当地阻止条件成就时,该合同生效

D. 在附解除条件的合同中,当事人为自己的利益不正当地阻止条件成就时,该合同继续有效

E. 法律规定需要履行特别手续才能生效的合同,在履行了有关手续后,合同不能生效

3. 以下情形中属于无效合同的是(　　　)

A. 乘人之危而订立的合同　　　　　　　B. 恶意串通,损害第三人利益的合同

C. 无权代理的合同　　　　　　　　　　D. 显失公平的合同

E. 未违反法律、行政法规强制性规定的合同

4. 定金的数额**不得**超过合同标的额的(　　　)

A. 30%　　　　B. 10%　　　　C. 20%　　　　D. 50%　　　　E. 40%

5. 下列**不属于**合同违约的法定免责事由是(　　　)

A. 地震　　　　　　　B. 战争　　　　　　　C. 债务人破产

D. 货物自身的合理损耗　　E. 洪水

二、多项选择题

1. 合同订立的程序有(　　　)

A. 要约　　　　　　　B. 承诺　　　　　　　C. 数量和质量

D. 履行期限、地点和方式　　E. 违约责任

2. 下列合同中,属于可撤销合同的有(　　　)

A. 甲、乙双方签订的普通产品伪装成名牌产品的合同

B. 王某在代理权终止后代理甲公司与丙公司签订的购销合同

C. 显失公平的合同

D. 甲方以欺诈手段,使丁方在违背真实意思情况下订立的合同

E. 利用他人的危难处境,强迫对方接受的合同

3. 受要约人变更下列哪些选项的内容,被视为对要约的实质性变更,该受要约人的承诺通知为新要约?(　　　)

A. 合同标的、数量、质量　　　　　　　B. 合同价款或者报酬

C. 合同履行的期限、履行地点和方式　　D. 违约责任

E. 解决争议的方法

4. 承担违约责任的方式有(　　　)

A. 支付定金　　　　　　B. 继续履行　　　　　　C. 支付违约金

D. 赔偿损失　　　　　　E. 中止合同

5. 合同当事人就某些事项约定不明确或者没有约定的,适用下列规定(　　　)

A. 质量要求不明确的,按照国家标准、行业标准或通常标准履行

B. 价款或者报酬不明确的,按照方立合同时履行地的市场价格履行

C. 履行地点不明确,应在履行义务一方所在地履行

D. 履行期限不明确的,债务人可以随时履行

E. 履行方式不明确的,按照有利于实现合同目的的方式履行

三、知识应用题

(一)案例分析

案例1:某医药公司于2016年8月1日与某制药公司签订购销合同,制药公司一次性向医药公司提供复合维生素1500件,单价500元,供货时间为2016年10月15日;医药公司于8月1日向制药公司预付定金20万元,预付货款10万元,余款在收货后一次付清,任何一方违约承担标的额10%的违约金。2016年10月15日收到制药公司发来的全部货物后,医药公司发现货物质量不符合合同要求,拒绝收货并拒绝支付余款,要求制药公司同时返还预付货款10万元和定金20万元,并支付标的额10%的违约金。经查证:医药公司收到的货物质量不符合合同要求,产品质量问题是由于该制药公司无法在短期内生产1500件复合维生素,为了做该笔业务,委托另外一家制药公司生产而造成。

问题:(1) 该医药公司和制药公司约定的定金数额是否符合规定?

(2) 医药公司要求制药公司同时返还预付货款10万元、定金20万元,并且支付10%的违约金的请求是否符合规定?

案例2:甲乙两公司于10月1日订立了一份合同,约定由甲公司向乙公司交付原料药10吨,在交货后乙公司支付全部货款30万元。在订立合同的过程中,甲公司对原料药的质量问题提供了虚假证明材料。10月15日甲公司交付了剩余的货物。乙公司因原料药质量有问题,损失10万元,该合同未对国家和社会利益造成影响。10月30日乙公司向法院起诉,要求废止该合同,法院于12月5日经审理后废止了该合同。

问题:(1) 从效力上讲该合同属于何种类型的合同? 为什么?

(2) 对于该合同所引起的后果应当如何处理?

(二)实务操作

1. 以下是两公司签订的一份药品购销合同,其中内容有很多错误之处,请改正并完善该合同。

药品购销合同

甲方:富祥公司(公司名称的简称)

乙方:大森制药(公司名称的简称)

根据《中华人民共和国药品管理法》《中华人民共和国合同法》等法律、法规及相关规定,经双方协商一致,特订立本合同。

第一条　药品的名称、数量和价款

药品名称:藿香正气液

药品数量:根据买方的电话通知而定。

价款:根据实际交货的数量结算。

第二条　质量要求:符合《中华人民共和国药典》。

第三条　包装标准:符合《药品管理法》及有关规定。

第四条　履行时间及方式

履行时间:2016 年

履行方式:由买方自提或者卖方送货。

第五条　验收标准,方法和时间:以卖方的出厂检验结论为准。

第六条　结算方式:买方收货 30 日后付款。

第七条　违约责任

(1) 乙方逾期提供药品的,每逾期一日,应按未提供药品价款的1%支付违约金。

(2) 甲方逾期支付价款的,每逾期一日,按逾期支付价款的1%支付违约金。

(3) 甲方退货的,按退货部分药品价款的10%支付违约金。

第八条　合同争议解决方式:本合同在履行过程中发生争议,由双方协商解快。协商不成的,任何一方可提请中国或外国的仲裁机构仲裁。但如果一方要向人民法院起诉需得对方的书面同意。

第九条　本合同自双方签章之日起生效。

甲方:富祥公司(打印简称)　　　　乙方:大森制药(打印简称)

法定代表人:张三(签字)　　　　法定代表人:李四(签字)

2. 请模拟签订一份药品购销合同。

ER-03章习题

(王柯厶)

第四章

工业产权法律制度

ER-04章PPT

导学情景

情景描述：

2014 年 12 月，一起历时两年的商品商标纠纷在北京进行裁决，中国国际贸易仲裁委员会认为加多宝母公司鸿道集团于 2012 年申请仲裁的关于"王老吉"商标的《商标许可协议》属于无效备案文件因而驳回申请。加多宝与王老吉之争涉及商标权与专利权，更多的是商标之争。随着"王老吉"商标仲裁结果公布，历经 10 余年将王老吉做成价值千亿的品牌的加多宝集团被裁定不能继续使用王老吉商标。

学前导语：

商标的所有权，是关系到企业发展的根本立足点与核心要素。就加多宝租赁广药集团的"王老吉"商标而言，在市场经济纷繁复杂的竞争环境与利益关系中，这种商标的使用是一种常态，租赁行为随时都在发生。但是无论如何使用商标，基于公平公正基础上制定的法律条文与合理事实永远都是不能改变的，谁都不可能因为有多于常人的付出就能够获得一些非法的收获。本章我们将带领同学们学习有关商标和专利的相关法律知识，帮助大家学会尊重知识产权，依法经营、公平竞争、合理追逐利益。

工业产权，是人们依照法律对应用于商品生产和流通中的创造发明和显著标记等智力成果，在一定期限和地域内享有的专有权。在中国，工业产权主要是指商标权和专利权。

工业产权法是调整国家确认、保护工业产权以及在工业产权的使用过程中发生的各种社会关系的法律规范的总称。

第一节　商标法

一、商标和商标法的概念

（一）商标的概念与特征

商标是商品或服务的生产者或经营者，为了将其生产经营的商品或者提供的服务项目与他人提供的同种或类似商品或服务相区别而使用的标记。它可以由文字、图形、字母、数字、三维标志和颜色以及上述诸要素的组合而构成。

商标具有以下特征：

1. 商标必须与商品和服务结合,不能与之分离 商标是一种表明商品或服务的标志,商品或者服务可以没有商标,但离开了商品或服务的标志不是商标。例如,较常见的道路交通标志,公共场所设施标志等。

2. 商标是区分商品来源或者服务的标志 用于商品的其他标志,如警示标志、认证标志等,不具有区别同类商品的功能,因此不是商标。商标必须具有显著性。

知识链接

商标的标志性

如果商标由于某种原因不再具有识别功能,即使过去被注册,也不能再作为商标受到法律的保护。例如,"优盘"曾经是朗科公司的注册商标,但随着"优盘"逐渐成为"闪存"的通用名称,"优盘"已经不能起到将朗科公司生产的"闪存"与其他公司生产的"闪存"加以区别的作用,因此朗科对"优盘"的商标注册也被撤销。

---

3. 商标是由文字、图形、字母、三维标志和颜色组合,以及上述要素组合的可视性标志 这样的标志具有显著特性,使得消费者可以区分、识别商品。

4. 商标经注册后具有排他性 我国《商标法》规定,商标实行自愿注册原则,未注册的商标不受法律保护,但是注册的商标依法享有排他性的权利,受到法律的保护。

（二） **商标的种类**

我国《商标法》规定了以下几种商标：

1. 商品商标 商品商标是指使用于商品上,用于区分不同经营者的相同或者类似商品的商标。如图4-1为北京同仁堂的商标。

2. 服务商标 服务商标是指提供服务的经营者,将自己提供的服务与他人提供的服务相区别而使用的商标。服务商标是商品商标的延伸,主要是服务企业通过在与其经营的服务有关的物品上

图4-1 北京同仁堂商标

使用或者通过宣传、广告等方式达到区别不同服务提供者的目的。

　　3. 集体商标　集体商标是指以团体、协会或者其他组织名义注册，供该组织成员在商事活动中使用，以表明使用者在该组织中的成员资格的标志。例如，中国电子音响工业协会在音箱和功放产品上注册了由两个音符图形构成的集体商标，该协会的会员就可以在相关产品上使用，以表明自己是该协会成员。

　　4. 证明商标　证明商标是指由对某种商品或者服务具有监督能力的组织所控制，而由该组织以外的单位或者个人使用其在商品或服务上，用以证明该商品或者服务的原产地、原料、制造方法、质量或者其他特定品质的标志。例如，国际羊毛局注册管理的纯羊毛标志，用以表明产品的羊毛品质。

　　（三）商标法的概念

　　商标法是指调整因商标注册、使用、管理和保护商标专用权等发生的各种社会关系的法律规范的总称。1982年8月23日,我国通过了《商标法》,并于1983年3月1日起正式实施。1993年和2001年分别对《商标法》做了两次修订。

商标法所调整的社会关系既包括国家机关在商标管理中发生的纵向关系,也包括各平等主体之间由于使用、转让商标专用权等发生的横向关系。

二、商标注册制度

商标注册,是指商标所有人为了取得商标专用权,依照商标法规定的注册条件和程序,将其使用的商标向商标行政管理机关提出申请,经该机关依法审查核准并予以注册的制度。我国《商标法》规定允许使用注册商标和未注册商标,只有经过注册的商标才具有商标专用权,受到法律的保护。未经注册的商标不享有法律赋予的商标专用权。

（一）商标注册的原则

1. 自愿注册原则与强制注册相结合的原则　自愿注册是指商标使用人自行决定是否申请商标注册。强制注册是指凡是使用的商标必须注册。我国《商标法》采用自愿注册为主、强制注册为辅的原则。根据相关规定,对于人用药品和烟草制品,我国目前实行强制注册,即该类产品必须进行商标注册,未经核准注册,不得在市场上销售。

2. 申请在先原则　申请在先是指两个或者两个以上的商标注册申请人,在同一种商品或类似商品上,以相同或者近似的商标申请注册时,商标权授予先申请人。如果两人在同一个申请日提出申请,初步审定并公告使用在先的商标,驳回其他人的申请。

3. 优先权原则　优先权是指商标注册申请人自其在外国第一次提出商标注册申请之日起6个月内,又在中国就相同商品以同一商标提出商标注册申请时,依照该外国同中国签订的协议或者共同参加的国际条约,或者按照相互承认优先权的原则,可以享有优先权。商标在中国政府主办的或者承认的国际展览会展出的商品上首次使用的,自该商品展出之日起6个月内,该商标的注册申请人可以享有优先权。

申请人依照上述情形要求优先权的,应当在提出商标注册申请的时候提出书面声明,并且在3个月内提交第一次提出的商标注册申请文件的副本或其他证明文件。

（二）商标注册的条件

1. 商标注册申请人　商标注册的申请人可以是任何民事主体,既包括自然人、法人和其他组织,也包括外国人和外国企业。

外国人或者外国企业在中国申请商标注册的,应当按其所属国与我国签订的协议或者共同参加的国际条约办理,或者按对等原则办理。

2. 商标的构成　申请注册的商标一般符合两个构成条件:

（1）必须具备法律规定的构成要素,可以是文字、图形、字母、数字、三维标志和颜色组合或者上述要素的组合;

（2）应当具有显著特征,便于识别,并不得与他人在先取得的合法权利相冲突。

《商标法》还明确规定了商标不得使用的文字和图形,包括:①同中华人民共和国的国家名称、国旗、国徽、军旗、勋章相同或者近似的,以及同中央国家机关所在地特定地点的名称或者标志性建筑物的名称、图形相同的;②同外国的国家名称、国旗、国徽、军旗相同或者近似的,但该国政府同意的除外;③同政府间国际组织的名称、旗帜、徽记相同或者近似的,但经该组织同意或不易误导公众的除外;④与表明实施控制、予以保证的官方标志、检验印记相同或近似的,但经授权的除外;⑤同"红十字""红新月"的标志、名称相同或者近似的;⑥带有民族歧视的;⑦夸大宣传并带有欺骗性的;⑧有害于社会主义道德风尚或者有其他不良影响的。此外,县级以上行政区划的地名或者公众知晓的外国地名,不得作为商标。但是,地名具有其他含义或者作为集体商标、证明商标组成部分的除外;已经注册的使用地名的商标继续有效。

另外,依照法律规定,下列标志也不得作为商标注册:①仅有本商品的通用名称、图形、型号的;②仅仅直接表示商品的质量、主要原料、功能、用途、重量及其他特点的;③缺乏显著特征的。

> ▶ **课堂活动**
>
> 下面哪些商标是违反禁止性规定的?
> ①"长寿"牌香烟;②"黑又亮"牌鞋油;③"葡萄"牌酒;④"准确"牌手表;⑤"北京"牌电视。

(三) 商标注册的程序

1. 申请　申请商标注册的,申请人应当向商标注册机关提交商标注册申请书。申请书的填报应当符合"一件商标一份申请"的要求,注册商标需要在同一类的其他商品上使用的,应当另行提出注册申请。

商标注册申请人还应当向商标注册管理机关提交商标图样、有关证明文件和缴纳申请费、注册费。

2. 审查　商标审查是商标主管机关对商标注册申请是否符合《商标法》的规定所进行的一系列活动。商标注册机关在正式受理前,会对申请文件和申请程序进行形式审查,受理后对商标的实体内容进行实质审查。主要包括:申请人是否具有申请资格;申请文件、商标图样等是否符合规定;是否缴纳注册费;申请注册的商标是否具有法定的构成要素等。

3. 公告　对于申请注册的商标,经初步审查,符合《商标法》规定的,予以公告;不符合《商标法》规定的,由商标局驳回申请,不予公告。

4. 异议　异议是指对初步审定并公告的商标提出不予登记的意见。对初步审定的商标,自公告之日起3个月内,任何人均可以提出异议。商标局对异议人和被异议人所陈述的事实与理由,经调查核对后,做出裁定。

当事人不服异议裁定的,可以自收到通知之日起15日内向商标评审委员会申请复审,由商标评审委员会做出裁定;当事人对商标评审委员会的裁决不服的,可以自收到裁定之日起30日内向人民法院起诉。

5. 商标注册申请的驳回　商标局对已经受理的商标注册申请,经审查不符合规定的,驳回申请,不予公告,并书面通知商标注册申请人。商标注册申请人不服的,可以自收到通知之日起15日内向商标评审委员会申请复审。经复审,商标评审委员会认为驳回理由成立的,将做出维持驳回的决定;认为申请人的复审理由成立的,做出申请商标予以初步审定的决定。当事人不服商标评审委员会的决定的,可以自收到通知之日起30日内向人民法院提起诉讼。

6. 核准注册 核准注册是指商标局对经过初步审定并公告期满而没有人提出异议,或者异议不成立的申请注册的商标,予以注册的行为。商标获准注册的,由商标局向商标注册申请人颁发《商标注册证》,并进行注册公告,申请人即取得注册商标专用权。

三、注册商标的有效期限、转让和使用许可

(一) 注册商标的有效期限

注册商标受法律保护有一定的期限,我国《商标法》规定注册商标的有效期限为10年,自核准注册之日起计算。

注册商标有效期满,需要继续使用的,应当在期满前6个月内申请续展注册;在此期间未能提出申请的,可以给予6个月的宽展期。每次续展注册的有效期为10年,续展的次数没有限制。宽展期满未提出申请的,注销其注册商标。

(二) 注册商标的转让

注册商标的转让是指商标权人将其所有的注册商标依法转让给他人所有并由其专用的法律行为。我国《商标法》规定,转让注册商标的,转让人和受让人应当签订转让协议,并共同向商标局提出申请。受让人应当保证使用该注册商标的商品质量。转让注册商标经核准后,予以公告。受让人自公告之日起享有商标专用权。

转让注册商标的,商标注册人对其在同一种或者类似商品上注册的相同或者近似的商标,应当一并转让;未一并转让的,由商标局通知其限期改正;期满不改正的,视为放弃转让该注册商标的申请。

(三) 注册商标的使用许可

注册商标的使用许可是指注册商标的所有人通过签订商标使用许可合同,许可他人使用其注册商标。许可人并不因为许可而丧失商标专用权,其仍为注册商标所有人,被许可人只取得使用权。许可人应当监督被许可人使用其注册商标的商品的质量。经许可使用他人注册商标的,必须在使用该注册商标的商品上标明被许可人的名称和商品产地。商标使用许可合同应报送商标局备案。

四、注册商标专用权的保护

(一) 商标权的保护范围

我国《商标法》规定,商标权的保护对象是注册商标专用权。注册商标的专用权,以核准注册的商标和核定使用的商品为限。我国商标权的保护范围如下:

1. 核准注册的商标的范围 《商标法》只保护按照商标局核准的文字、图形等组合构成的注册商标。商标注册人擅自改变构成要素的商标,超出了商标专用权的保护范围,不受法律保护。

2. 核定使用的商品与服务的范围 即以商标注册时经商标局核定使用的商品或服务,不得擅自扩大商品与服务的范围。

(二) 侵犯商标专用权的行为

根据我国相关法律的规定,侵犯商标专用权的行为包括以下几种:

1. 未经商标注册人的许可,在同一种商品或者类似商品上使用与其注册商标相同或者近似的

商标；

2. 销售侵犯注册商标专用权的商品；

3. 伪造、擅自制造他人注册商标标识或者销售伪造、擅自制造的注册商标标识；

4. 未经商标注册人同意，更换其注册商标并将该更换商标的商品又投入市场；

5. 给他人的注册商标专用权造成其他损害。

知识链接

其他损害注册商标专用权的行为

根据 2002 年《最高人民法院关于审理商标民事纠纷案件适用法律若干问题的解释》的规定，下列行为属于给他人注册商标专用权造成其他损害的行为：①将与他人注册商标相同或相近似的文字作为企业的字号在相同或类似商品上突出使用，容易使相关公众产生误认的；②复制、模仿、翻译他人注册的驰名商标或其主要部分在不相同或不相类似商品上作为商标使用，误导公众，致使该驰名商标注册人的利益可能受到损害的；③将与他人注册商标相同或相近似的文字注册为域名，并且通过该域名进行相关商品交易的电子商务，容易使相关公众产生误认的。

（三）侵犯商标专用权的法律责任

侵犯商标专用权的行为人依法应承担相应的法律责任，主要包括民事责任、行政责任和刑事责任三方面。

案例分析

案例：2016 年 1 月，无锡市工商局根据举报依法对无锡某药业有限公司进行检查。经查，大同市某药业有限责任公司在第 5 类药品商品上核准注册了"至灵"商标，其商标专用权受法律保护。2015年 7 月 14 日，当事人从大同市某药业有限责任公司购进 2880 瓶至灵胶囊（0.25g×50 粒/瓶）对外批发销售。2015 年 11 月 5 日，当事人未经"至灵"商标注册人的许可自行设计并委托上海某礼品包装厂生产标注"至灵®"商标的包装礼盒及拎袋，将其中的 2592 瓶胶囊改成 648 个礼盒包装（每盒 4 瓶），以75 元/盒的价格对外销售。至案发时，648 盒礼盒装至灵胶囊已全部售出，销售额共计 48 600 元。

问题：无锡某药业有限公司是否构成商标侵权？为什么？

分析：商标既具有识别商品来源的基本功能，也具有质量保障、信誉承载等衍生功能。本案当事人未经商标权利人许可，擅自委托他人印制含有他人注册商标的产品包装，将正品重新包装后进行销售，其行为损害了注册商标的来源识别功能，易造成消费者误认。此行为构成了《商标法》第 57 条第（七）项规定的违法行为，即构成侵权。

（四）驰名商标的特殊保护

1. 驰名商标的特征　驰名商标是指在市场上享有较高知名度，并为相关公众广为知晓的商标。

与普通商标相比,驰名商标具有以下几个特点:

(1) 驰名商标在相关公众中具有很高的知名度:一些未注册的商标在市场上经过长期使用后,也可以在相关公众中享有很高的声誉。

(2) 驰名商标中凝聚了很高的商誉:由于驰名商标所指代的商品或服务质量优良而稳定,因此该商标就成了高品质的化身,也具有了突出的宣传功能。

(3) 驰名商标还能够彰显使用人的身份、地位:在当今社会,许多人还希望借助名牌来表现个人的品味和地位,驰名商标便可以起到这种特殊的作用。

知识链接

驰名商标、著名商标、知名商标的区别

驰名商标,是指在中国为相关公众知晓并享有较高声誉的商标。 其认定和管理由国家市场监督管理总局商标局负责。

著名商标,是由省、自治区、直辖市一级的市场监督管理部门认定的,在该行政区划范围内具有较高声誉和市场知名度的商标。

知名商标,是指在市一级的地方市场监督管理部门认定的,在该行政区划范围内具有较高声誉和市场知名度的商标。

2. 驰名商标的认定 各国对于驰名商标的认定有不同的标准,我国的《商标法》规定,在认定驰名商标时应考虑下列因素:

(1) 相关公众对该商标的知晓程度;

(2) 该商标使用的持续时间;

(3) 该商标的任何宣传工作的持续时间、程度和地理范围;

(4) 该商标作为驰名商标受保护的记录;

(5) 该驰名商标的其他因素。

3. 驰名商标的保护 驰名商标与一般商标比较,具有特殊的法律地位。我国《商标法》对驰名商标规定了特别的保护机制:

(1) 对未注册驰名商标的保护:我国《商标法》规定,就相同或者类似商品申请注册的商标是复制、模仿或者翻译他人未在中国注册的驰名商标,容易导致混淆的,不予注册并禁止使用。这一规定可以有效地防止恶意利用未注册商标的声誉牟利。

(2) 对已注册驰名商标的保护:我国《商标法》规定,就不相同或者不相类似商品申请注册的商标是复制、模仿或者翻译他人已经在中国注册的驰名商标,误导公众,致使该驰名商标注册人的利益可能受到损害的,不予注册并禁止使用。这一规定可以阻止他人以损害自己利益的方式使用驰名商标。

(3) 恶意注册驰名商标的撤销:我国《商标法》规定,驰名商标所有人对于他人恶意注册自己驰名商标的行为可以请求商标评审委员会裁定撤销注册商标,不受5年时效限制。

五、商标的管理

(一) 商标使用管理

1. 注册商标的使用管理　我国《商标法》规定,使用注册商标有下列行为之一的,由商标局责令限期改正或撤销其注册商标:①自行改变注册商标的;②自行改变注册商标的注册人名义、地址或其他注册事项的;③自行转让注册商标的;④连续3年停止使用的。

使用注册商标,其商品粗制滥造,以次充好,欺骗消费者的,由各级市场监督管理部门分别不同情况,责令限期改正,并可以予以通报或者处以罚款,或者由商标局撤销其注册商标。

注册商标被撤销的或者期满不再续展的,自撤销或者注销之日起1年内,商标局对与该商标相同或者近似的商标注册申请的,不予核准。

对商标局撤销注册商标的决定,当事人不服的,可以自收到通知之日起15日内向商标评审委员会申请复审,由商标评审委员会作出决定,书面通知申请人。当事人对商标评审委员会的决定不服的,可以自收到通知之日起30日内向人民法院诉讼。

2. 未注册商标的使用管理　我国《商标法》对未注册商标的使用管理作了以下规定:

(1) 未注册商标不得冒充注册商标;

(2) 必须使用注册商标的商品不得使用未注册商标在市场上销售;

(3) 未注册商标不得违反《商标法》对商标禁用标志的规定;

(4) 使用未注册商标的商品应保证质量,不得粗制滥造、以次充好、欺骗消费者。

(二) 商标印制管理

商标印制管理,是指商标管理机关依法对商标印制单位和印制委托人的商标印制行为的监督管理。

2004年重新修订实施的《商标印制管理办法》中规定:商标应当由指定印制商标单位印制;商标印制委托人应当出具证明文件;商标印制单位应当核查证明文件;商标印制单位应当建立健全管理制度;任何人不得非法印制或买卖商标标识。

点滴积累 ⋁

1. 商标是区别商品与服务的标志, 具有显著的特征。

2. 我国目前商标是实行自愿注册与强制注册相结合的原则, 未经注册的商标不享有商标专用权。

3. 商标注册要符合一定的条件和程序。

4. 注册商标受法律保护有一定的期限, 期满后可以续展。

5. 注册商标专用权的保护是以核准注册的商标和核定使用的商品为限的。

第二节　专利法

一、专利和专利法的概念

（一）专利的概念

专利一词源于英语"patent"，其首要含义是"公开"。对于专利制度而言，除了个别例外情形，申请人只有将其发明创造或设计向社会公开，才能获得专利权。其次，英语"patent"还有"授予特权"的意思。这意味着专利权是一种需要由国家经过法定程序专门授予的特权。

现代意义的专利有三种含义：一是指专利局授予申请人的专利权。二是指专利技术，一般包括发明、实用新型和外观设计。三是指专利证书，主要是记载发明创造内容的专利说明书等。可见，"专利"一词有多种含义，但大多数情况下，"专利"指的是"专利权"，即法律赋予专利权人对其获得专利的发明创造在一定期限和范围内的专有权利。

> **知识链接**
>
> 专利技术与专有技术的区别
>
> 现实生活中，有许多技术没有申请专利，被称为专有技术。专利技术与专有技术的区别主要有：
>
> （1）专利技术处于公开状态；专有技术处于秘密状态。
>
> （2）专利权人在专利有效期内对专利技术拥有受法律保护的所有权；专有技术的占有人不能对该技术拥有所有权，这种事实上的占有权是不能对抗第三人的。
>
> （3）专利技术有法定的保护期；专有技术没有法定的保护期，能否由占有人独占以其保密状态的存续期间为准。

（二）专利法的概念

专利法，是指调整因发明创造活动，即发明创造的开发、实施、权利归属以及保护等而产生的各种社会关系的法律规范的总称。各国的专利法虽不尽相同，但目的都是对某些发明创造授予专利权，利用法律手段推动科技的进步。

我国的《专利法》于 1984 年 3 月 12 日由第六届全国人大常委会第四次会议通过，并于 1985 年 4 月 1 日正式实施。之后，随着社会的发展与科技的进步，分别于 1992 年、2000 年和 2008 年进行了三次修正。目前，我国的《专利法》能够较好的同国际惯例相接轨。

二、专利权的主体和客体

（一）专利权的主体

专利权的主体，即专利权人，是指依法享有专利申请和取得专利权，并承担相应义务的人。包括

专利权的所有人和持有人。依据我国《专利法》的规定,专利权人包括以下几种:

1. **发明人或设计人** 发明人或设计人是指对发明创造或外观设计的实质性特点作出创造性贡献的人。在完成发明创造过程中,只负责组织工作的人、为物质技术条件的利用提供方便的人或者从事其他辅助工作的人,不是发明人或设计人。这里的发明人或设计人是自然人,而不是法人或其他组织,且不受行为能力限制,即如果是未成年人,也一样享有专利申请权。

我国《专利法》还规定,非职务发明创造的专利申请权归属于完成了发明创造或者设计的自然人。申请被批准后,该自然人为专利权人。

2. **发明人或设计人所在的单位** 执行本单位任务或者主要是利用本单位的物质条件所完成的发明创造为职务发明创造,申请专利的权利属于单位,申请被批准后,该单位为专利权人。

依据《专利法》和《专利法实施细则》的规定,职务发明创造分为两类:

(1) 执行本单位的任务所完成的发明创造,其中包括三种情形:①在从事本职工作中做出的发明创造;②履行本单位交付的本职工作之外的任务所做出的发明创造;③退职、退休或调动工作1年以内做出的,与其在原单位承担的本职工作或者分配的任务有关的发明创造。

(2) 利用本单位物质条件完成的发明创造,是指利用本单位的资金、设备、零部件、原材料或者不对外公开的技术资料等完成的发明创造,依法由单位享有专利申请权。当专利申请被批准后,该单位为专利权人,发明人或设计人有在专利文件中署名的权利。单位应当对发明人或设计人给予奖励,并且在该专利实施后,根据其推广应用的范围和取得的经济效益,对发明人或设计人给予合理的报酬。

3. **合作发明与委托发明的权利人** 合作发明是指两个以上的单位或个人合作完成的发明创造,而完成该项发明创造的人为合作发明人。除当事人另有约定外,该发明创造的专利申请权属于合作发明人共有。

委托发明是指一个单位或者个人接受其他单位或个人委托所完成的发明创造。对于委托发明创造的专利申请权,除当事人另有约定外,属于完成发明创造的单位或个人,即受托人所有。受托人取得专利权的,委托人可以免费实施该专利。受托人转让专利申请权的,委托人享有优先受让的权利。

4. **专利权的合法受让人** 做出发明创造的单位或个人可以将自己所有的专利申请权或专利权依法转让给他人,获得这些权利的人就是受让人。专利权的合法受让人自然就是该专利权的主体。

5. **外国人** 依据我国《专利法》规定,在我国有经常居所或营业所的外国人同我国公民有相同的待遇;在我国没有经常居所或营业所的外国人、外国企业、或外国其他组织在中国申请专利的,依照其所属国同中国签订的协议或者共同参加的国际条约,或者依照互惠原则,根据本法办理。因此,外国人也可以成为中国专利权的主体。

案例分析

案例：某医疗器械公司甲与业余发明人乙订立了一份技术开发协议，约定由乙为甲开发完成一项护理床反转技术，由甲为乙提供开发资金、技术、资料等，并支付报酬，甲享有该发明技术的专利申请权。在约定时间内乙完成了合同约定的任务，并按约定将全部技术资料和权利都交给了甲公司。此外，乙在完成开发任务的工程中，还开发了一项附属技术 A，并以自己的名义就 A 技术申请专利。甲公司得知此事后，认为技术 A 的专利申请权应归甲公司所有，因此，甲、乙双方就技术 A 的专利申请权归属问题发生争议。

问题：该技术 A 的专利申请权应归谁所有？为什么？

分析：无论是职务发明还是合作或委托完成的发明创造，只要有协议对权力的归属作了约定，就应当遵守协议的约定。对于委托发明创造的专利申请权，除当事人另有约定外，属于完成发明创造的单位或个人，即受托人所有。本案中，双方已协议约定了权力的归属，因此，应按约定该技术的专利申请权归甲公司所有。

（二）专利权的客体

专利权的客体，指的是专利法的保护对象。《巴黎公约》要求缔约国将专利、实用新型和外观设计纳入工业产权的保护对象，同时允许缔约国自行对"专利"进行定义。根据我国《专利法》中规定，依法可以取得专利权的客体包括发明、实用新型和外观设计。

1. **发明** 专利法上所说的"发明"不同于日常用语中的"发明"，它是指对产品、方法或者其改进所提出的新的技术方案。发明可以分为产品发明、方法发明和改进发明。

产品发明包括一切以有形形式出现的发明，包括各种制成品、产品等。这些制成品或产品是自然界中从未有过的，必须是经过人类加工制作而成的。

方法发明是利用自然规律制造新的物品或物质的方法的发明，它包括制造产品方法的发明、使用产品方法的发明、通信方法、测量方法与计量方法的发明等。

改进发明是指对现有产品发明或方法发明作出的实质性的改进的技术方案。

知识链接

发明与"发现"的区别

发明与"发现"是完全不同的两个概念，这里的"发现"通常又称为"科学发现"，它是指揭露自然界原来就存在的但不为人认识的物质，或者没有揭示的现象或变化过程等。发现了自然界存在的物质本身不能构成发明，例如，某人在深山中首次找到一种未知的植物，这只是"发现"。但如果此人经过研究，将该植物中含有的某些物质提取，制成了一种治疗癌症的特效药，则该药就可称之为"发明"，可以申请获得专利。

2. **实用新型** 实用新型是指对产品的形状、构造或其结合所提出的适于实用的新的技术方案。

实用新型虽然也是一种技术方案,而且被称为"小发明",但它与发明还是存在很大的区别:

(1)实用新型在技术上的创造性低于发明,只适用于解决一般实用技术问题;

(2)实用新型只是通过产品的形状和构造来解决技术问题的,因此它不涉及新方法。

3. 外观设计 外观设计是指对产品的形状、图案或者其结合以及色彩与形状、图案的结合所做出的富有美感并适用于工业应用的新设计。它可以是立体造型,也可以是平面设计,但都必须要与产品结合在一起。2008年修订的《专利法》中对平面设计取得外观设计专利的权利设置了限制,即对平面印刷品的图案、色彩或者二者的结合作出的主要起标识作用的设计,不允许再申请外观设计专利。

外观设计与发明、实用新型有着本质的区别:法律并不要求外观设计解决任何实际技术问题,它不涉及产品的制造和设计,只涉及美化产品的外表和形状。

三、专利权的取得

专利权的取得只有经过国家专利行政部门的审查之后才能产生,并且要符合专利申请的法定条件。

(一)授予专利权的条件

1. 授予发明和实用新型专利权的条件 授予专利权的发明和实用新型,应当具备新颖性、创造性和实用性。

(1)新颖性:是指该发明或者实用新型不属于现有技术,在申请日以前没有同样的发明或者实用新型在国内外出版物上公开发表过、在国内公开使用过或者以其他方式为公众所知,也没有同样的发明或者实用新型由任何单位或者个人向专利行政部门提出申请并且记载在申请日以后公布的专利申请文件中。这里的现有技术是指在申请日之前在国内外为公众所知的技术。

但是,申请专利的发明创造在申请日以前6个月内,有下列情形之一的,不丧失新颖性:①在中国政府主办或者承认的国际展览会上首次展出的;②在规定的学术会议或者技术会议上首次发表的;③他人未经申请人同意而泄露其内容的。

(2)创造性:是指同申请日以前已有的技术相比,该发明有突出的实质性特点和显著的进步,该实用新型有实质性特点和进步。"已有的技术"是指专利申请日以前公开的技术,即现有技术。"实质性的特点"是指申请专利保护的发明或实用新型,同已有技术相比具有新的本质性的技术突破。

▶▶ **课堂活动**

张某于2011年4月在某一中国政府承认的国际性展览上,展览了他最新发明的一项科技成果。2011年9月,张某将该科研成果在国内申请发明专利。

请问:张某的专利申请是否丧失新颖性?

(3)实用性:是指该发明或者实用新型能够制造或使用,并且能够产生积极效果。所谓制造或使用,是指如果发明是一种产品,则能够在工业上重复生产;如果发明是一种方法,则能够在工业上使用。所谓产生积极效果是指发明创造实施后,在经济、技术和社会效果上会产生有效的结果。

2. 授予外观设计专利权的条件 授予外观设计也应具有新颖性的特征,2008年修订的《专利法》提高了授予外观设计专利的条件。根据规定："授予专利权的外观设计,应当不属于现有设计;也没有任何单位和个人就同样的外观设计在申请日以前向国务院专利行政部门提出过申请,并记载在申请日以后公告的专利文件中。"这里的现有设计是指申请日以前在国内外为公众所知的设计。除新颖性外,外观设计还应具有美感并适用于工业应用。

（二）不授予专利权的消极条件

根据我国《专利法》的规定,以下情形不能授予专利权:

1. 违反国家法律、社会公德或者妨碍公共利益的发明创造;

2. 科学发现;

3. 智力活动的规则与方法;

4. 疾病的诊断与治疗方法;

5. 动物和植物品种,但对动物与植物品种的生产方法,可以依法授予专利权;

6. 用原子核能变换方法获得的物质。

7. 对平面印刷品的图案、色彩或者二者的结合作出的主要起标识作用的设计。

▶ **课堂活动**

针对于"艾滋病"治疗的"鸡尾酒"疗法,发明人可不可以申请专利?

（三）专利的申请和审批

1. 专利申请的原则

（1）申请在先原则:两个以上的申请人分别就同样的发明创造申请专利的,专利权授予最先申请的人。当面递交专利申请文件的,以递交日为申请日;以邮寄方式申请的,以寄出的邮戳日为递交日。

（2）单一性原则:一件发明或者实用新型专利申请应当限于一项发明或者一项实用新型。属于一个总的发明构思的两项以上发明或者两项以上实用新型,可以作为一件申请提出。一件外观设计专利申请应当只限于一种产品所使用的一项外观设计。用于同一类别并且成套出售或者使用的产品的两项以上的外观设计,可以作为一件申请提出。

（3）优先权原则:优先权分为国内优先权和国际优先权。国内优先权是指申请人自发明或者实用新型在中国第一次提出专利申请之日起12个月内,又向国务院专利行政部门就相同主题提出专利申请的,可以先前的申请日为申请日,即享有优先权。国际优先权是指申请人自发明或者实用新型在国外第一次提出专利申请之日起12个月内,或者外观设计在国外第一次提出专利申请

▶ **课堂活动**

美国的甲公司于2015年10月21日向中国专利局提交了一份名为"洁净水笼头"的发明权利申请,该发明已于2015年2月8日以相同主题的内容在美国提出专利申请。

问:该公司在中国的专利申请日是什么时间? 为什么?

之日起6个月内,又在中国就相同主题提出专利申请的,依照该外国同中国签订的协议或者共同参加的国际条约,或者依照相互承认优先权的原则,可以享有优先权。

2. 专利申请的文件

（1）申请发明、实用新型专利应提交的文件

1）请求书:请求书是申请人向专利行政部门表示请求授予专利权的愿望的书面文件。它应当写明发明或实用新型的名称,发明人或者设计人的姓名,申请人姓名或者名称、地址以及其他事项。

2）说明书:说明书是对发明或者实用新型的技术实施进行具体说明的陈述性书面文件。说明书应当对发明或者实用新型作出清楚、完整说明,以所属技术领域的技术人员能够实现为准,必要时附图。

3）权利要求书:权利要求书是申请人请求专利保护的范围的法律文书。权利要求书应当以说明书为依据,说明要求专利保护的范围。权利要求书可以分为产品权利要求和方法权利要求两种基本类型,其保护范围也不相同。

4）摘要:摘要是说明书记载内容的概述。摘要应当写明发明或者实用新型的名称和所属技术领域,并清楚地反映所要解决的技术问题、技术方案的要点及主要用途。

（2）申请外观设计专利应提交的文件

1）请求书:请求书是申请人向专利行政部门表示请求授予专利权的愿望的书面文件。应当填写外观设计的产品的名称,并写明设计人的姓名。设计人只能是自然人,而申请人可以是自然人,也可以是法人。

2）图片或照片:申请人应当根据每件外观设计产品所需要保护的内容提交不同角度、不同侧面或者不同状态的图片或照片。

3）简要说明:简要说明应当写明使用外观设计的产品的设计要点、请求保护色彩省略图等情况,但不得使用商业性宣传用语,也不能用来说明产品的性能。

4）模型:专利行政部门认为必要时,可以要求外观设计专利申请人提交使用外观设计的产品样品或者模型。

知识链接

"专利"和"专利申请"的区别

日常生活中,人们通常会把"专利"和"专利申请"两个概念混淆使用,比如有些人在其专利申请尚未授权的时候即声称自己有专利。 其实,专利申请在获得授权前,只能称为专利申请,如果其能最终获得授权,则可以称为专利并对其所请求保护的技术范围拥有独占实施权;如果其最终未能获得专利授权,则永远没有成为专利的机会了,也就是说,他虽然递交了专利申请,但并未就其所请求保护的技术范围获得独占实施权。 很明显,这两个概念所代表的两种结果之间的差距是巨大的。

3. 专利权的审批　我国《专利法》规定对发明专利的申请实行实质性审查,而对实用新型和外观设计专利的申请只实行形式审查。

国务院专利行政部门在收到发明申请后,对申请文件进行初步审查,又称形式审查。主要是对专利申请文件格式进行审查、核对文件是否齐备、内容是否属不授予专利权的范畴等。经初步审查符合专利法要求的,自申请日起满18个月,进行公布,也可应申请人请求早日公布。

发明专利申请自申请日起3年内,专利行政部门可以根据申请人随时提出的请求,对其申请进行实质性审查。实质性审查是对发明专利是否具有新颖性、创造性和实用性进行审查。申请人无正当理由逾期不请求实质审查的,该专利申请视为被撤回。专利行政部门在必要时也可自行对发明专利进行实质性审查。

发明专利申请经过实质审查没有发现驳回理由的,由国务院专利行政部门做出授予发明专利权的决定,发给专利证书,予以登记和公告。发明专利权自公告之日起生效。

实用新型和外观设计专利申请经初步审查没有发现驳回理由的,由国务院专利行政部门做出授予实用新型和外观设计专利权的决定,发给相应的专利证书,予以登记和公告,该专利权自公告之日起生效。

四、专利权人的权利和义务

(一) 专利权人的权利

专利经审查批准被授予专利权后,专利权人就依法享有了下列权利:

1. 独占实施权　是指专利权人对其获得专利权的产品依法享有制造、使用、销售、许诺销售、进口的权利,对获得专利权的方法享有使用、销售、许诺销售等权利。专利权被授予后,除另有规定外,任何单位和个人未经专利权人许可,都不得实施其专利。

2. 许可使用权　任何单位或者个人必须得到专利权人的许可,才能实施该专利,并且向专利权人支付使用费。专利权人有权通过订立书面实施许可合同,允许他人使用其专利。受让人根据合同所规定的范围实施其专利,无权许可其他单位或者个人实施该专利。

3. 转让权　专利权人依法可以通过买卖、交换、赠与以及继承等法律行为将专利权转让给其他单位或个人。转让后,专利权的主体发生变更。我国《专利法》规定,转让专利申请权或者专利权的,当事人应当订立书面合同,并向国务院专利行政部门登记,由国务院专利行政部门予以公告。中国单位或个人向外国人、外国企业或者外国其他组织转让专利申请权或专利权的,应当依照有关法律、行政法规的规定办理手续。专利权只能作为一个整体进行转让,不能只转让其中的一部分。

4. 标记权　是指专利权人依法有权在其专利产品或者该产品的包装上表明专利标记和专利号。其目的在于表明该产品是受法律保护的专利产品,但我国的专利法并没有将标记作为一项义务,即专利权人可以标记,也可以不标记。

知识链接

专 利 号

专利权人可以在取得专利权的产品上标明专利标记和专利号。专利号沿用专利申请号,共由八位数字组成,申请年份+专利类型+流水号。例如:专利号06157890,前两位06代表年份,第三位数字1代表发明,2代表实用新型,3代表外观设计,最后五位为流水号。

5. 排除侵犯权　对于未经专利权人许可而实施其专利的侵权行为,专利权人有权请求专利管理机关进行处理,或者直接向人民法院提起诉讼要求保护其专利的权利。

（二）专利权人的义务

1. 缴纳专利年费　专利年费是指专利权人自专利权被授予的当年开始,在专利有效期内逐年向专利行政部门缴纳的费用。期满未缴纳的,专利权自应当缴纳年费期满之日起终止。

2. 不得滥用专利权　是指专利权人在专利有效期内必须依法行使其专利权,不得利用专利限制技术的发展、损害社会利益。

五、专利权的期限、终止和无效

（一）专利权的期限

专利权的期限是指法律保护专利权的有效期间。专利权在法定期间内,享有垄断性的权利,一旦超出该期限,此专利权就自行终止,该专利也就进入了公共领域,公众可无偿应用。

我国《专利法》规定,发明专利权的有效期限为 20 年,实用新型和外观设计专利权的有效期限为 10 年,均自申请日起计算。

（二）专利权的终止

专利权的终止是指专利权因保护期限届满或其他原因而发生使其权利的法律效力的消灭。专利权的终止分为两种情形:

1. 保护期限届满的自然终止　专利权有着法定的保护期限,期限届满,则专利权终止。这是正常的专利权终止的原因。

2. 保护期限届满以前的终止　专利权的提前终止,又分为两种情形:

（1）未按规定缴纳年费的;

（2）专利权人以书面形式声明放弃专利权的。

专利权的终止,应由国家专利行政部门登记和公告。

（三）专利权的无效

专利权的无效,又称专利权的无效宣告,是指自国家专利行政部门公告授予专利权之日起,任何单位和个人认为该专利的授予不符合《专利法》的规定,都可以请求专利复审委员会宣告该专利无效。请求宣告专利无效的理由主要包括以下几项:

（1）申请专利的发明创造的主题不合格。

（2）申请专利的发明或者实用新型不具有新颖性、创造性和实用性,申请专利的外观设计缺乏新颖性、美观性和非冲突性。

（3）申请人主体资格不合格。

（4）申请文件不符合《专利法》的相关规定。

（5）申请的修改或者分案的申请超过了原说明书的范围。

（6）在后专利权。

请求宣告专利权无效的,应当向专利复审委员会提交专利权无效宣告请求书和必要的证据。经专利复审委员会的审查,根据请求的理由是否成立,决定专利权无效、专利权部分无效或者维持专利权有效的不同决定。宣告专利权无效的决定,由专利行政部门登记和公告。如果对专利复审委员会的决定不服的,可以在收到通知之日起3个月内向法院提出诉讼。

专利权被宣告无效后,则视为自始就无效。如果在宣告无效之时,转让合同依然有效时,其无效的效力发生于公告之日,之前的合同依然有效。

六、专利实施的强制许可

强制许可,又称为非自愿许可,是指国家专利行政部门不需经过专利权人的同意,依法准许其他单位和个人实施专利权人的专利的一种强制性法律措施。依照我国《专利法》的规定,强制许可有下列三种情形:

1. 具备实施条件的单位以合理的条件请求发明或者实用新型专利权人许可实施其专利,而未能在合理的时间内获得这种许可时,专利行政部门根据该单位的申请,可以给予实施该专利的强制许可;

2. 在国家出现紧急状态或者非常情况时,或者为了公共利益的目的,专利行政部门可以给予实施发明或者实用新型专利的强制许可;

3. 一项取得专利权的发明或者实用新型比以前已经取得专利权的发明或者实用新型具有显著经济意义的重大技术进步,其实施又有赖于前一发明或者实用新型的实施的,专利行政部门根据后一专利权人的申请,可以给予实施前一发明或者实用新型的强制许可。但申请人应提供未能以合理条件与专利权人签订实施许可合同的证明。

取得实施强制许可的单位或者个人不享有独占的实施权,并且无权允许他人实施,不能转让,而且要向专利权人支付合理的使用费。

案例分析

案例:四川刘某等三人发明了纯稻草制作饲料技术,2009年获得国家专利局授予发明专利,但刘某发现该技术的实施过程中必须使用的稻草发酵技术,也已获得国家专利,但该专利的所有者某饲料公司将该专利技术长期搁置未使用,该饲料公司不同意将稻草发酵技术的使用权转让给刘某等人,也不许可刘某等使用该专利。

问题:本案中刘某等应该如何解决这个问题呢?

分析:刘某等可以向国家专利局申请强制实施许可。某饲料公司持有稻草发酵技术,但将其长期搁置,没履行《专利法》规定的实施专利的义务。同时,根据《专利法》规定,如果搁置已达3年,任何具备实施条件的单位都可申请该专利的强制许可。刘某等人的纯稻草制造饲料技术这一专利比稻草发酵技术先进,其实施又有赖于前一技术的实施,因此刘某等有权向国家专利局申请稻草发酵技术的强制许可。

七、专利权的保护

（一）专利权的保护范围

我国《专利法》规定，发明或者实用新型专利权的保护范围以其权利要求的内容为准，说明书及附图可以用于解释权利要求；外观设计专利权的保护范围以表示在图片或者照片中的该外观设计专利产品为准。

（二）侵犯专利权的行为

专利权侵权行为通常按照侵权行为是否由行为人本身行为所造成，分为直接侵权行为和间接侵权行为。

1. 直接侵权行为 直接的侵权行为，主要是指为生产经营的目的制造、使用、许诺销售、销售和进口专利产品，或者使用专利方法，或者使用、许诺销售、销售、进口依照专利方法直接获得产品，抑或制造、销售、进口载有或者体现受保护的外观设计的指定产品。

根据《专利法实施细则》的规定，假冒专利的行为也属于直接侵权行为，主要包括下列行为：

（1）未经许可，在其制造或者销售的产品、产品的包装上标注他人的专利号；

（2）未经许可，在广告或者其他宣传材料中使用他人的专利号，使人将所涉及的技术误认为是他人的专利技术；

（3）专利权被宣告无效后，继续在制造或者销售的产品上标注专利标记；

（4）在合同中将非专利技术称为专利技术；

（5）伪造或者变造专利证书、专利文件或者专利申请文件。

2. 间接侵权行为 间接侵权行为，是指侵权行为人故意诱导、怂恿、教唆别人实施他人专利，从而发生侵犯专利权的行为。我国《民法总则》中规定："……专利权受到剽窃、篡改、假冒等侵害的，有权要求停止侵害，消除影响，赔偿损失。"间接侵权行为人在主观上有犯罪的故意，客观上为他人实施侵权提供了必要条件，例如，提供用于制造专利产品的原料或者零部件等。

▶▶ **课堂活动**

在医药领域里，很多药品也是受到专利保护的，而往往专利临近过期时，会有一段关于此产品研究的热潮。在我国，很大一部分群体知识产权意识淡薄，对专利保护也不太重视，在医药行业也会有这样的现象。毫无疑问，这是一个不太好的现象。在当今知识经济时代，你认为可以从哪些方面入手，做好中药专利保护？

（三）侵犯专利权的法律责任

侵犯专利权的法律责任主要有民事责任、行政责任和刑事责任三种。

点滴积累 ∨ ....

1. 专利包括发明专利、实用新型专利和外观设计专利。

2. 授予专利权的产品一般应当具备新颖性、创造性和实用性。

3. 专利权被授予专利权人后，专利权人就享有了专有权利，如：独占实施权、许可使用权、转让权、标记权等。

4. 专利权受法律的保护，侵犯专利权要承担相应的法律责任。

目标检测

一、单项选择题

1. 下列**不属于**商标禁止使用的标志是(　　)

    A. 与中国国旗相同

    B. 与中国中央政府所在地标志性建筑、名称相同的

    C. 外国州、行政区划名称

    D. 与"红十字"名称相同的

    E. 同政府间国际组织的名称、旗帜、徽记相同或相似的

2. 在我国，目前不能作为商标使用的要素是(　　)

    A. 字母　　　　B. 颜色组合　　C. 三维标志　　D. 图形　　　　E. 气味

3. 商标在中国政府主办或者承认的国际展览会展出的商品上首次使用的，自该商品展出之日起(　　)个月内，该商标的注册申请人可以享有优先权

    A. 6　　　　　　B. 10　　　　　C. 5　　　　　D. 12　　　　　E. 3

4. 下列**不受**专利法保护的对象是(　　)

    A. 某甲发明的一项速算器

    B. 某乙发明的一种高血压病治疗方法

    C. 某丙发明的一种新型水稻杂交栽培方法

    D. 某丁发明的可视电话

    E. 某戊发明的一种药品包装

5. 我国《专利法》规定，发明专利权的保护期是(　　)

    A. 5 年　　　　B. 20 年　　　　C. 10 年　　　　D. 12 年　　　　E. 15 年

6. 下列**不是**专利权人的有(　　)

    A. 职务发明创造的发明人，其发明是执行本单位工作任务

    B. 共同发明创造的发明人

    C. 发明创造的合法受让人

    D. 委托完成发明创造的发明人

    E. 与单位有约定的权利的职务发明创造的发明人

7. 专利申请人对国务院专利行政部门驳回申请的决定不服，可以自收到通知之日起(　　)月内，向专利复审委员会请求复审

    A. 1　　　　　　B. 3　　　　　　C. 6　　　　　D. 10　　　　　E. 12

二、多项选择题

1. 同光服装厂经红叶制衣公司的许可，使用其注册商标"红叶"生产西服。对此，同光公司有下

列哪些义务?(　　)

    A. 对红叶公司的对外债务承担连带责任

    B. 该许可使用合同应当报商标局核准

    C. 接受红叶公司的质量监督

    D. 在生产的"红叶"牌西服上标明是同光服装厂生产,并且注明产地

    E. 每年向红叶公司汇报"红叶"西服的销售情况

2. 我国专利权的内容包括(　　)

    A. 实施专利   B. 许可他人实施专利

    C. 转让专利   D. 在专利产品上标明专利标记

    E. 排除侵犯权

3. 在我国,对专利权的保护方法有(　　)

    A. 行政保护   B. 民事保护   C. 刑事保护   D. 宪法保护   E. 程序保护

4. 行为人侵犯他人专利权可能承担的民事责任有(　　)

    A. 停止侵权   B. 赔偿损失   C. 消除影响

    D. 赔礼道歉   E. 没收销售所得

5. 下列行为中,属于侵犯专利权的行为的有(　　)

    A. 某甲在其经营的商店中销售了侵犯他人专利权的商品,但并不知道他所购来的这种商品侵犯了他人的专利权

    B. 某甲在其经营的商店中销售了侵犯他人专利权的商品,开始时并不知道他所购来的这种商品侵犯了他人的专利权,在被告知这一情况后,为了避免损失而继续销售

    C. 某甲在其经营的商店中销售一种电饭锅,为了扩大销路,就在所购来的电饭锅上贴上伪造的专利标记

    D. 某甲是一个发明爱好者,一次,他为了某项发明的研制工作而使用了他人的一项专利方法

    E. 为提供行政审批所需要的信息,甲公司未经专利权人的同意而制造其专利药品

6. 在我国,专利权终止的原因主要有(　　)

    A. 专利权期限届满   B. 专利权人没有按照规定缴纳年费

    C. 专利权人以书面声明放弃其专利权   D. 专利权无人继承

    E. 专利权转让

7. 我国《专利法》保护的客体有(　　)

    A. 发明

    B. 实用新型

    C. 外观设计

    D. 集成电路布图设计

    E. 对平面印刷品的图案、色彩或者二者的结合作出的主要起标识作用的设计

8. 下列选项中可以申请专利的有(　　)

    A. 一种药品　　　　　　　　　　　　B. 该药品的生产方法

    C. 该药品治疗疾病的用法、用量　　　　D. 该药品的一种改进品,但疗效降低

    E. 生产该药品使用的一种植物

9. 申请发明、实用新型专利应提交的必不可少的文件有(　　)

    A. 请求书　　B. 说明书　　C. 权利要求　　D. 摘要　　E. 图片或照片

三、知识应用题

（一）案例分析

案例1:"AABB"是美国某公司血糖试纸的商标,该款产品在中国的市场占有率相当高。而血糖仪试纸必须与血糖仪配套使用,以监控血糖变化。桂林某生物技术有限公司是一家专业生产医用生化检测系列试剂、医疗器械和家庭保健类健康自我监测系列产品的港商独资企业。以上两家公司本无瓜葛,但2006年10月,美国生产血糖仪的子公司在美国宣布,在市场上发现大量假冒该公司旗下品牌的血糖试纸,同时还锁定来自中国桂林某公司为假冒血糖试纸的生产商。美国某公司方面认为,这些试纸导致此前自己产品问题频出,测量数值出现错误,并声称此前的多次召回正是因为桂林某公司生产的假冒血糖试纸。

2007年3月28日,美国某公司以"桂林某公司与他人共谋,假冒其注册商标、假冒其血糖试纸"为由,将桂林某公司起诉至纽约东区法院,索赔金额不少于5000万美元。此后美国当地法院却认为"有理由怀疑可能存在诬告",要求美国某公司缴纳100万美元,以备救济被告,这一要求致使此案不了了之。

与此同时,2007年8月,假冒美国某公司注册商标一案也在上海开审。上海市某某区人民法院刑事判决书认定桂林某公司不存在任何不当行为。在美国纽约、中国上海等地起诉桂林某公司相继受挫后,2007年10月12日,美国某公司对此向广西桂林市公安局经侦支队进行举报。2007年10月22日桂林市公安局对于该案件立案侦查,2009年9月11日桂林市某某区检察院提起公诉,随后该案件前前后后经历了多次开庭,但一直未能做出判决。

桂林某公司表示,本公司使用"AA BB"标识在美国某公司申请商标之前,而美国某公司提供的证据的时间都是在"AABB"商标申请之后,因此认为美国某公司不能以其后期大量使用为依据来证明这一争议商标具有显著特征,从而排除他人正常使用"AABB"一词。此外,桂林某公司用的"AA BB"不是商标,是一个说明性的文字。但是,美国某公司找了专家,说两者就是一样。于是,桂林某公司在2011年12月19号向国家工商总局商标评审委员会提出申请,指出美国某公司血糖试纸商标不正当注册,申请撤销"AABB"商标。

问题:(1) 美国某公司血糖试纸商标是否有效?

(2) 桂林某公司是否构成侵犯商标权?

案例2:刘某于2005年经研究发现了一种已知的染料物质A可以用做治疗心脏病,于是在2005年12月13日向国家知识产权局申请了发明专利,在2007年6月19号公布,于2009年10月17日

公告授权。生产商甲于 2009 年年底在其生产的染料 A 包装中写明 A 物质可以用于治疗心脏病,作为原料药出售给中间商乙,之后乙又销售给药厂丙。销售商丁于 2007 年 12 月份改换了其存货有机染料 A 物质的包装,注明 A 物质可以治疗心脏病,同时向各地发放销售广告。

问题:(1) 甲乙丙丁的行为合法吗? 理由是什么?

(2) 侵权人应承担哪些责任?

(二) 实务操作

模拟注册一个药品商标。

ER-04章习题

(韩玉娟)

第五章

市场管理法律制度

导学情景 ╲

情景描述：

目前，医药市场乱象横生，医药商业贿赂行为频频曝光，假劣质中药材充斥市场，高价药让患者苦不堪言，这些"药品"事件让民众揪心，市场主体不规范的经营行为严重影响到消费者的合法权益，因此，需要严格完备的市场管理法律制度去规制与监督。

学前导语：

目前我国市场管理法律制度包含《反不正当竞争法》《反垄断法》《产品质量法》《消费者权益保护法》等法律法规，这些法律法规主要调整经营者与经营者之间的法律关系及经营者与消费者之间的法律关系。本章我们将带领大家学习经营者的不正当竞争行为、垄断行为、经营者的市场法律义务及消费者的合法权利，引导大家成为一个合法的经营者，自觉维护正常的市场竞争秩序，切实保护消费者的合法权益。

第一节　反不正当竞争法

一、反不正当竞争法概述

（一）反不正当竞争法的概念

反不正当竞争法有广义和狭义之说。广义的反不正当竞争法是指调整在制止不正当竞争行为过程中发生的经济关系的法律规范的总称，它包括以《中华人民共和国反不正当竞争法》为主体，其他相关法律、法规为补充的所有法律规范。狭义的反不正当竞争法是指 1993 年 9 月 2 日第八届全国人民代表大会常务委员会第三次会议通过，于 1993 年 12 月 1 日起施行的《中华人民共和国反不正当竞争法》（以下简称为《反不正当竞争法》），2017 年 11 月 4 日，全国人大常委会表决通过了新修订的《反不正当竞争法》。

（二）反不正当竞争法的基本原则

1. 自愿、平等、公平原则　经营者在生产经营活动中，不论其规模大小、实力强弱，都应遵循自愿、平等、公平的原则，合法地进行竞争。

2. 诚信原则　经营者在生产经营活动中应诚实、善良、讲信誉，不得采取虚假欺诈手段。

经营者在生产经营活动中还应遵守法律和商业道德。

二、不正当竞争行为

（一）不正当竞争行为的概念及特征

不正当竞争行为是指经营者在生产经营活动中,违反本法规定,扰乱市场竞争秩序,损害其他经营者或者消费者的合法权益的行为。

不正当竞争行为有以下特征:

1. 不正当竞争行为的主体是经营者,即主体是从事商品生产、经营或者提供服务的自然人、法人和非法人组织。

2. 经营者的行为违反了《反不正当竞争法》及相关法律、法规的规定,违反了公认的商业道德。

3. 不正当竞争行为侵犯了其他经营者或者消费者的合法权益,扰乱了社会经济秩序。

4. 不正当竞争行为发生在生产经营活动过程中。

（二）不正当竞争行为的种类

根据《反不正当竞争法》的规定,不正当竞争行为主要包括 7 种。

1. 混淆行为　混淆行为是指经营者违背诚实信用的商业道德,引人误认为是他人商品或者与他人存在特定联系的行为。根据《反不正当竞争法》的规定,属于混淆行为的不正当竞争行为有以下 4 种:

（1）擅自使用与他人有一定影响的商品名称、包装、装潢等相同或者近似的标识:对于擅自使用他人的标识做出了限定,如果擅自使用在相关领域内有一定影响的商品名称、包装、装潢标识,容易让他人产生混淆的可能。"一定影响"的标识与《商标法》中的规定相衔接,"一定影响"的界定需要综合考虑商品的销售时间、销售区域、销售金额、销售对象、商业宣传以及相关产品和服务等。

▶▶ **课堂活动**

　　A 医药公司生产某种名为"某某康"的药品,并在国家市场监督管理总局注册,该药品投放市场将近 20 多年,每年投放的广告费用上亿元,被广大公众所熟知,某一保健品公司生产一款名称同为"某某康"的保健品,该保健品的包装盒正反面的显著位置突出使用"某某康"三个汉字,与 A 公司的注册商标"某某康"完全相同。

　　问题:该保健品公司的行为属于哪种不正当竞争行为?

（2）擅自使用他人有一定影响的企业名称(包括简称、字号等)、社会组织名称(包括简称等)、姓名(包括笔名、艺名、译名等):企业名称或姓名属于企业的无形资产,企业对自己的名称享有专用权。擅自使用他人的企业名称或姓名,引人误认为是他人的商品,势必会给名称专用权人带来经济损失,因此,《反不正当竞争法》把它规定为不正当竞争行为。在这类行为中,被假冒的企业名称或姓名一般具有一定的知名度和较好的信誉,经营者擅自使用的目的常常在于推销质次或伪劣的商品。

（3）擅自使用他人有一定影响的域名主体部分、网站名称、网页等:本法拓宽了法律保护的领域,网络时代下的企业有自己独特的域名主体部分、网站名称或网页,模仿他人有一定影响的域名、网站、网页也将受到反不正当竞争法的规制,这对于规范网络环境,保护互联网企业有着重要作用。

（4）其他足以引人误认为是他人商品或者与他人存在特定联系的混淆行为。该条款为兜底条款,大大增加了该条款的适用范围,几乎所有市场中的故意模仿他人的行为都将被认为是混淆行为,从而受到相应惩罚。

2. 商业贿赂行为　商业贿赂是指经营者为谋取交易机会或者竞争优势而贿赂单位或个人的行为。

经营者不得采用财物或者其他手段贿赂下列单位或者个人，以谋取交易机会或者竞争优势：

（1）交易相对方的工作人员；

（2）受交易相对方委托办理相关事务的单位或者个人；

（3）利用职权或者影响力影响交易的单位或者个人。

经营者销售或者购买商品，可以以明示方式给对方折扣，也可以给中间人佣金。可见，我国《反不正当竞争法》禁止商业贿赂行为，即禁止回扣，但允许折扣和佣金的存在。因此，应正确认识折扣、佣金与回扣之间的区别。经营者的工作人员进行贿赂的，应当认定为经营者的行为；但是，经营者有证据证明该工作人员的行为与为经营者谋取交易机会或者竞争优势无关的除外。

知识链接

回扣与折扣、佣金的区别

回扣是指经营者为了销售或者购买商品，在账外暗中给予对方单位或个人一定数量的财物。　折扣又称让利或打折，是指经营者为销售或购买商品，以明示的方式给予对方的价格优惠。　佣金是指经营者以公开明示的方式给予促成交易的中间人的劳务报酬。　是否如实入账，是暗中支付还是明示支付，是回扣与折扣、佣金的本质区别。

---

3. 虚假宣传行为　虚假宣传行为是指经营者为了获取市场竞争优势和其他不正当利益，对商品的性能、功能、质量、销售状况、用户评价、曾获荣誉等作虚假或者引人误解的商业宣传，欺骗、诱导消费者的行为。

经营者不得对商品的性能、功能、质量、销售状况、用户评价、曾获荣誉等作虚假或者引人误解的商业宣传，欺骗、诱导消费者。经营者不得通过组织虚假交易等方式，帮助其他经营者进行虚假或者引人误解的商业宣传。

经营者不仅对自己的产品不能做虚假宣传，而且帮助他人进行刷单、炒信、删除差评、虚构交易、虚假荣誉等行为，也是法律所禁止的。

案例分析

案例：2017年11月11日，王女士在网上采购了几盒美容保健品，她一般会选择信用度比较高的商铺采购，她看到某家网店好评如潮，成交率很高，但是当她拿到保健品后发现，该产品毫无美容保健效果，反而引起皮肤过敏，于是王女士向工商行政管理部门进行举报，经调查发现该网店是利用刷单炒信、删除差评等方式提升网络信誉度的。

问题：该网店做法属于哪种不正当竞争行为？

分析：该网店的做法属于虚假宣传行为。

---

4. 侵犯商业秘密行为 侵犯商业秘密行为是指经营者通过不正当手段,获取、披露、使用或者允许他人使用权利人的商业秘密的行为。根据《反不正当竞争法》的规定,侵犯商业秘密的行为主要包括:

(1) 以盗窃、贿赂、欺诈、胁迫或者其他不正当手段获取权利人的商业秘密;

(2) 披露、使用或者允许他人使用以前项手段获取的权利人的商业秘密;

(3) 违反约定或者违反权利人有关保守商业秘密的要求,披露、使用或者允许他人使用其所掌握的权利人的商业秘密;

(4) 第三人明知或者应知商业秘密权利人的员工、前员工或者其他单位、个人实施前款所列违法行为,仍获取、披露、适用或者允许他人使用该商业秘密的。

知识链接

商 业 秘 密

商业秘密,是指不为公众所知悉、具有商业价值并经权利人采取保密措施的技术信息和经营信息。技术信息和经营信息包括设计、程序、产品配方、制作工艺、制作方法、管理诀窍、客户名单、货源情报、产销策略、销售区域、招投标中的标底及标书内容等。

---

5. 不正当有奖销售行为 有奖销售是指经营者为吸引顾客,促进销售,以向购买者提供奖品或者奖金为手段进行推销的行为。主要包括附赠式和抽奖式两种形式。

有奖销售实质上是一种让利销售,是企业的一种正常促销手段,它可以为企业带来良好的经济效益,促进市场的活跃。但有些经营者利用有奖销售坑害消费者或者其他经营者的合法权益。因此,我国《反不正当竞争法》及相关法律没有一概否定有奖销售,但禁止以下 3 种不正当有奖销售行为:

(1) 所设奖的种类、兑奖条件、奖金金额或者奖品等有奖销售信息不明确,影响兑奖;

(2) 采用谎称有奖或者故意让内定人员中奖的欺骗方式进行有奖销售;

(3) 抽奖式的有奖销售,最高奖的金额超过 5 万元。

▶ **课堂活动**

2017 年 6 月,某药业有限责任公司为了提高经济效益,在成立 3 周年之际,推出有奖销售系列活动。 活动内容为:凡 2017 年 6 月在本药业公司购买保健品、药品等满 300 元者均可获得奖券一张,凭该奖券可在购买药品当日参加抽奖,一等奖为香港、澳门 6 日游(若放弃游览可领取 58 000 元人民币);二等奖为跑步机一台;三等奖为某保健品两盒。 此外,还有纪念奖若干。 此活动一开展,便引起群众购药热潮。 但顾客所得奖项大多为纪念奖,后经人举报,一、二、三等奖为该药业公司的员工所得。

问题:该药业公司的做法违反了反不正当竞争法的哪些规定? 属于哪种不正当竞争行为?

6. 诋毁竞争对手行为　诋毁竞争对手行为是指经营者为了削弱或挤垮竞争对手,故意编造、传播虚假信息或者误导性信息,损害竞争对手的商业信誉、商品声誉的行为。

商业信誉是社会公众对经营者从事的经营活动做出的综合评价。商品声誉是社会公众对某种商品的质量、性能、用途等方面的全方位的评价。商业信誉和商品声誉同属于经营者的无形资产,信誉高、声誉好的经营者往往在市场竞争中居于优势地位,而信誉和声誉差的经营者在市场竞争中处于劣势地位。在竞争中,诋毁、贬低竞争对手的商业信誉和商品声誉,违背了公认的商业道德和市场竞争规则,属于不正当竞争行为,应当受到法律的制裁。

7. 利用互联网技术干扰和误导用户的行为　利用互联网技术干扰和误导用户的行为是指经营者利用技术手段,通过影响用户选择或者其他方式,实施妨碍、破坏其他经营者合法提供的网络产品或者服务正常运行的行为。

经营者不得利用技术手段,通过影响用户选择或者其他方式,实施以下4种妨碍、破坏其他经营者合法提供的网络产品或者服务正常运行的行为:

(1) 未经其他经营者同意,在其合法提供的网络产品或者服务中,插入链接、强制进行目标跳转;

(2) 误导、欺骗、强迫用户修改、关闭、卸载其他经营者合法提供的网络产品或者服务;

(3) 恶意对其他经营者合法提供的网络产品或者服务设施不兼容;

(4) 其他妨碍、破坏其他经营者合法提供的网络产品或者服务正常运行的行为。

案例分析

案例:某网络药店为了增加药品销售量,提高营业收入,在其网页链接中设置了不兼容其他网络药店页面,当消费者下载了该药店的 APP 后,就不能下载其他药店的 APP,给客户的选择造成了很多麻烦。

问题:该药店的行为属于哪种不正当竞争行为?

分析:该药店的行为属于利用互联网技术干扰和误导用户的行为。《反不正当竞争法》规定,经营者不得利用技术手段,通过影响用户选择或者其他方式,实施妨碍、破坏其他经营者合法提供的网络产品或服务的正常运行的行为。

三、对不正当竞争行为的监督检查

(一) 监督检查机关

县级以上人民政府履行市场监督管理职责的部门对不正当竞争行为进行查处;法律、行政法规规定由其他部门查处的,依照其规定。

(二) 监督检查的职权

监督检查部门调查涉嫌不正当竞争行为时,可以采取下列措施:

1. 进入涉嫌不正当竞争行为的经营场所进行检查；

2. 询问被调查的经营者、厉害关系人及其他有关单位、个人，要求说明有关情况或者提供与被调查行为有关的其他资料。

3. 查询、复制与涉嫌不正当竞争行为有关的协议、账簿、单据、文件、记录、业务函电和其他资料；

4. 查封、扣押与涉嫌不正当竞争行为有关的财物；

5. 查询涉嫌不正当竞争行为的经营者的银行账户。

采取前款规定的措施，应当向监督检查部门主要负责人书面报告，并经批准。采取前款第四项、第五项规定的措施，应当向设区的市级以上人民政府监督检查部门主要负责人书面报告，并经批准。监督检查部门调查涉嫌不正当竞争行为应当遵守《中华人民共和国行政强制法》和其他有关法律、行政法规的规定，并应当将查处结果及时向社会公开。

点滴积累 ∨ ....

1. 不正当竞争行为是指经营者在生产经营活动中，违反《反不正当竞争法》的规定，扰乱市场竞争秩序，损害其他经营者或者消费者的合法权益的行为。

2. 典型的不正当竞争行为主要有混淆行为、商业贿赂行为、虚假宣传行为、侵犯商业秘密行为、不正当有奖销售行为、诋毁竞争对手行为、利用互联网技术干扰和误导用户的行为等8种。

3. 我国对不正当竞争行为进行监督检查的部门主要是县级以上人民政府履行市场监督管理职责的部门。

第二节　反垄断法

反垄断法在现代市场经济中具有十分重要的地位，素有"经济宪法"之称。其中对滥用市场支配地位的行为、经营者集中的行为和滥用行政权力排除、限制竞争的行为进行了禁止。

一、反垄断法概述

（一）反垄断法的概念

反垄断法是现代经济法的重要组成部分，是

▶ **课堂活动**

请列举现实生活中的垄断行为或垄断事例。

旨在规制市场中一系列独占市场、限制竞争、破坏市场竞争机制、损害社会公平利益行为的法律。世界上最早的反垄断立法是美国1890年颁布的《抵制非法限制与垄断保护贸易及商业法》（简称《谢尔曼法》）。

（二）我国《反垄断法》的立法目的

《中华人民共和国反垄断法》于2007年8月30日第十届全国人民代表大会常务委员会第二十九次会议通过，自2008年8月1日起施行。其立法目的是：预防和制止垄断行为；保护市场公平竞争,提高经济运行效率;维护消费者利益;维护社会公共利益,促进社会主义市场经济健康发展。

（三）反垄断法与反不正当竞争法的关系

反垄断法与反不正当竞争法同属于市场竞争规制的法律范畴,都以市场竞争关系与市场竞争管理关系为调整对象。保护市场竞争机制是二者共同的努力。但是,反垄断法与反不正当竞争法又存在很大的差异。

（四）我国《反垄断法》的适用范围及规制对象

根据我国《反垄断法》第2条、第8条的规定,我国《反垄断法》主要适用于两类垄断行为。一是经营者的经济性垄断行为;二是行政机关滥用行政权力,排除、限制竞争的行政性垄断行为。反垄断法所规制的经济性垄断行为,不仅包括经营者在我国境内经济活动中从事的垄断行为,也包括在中国境外发生的,对国内市场竞争产生排除、限制影响的垄断行为。

（五）反垄断法的适用除外

我国《反垄断法》规定了两种适用除外的类型:

1. 经营者依照有关知识产权的法律、行政法规规定行使知识产权的行为,不适用反垄断法。

2. 农业生产者及农村经济组织在农产品生产、加工、销售、运输、储存等经营活动中实施的联合或者协同行为不适用反垄断法。

二、禁止的垄断行为

法律上的垄断,是指违反法律或社会公共利益,通过合谋性协议、安排或协同性行为,或者通过滥用经济优势地位,排斥或控制其他正当的经济活动,在一定的生产领域或流通领域内实质上限制竞争的经济行为。

我国所禁止的垄断行为有垄断协议、滥用市场支配地位、经营者集中、行政性垄断。

（一）垄断协议

1. 垄断协议　垄断协议是指排除、限制竞争的协议、决定或者其他协同行为。

2. 垄断协议的类型　根据参与协议的主体,我国《反垄断法》将垄断协议分为横向垄断协议与纵向垄断协议,并分别作了规范。其中,横向垄断协议是指具有竞争关系的经营者之间达成的协议;纵向垄断协议是指经营者与交易相对人之间达成的协议。

（1）横向垄断协议的表现形式:①固定或者变更商品价格;②限制商品的生产数量或者销售数量;③分割销售市场或者原材料采购市场;④限制购买新技术、新设备或者限制开发新技术、新产品;⑤联合抵制交易,又称集体拒绝交易;⑥国务院反垄断执法机构认定的其他垄断协议。

（2）纵向垄断协议的表现形式:①固定向第三人转售商品的价格;②限定向第三人转售商品的最低价格;③国务院反垄断执法机构认定的其他垄断协议。

（3）垄断协议的界定:经营者之间的协议、决议或者其他协同行为,是否构成反垄断法所禁止的垄断协议,应当以该协议是否排除、限制竞争为标准。

（4）垄断协议的豁免:垄断协议的豁免,是指经营者之间的协议、决议或者其他协同行为,虽然排除、限制了竞争,构成了垄断协议,但该类协议在其他方面所带来的好处要大于其对于竞争秩序的损害。

根据《反垄断法》第 15 条的规定,以下垄断协议予以豁免:①经营者为改进技术、研究开发新产品的;②为提高产品质量、降低成本、增进效率,统一产品规格、标准或者实行专业化分工的;③为提高中小经营者经营效率、增强中小经营者竞争力的;④为实现节约能源、保护环境、救灾救助等社会公共利益的;⑤因经济不景气,为缓解销售量严重下降或者生产明显过剩的;⑥为保障对外贸易和对外经济合作中的正当利益的;⑦法律和国务院规定的其他情形。

(5)垄断协议的申报与批准:垄断协议的申报是对属于法律规定的可以豁免的垄断协议,向反垄断主管机构进行报告,请求批准的制度。我国《反垄断法》对垄断协议的豁免未规定申报制度,完全由经营者自行判断其协议是否符合法律规定的豁免条件。

案例分析

案例:2016 年 1 月,国内五家医药公司对一种名叫"别嘌醇片"的药物销售共同制定了一份垄断协议,协议内容包括:一是协商统一上涨别嘌醇片价格;二是分割销售市场。此垄断协议大大推动了别嘌醇片的价格上涨,严重损害了消费者的利益。

问题:上述行为属于哪种垄断行为?

分析:此种行为属于横向垄断协议。

(二)滥用市场支配地位

1. 滥用市场支配地位的概念 滥用市场支配地位是指居于支配地位的企业为维持或者增强其市场支配地位而实施的反竞争行为。

判断经营者的市场行为是否构成垄断,其关键在于对"相关市场"的界定。根据我国《反垄断法》的规定,相关市场是指经营者在一定时期内就特定商品或服务进行竞争的商品范围和地域。对相关市场的界定,需要考虑它的商品、地域和时间三个因素。

2. 滥用市场支配地位的表现形式

(1)以不公平的高价销售商品或者以不公平的低价购买商品:是指具有支配地位的经营者违背平等互利原则,凭借其强势在交易活动中以不公平的价格销售或购买商品,损害交易对方利益的行为。

(2)掠夺性定价行为:是指处于市场支配地位的企业以排挤竞争对手为目的,持续地以低于成本的价格销售商品。

(3)拒绝交易行为:指无正当理由,拒绝与交易相对人进行交易。

(4)独家交易行为:是指处于市场支配地位的企业采取利诱、胁迫或其他不正当的方法,迫使其交易相对人违背自己的意愿只能与其进行交易或者只能与其指定的经营者进行交易。

(5)搭售和附加不合理交易条件:指在商品交易过程中,拥有某种经济优势的一方利用自己的优势地位,在提供商品或服务时,强行搭配销售购买方不要或不愿意要的另一种商品或服务或者附加其他不合理条件的行为。

（6）歧视待遇行为:指处于市场支配地位的企业没有正当理由,对条件相同的交易对象,提供不同的交易条件,致使有的交易对方处于不利的竞争地位。歧视待遇行为限制了交易对象之间的竞争。

（7）国务院反垄断执法机构认定的其他滥用市场支配地位的行为。

案例分析

　　案例:某两家医药企业是生产治疗高血压药物的主要原料药复方利血平的主要企业,因全国需求量较大,这两家企业占市场份额的90%,故二者商议共同抬高原料药的价格,迫使很多医药企业停止生产高血压药物,导致治疗高血压药物供应短缺,药价飙升。

　　问题:上述行为属于哪种垄断行为?

　　分析:此种行为属于滥用市场支配地位的行为。

---

3. 经营者具有市场支配地位的认定　　经营者具有市场支配地位是其实施滥用市场优势垄断行为的基本条件。根据我国《反垄断法》的规定,认定经营者是否具有市场支配地位,应当依据以下因素:

（1）该经营者在相关市场的市场份额,以及相关市场的竞争状况。

（2）该经营者控制销售市场或者原材料采购市场的能力。

（3）该经营者的财力和技术条件。

（4）其他经营者对该经营者在交易上的依赖程度。

（5）其他经营者进入相关市场的难易程度。

（6）与认定该经营者市场支配地位有关的其他因素。

（三）经营者集中

1. 经营者集中的概念　　经营者集中,又称企业合并、企业集中,是指两个或两个以上相互独立的企业合并为一个企业,或者企业之间通过取得股权或资产或通过合同等方式,使一个企业能够直接或间接控制另一个企业。

2. 经营者集中的形式

（1）经营者合并:是指两个或两个以上的企业通过订立合并协议,根据相关法律合并为一家企业的法律行为。经营者合并其实就是公司法意义上的企业合并。从经营者合并对市场的影响来分类,经营者合并又可以分为横向合并、纵向合并及混合合并。

（2）经营者通过取得股权或资产的方式取得对其他经营者的控制权。

（3）经营者通过合同等方式取得对其他经营者的控制权或者能够对其他经营者施加决定性影响。

此外,企业还可以通过董事互任或干部兼任等形式,实现一企业对其他企业的人事控制,从而对该受控企业产生具有决定性作用的影响,在实际上达到经营者合并的效果,最终限制竞争。

3. 经营者集中的申报与审查

(1) 经营者集中申报制度及其申报豁免:经营者集中的申报制度有两种情况:一种是集中前的申报,另一种是集中后的申报。我国实行的是集中前的申报制度。我国《反垄断法》规定,经营者集中达到国务院规定的申报标准的,经营者应当事先向国务院反垄断执法机构申报,未申报的不得实施集中。

同时,在以下两种情况下,经营者集中即使达到申报标准,也可以不向国务院反垄断执法机构申报:①参与集中的一个经营者拥有其他每个经营者50%以上有表决权的股份或者资产的;②参与集中的每个经营者50%以上有表决权的股份或者资产被同一个未参与集中的经营者拥有的。

(2) 经营者集中申报需提交的文件:经营者向国务院反垄断执法机构申报集中,应当提交的文件、资料包括:①申报书;②集中对相关市场竞争状况影响的说明;③集中协议;④参与集中的经营者经会计师事务所审计的上一会计年度财务会计报告;⑤国务院反垄断执法机构规定的其他文件、资料。

4. 国务院反垄断执法机构对经营者集中的审查程序

(1) 初步审查:国务院反垄断执法机构应当自收到经营者提交的符合反垄断法规定的文件、资料之日起30日内,对申报的经营者集中进行初步审查,作出是否实施进一步审查的决定,并书面通知经营者。

(2) 进一步审查:国务院反垄断执法机构决定实施进一步审查的,应当自决定之日起90日内审查完毕,作出是否禁止经营者集中的决定,并书面通知经营者。有下列情形之一的,国务院反垄断执法机构经书面通知经营者,可以延长前款规定的审查期限,但最长不得超过60日:①经营者同意延长审查期限的;②经营者提交的文件、资料不准确,需要进一步核实的;③经营者申报后有关情况发生重大变化的。

5. 经营者集中的审查标准　目前国际上有关经营者集中审查的实质性标准主要有两种:一种是"实质性减少竞争标准";另一种是"支配地位标准"。

我国《反垄断法》在总结实践经验的基础上,参考国际上的通行做法,明确规定审查经营者集中应当考虑下列因素:

(1) 参与集中的经营者在相关市场的市场份额及其对市场的控制力;

(2) 相关市场的市场集中度;

(3) 经营者集中对市场进入、技术进步的影响;

(4) 经营者集中对消费者和其他有关经营者的影响;

(5) 经营者集中对国民经济发展的影响;

(6) 国务院反垄断执法机构认为应当考虑的影响市场竞争的其他因素。

6. 不予禁止的经营者集中　我国《反垄断法》第28条列举了对经营者集中不予禁止的两种情形。一种是集中对竞争产生的有利影响明显大于不利影响;另一种是集中符合社会公共利益。

7. 经营者集中的国家安全审查　对外资并购境内企业或者以其他方式参与经营者集中,涉及国家安全的,除依照《反垄断法》的规定进行经营者集中审查外,还应当按照国家有关规定进行国家安全审查。我国已经初步建立并正在进一步完善对外资并购的国家安全审查制度。

（四）行政性垄断

1. 行政性垄断的概念　行政性垄断是指行政机关或法律、法规授权的具有管理公共事务职能的组织滥用行政权力限制竞争的行为。

行政性垄断具有如下特征:①行政性垄断是地方政府或中央政府的行业主管部门利用行政权力形成的;②行政垄断的目的是保护地方经济利益或部门经济利益;③行政垄断的形式主要是指定交易和限制资源自由流通;④行政性垄断的后果是导致统一市场的人为分割及市场壁垒。

2. 我国行政性垄断的主要表现

（1）滥用行政权力,实施下列行为,妨碍商品在地区之间的自由流通:对外地商品设定歧视性收费项目、实行歧视性收费标准,或者规定歧视性价格;对外地商品规定与本地同类商品不同的技术要求、检验标准,或者对外地商品采取重复检验、重复认证等歧视性技术措施,限制外地商品进入本地市场;采取专门针对外地商品的行政许可,限制外地商品进入本地市场;设置关卡或者采取其他手段,阻碍外地商品进入或者本地商品运出;妨碍商品在地区之间自由流通的其他行为。

（2）滥用行政权力,以设定歧视性资质要求、评审标准或者不依法发布信息等方式,排斥或者限制外地经营者参加本地的招标投标活动。

（3）滥用行政权力,采取与本地经营者不平等待遇等方式,排斥或者限制外地经营者在本地投资或者设立分支机构。

（4）行政机关、法律法规授权的具有管理公共事务职能的组织滥用行政权力,限定或者变相限定单位或者个人经营、购买、使用其指定的经营者提供的商品。

（5）行政机关和法律、法规授权的具有管理公共事务职能的组织滥用行政权力,强制经营者从事反垄断法规定的垄断行为。

（6）行政机关滥用行政权力,制定含有排除、限制竞争内容的规定。

三、反垄断执法机构

（一）反垄断主管机构

国务院反垄断委员会是反垄断主管机构,负责组织、协调、指导反垄断执法工作。根据《反垄断法》的规定,国务院反垄断委员会履行下列职责:研究拟订有关竞争政策;组织调查、评估市场总体竞争状况,发布评估报告;制定、发布反垄断指南;协调反垄断行政执法工作;国务院规定的其他职责。

（二）反垄断执法机构对涉嫌垄断行为的调查

1. 反垄断执法机构调查涉嫌垄断行为时可享有的职权

（1）有权进入被调查的经营者的营业场所或者其他有关场所进行检查;

（2）有权询问被调查的经营者、利害关系人或者其他有关单位或者个人,要求其说明有关情况;

（3）有权查阅、复制被调查的经营者、利害关系人或者其他有关单位或者个人的有关单证、协

议、会计账簿、业务函电、电子数据等文件、资料;

(4) 有权查封、扣押相关证据;

(5) 有权查询经营者的银行账户。

2. 反垄断执法机构调查涉嫌垄断行为时应承担的义务

(1) 遵守法定调查程序的义务。

(2) 保守被调查人的商业秘密。

3. 反垄断调查中被调查对象的权利与义务 根据《反垄断法》的相关规定,被调查的经营者、利害关系人有权陈述意见。同时,被调查的经营者、利害关系人或者其他有关单位或者个人应当配合反垄断执法机构依法履行职责,不得拒绝、阻碍反垄断执法机构的调查。

4. 反垄断调查的中止 对反垄断执法机构调查的涉嫌垄断行为,被调查的经营者承诺在反垄断执法机构认可的期限内采取具体措施消除该行为后果的,反垄断执法机构可以决定中止调查。中止调查的决定应当载明被调查的经营者承诺的具体内容。

点滴积累 ∨

1. 我国所禁止的垄断行为主要包括垄断协议、市场支配地位的滥用、经营者集中、行政性垄断四种。

2. 垄断协议是指排除、限制竞争的协议、决定或者其他协同行为。

3. 滥用市场支配地位是指居于支配地位的企业为维持或者增强其市场支配地位而实施的反竞争行为。

4. 经营者集中,是指两个或两个以上相互独立的企业合并为一个企业,或者企业之间通过取得股权或资产或通过合同等方式,使一个企业能够直接或间接控制另一个企业。

5. 行政性垄断是指行政机关或法律、法规授权的具有管理公共事务职能的组织滥用行政权力限制竞争的行为。

第三节 产品质量法

一、产品质量法概述

(一) 产品质量法的概念和调整对象

1. 产品质量法的概念 产品质量法是调整产品生产、流通和消费过程中因质量问题所发生的经济关系的法律规范的总称。

我国调整产品质量关系的基本法律规范,主要是 1993 年 2 月 22 日由第七届全国人民代表大会常务委员会第三十次会议通过,并于 1993 年 9 月 1 日起施行的《中华人民共和国产品质量法》(以下简称《产品质量法》)。为了适应市场经济的新情况、新变化,2000 年 7 月 8 日第九届全国人民代表大会常务委员会第十六次会议通过了《关于修改<中华人民共和国产品质量法>的决定》,对《产品质量法》进行了修订。

我国调整产品质量关系的法律法规除《产品质量法》外,还包括产品质量基本法的配套法规,如《中华人民共和国产品质量认证管理条例》及其实施办法,以及其他法律、法规中有关产品质量的规定,如《中华人民共和国标准化法》中有关质量标准的规定等。

2. 产品质量法的调整对象　产品质量法的调整对象主要包括两个方面:一是产品质量监督管理关系,即国家对企业的产品质量进行监督管理过程中所产生的经济关系;二是产品质量责任关系,即产品的生产者、销售者与产品的用户和消费者之间因产品质量而产生的经济关系。

(二) 产品质量法的适用范围

我国《产品质量法》的适用范围是:

1. 适用的区域为中华人民共和国境内。

2. 适用的法律关系主体为生产者、销售者、用户和消费者以及监督管理机构。

3. 适用的产品是经过加工、制作,用于销售的产品　未经加工天然形成的产品(如原矿、原煤、石油、天然气等)、初级农产品(如农、林、牧、渔等产品,)及虽经加工、制作,但不用于销售的产品,均不适用《产品质量法》。另外,建设工程和军工产品由于其特殊性,也不适用《产品质量法》,但是建设工程使用的建筑材料以及军工企业生产的民用产品适用产品质量法调整。

二、产品质量的监督与管理

(一) 产品质量监督管理体制

产品质量监督管理体制是指由产品质量法确认的产品质量管理的主体、职权、方法和措施的总称。

依据《产品质量法》的规定,我国确立了统一管理、分工负责的产品质量管理体制,即:

1. 国家市场监督管理总局　是国务院产品质量监督工作的职能部门,主管全国产品质量监督管理工作。其主要职责是:对产品质量进行宏观的管理和指导;统一制定有关产品质量管理的方针政策;草拟或者发布有关产品质量的法规和规章;推广现代化的质量管理方法;负责国家质量奖的评审和管理工作;负责国优产品的评审和评优管理工作;负责生产许可证的管理工作等。

2. 县级以上地方人民政府设置的市场监督管理局负责本行政区域内的产品质量监督管理工作。其主要职责是按照国家法律、法规规定的职责和省级人民政府赋予的职权,负责本行政区域内的产品质量监督管理工作。

3. 国务院和县级以上地方人民政府有关部门,如卫生、商检等机构,在各自的职责范围内负责产品质量的监督管理工作。

(二) 产品质量监督管理制度

1. 企业质量体系认证制度　企业质量体系认证是指质量认证机构根据国际通用的质量管理和质量保证系列标准,对企业的质量体系进行审核、评定,对符合标准的企业颁发质量体系认证证书,以证明企业质量体系符合相应要求的活动。

在我国,不论何种所有制形式的企业,不论内资、外资企业,都有权申请认证。国务院产品质量监督部门对质量体系认证制度实施统一管理,依法认可的认证机构负责具体实施。企业质量体系认证制度采用的认证标准,是国际通用的质量管理标准,即国际标准化组织(ISO)推荐世界各国采用的 ISO9000"质量管理和质量保证"系列国际标准。

企业质量体系认证实行自愿原则,企业可以向国家认可的认证机构申请企业质量体系认证,经认证合格的,由认证机构向企业颁发《企业质量体系认证证书》。但是,不能将企业质量体系认证与产品质量认证等同起来,获得《企业质量体系认证证书》而未进行产品质量认证的企业,其产品上不得使用产品质量认证标志。

2. 产品质量体系认证制度　产品质量体系认证制度是指根据产品标准和相应的技术要求,由认证机构对产品质量进行检验、确认,通过颁发产品质量体系认证证书和认证标志的方式,来证明某种产品符合相应标准和技术要求的制度。

产品质量认证的对象是实物产品,不包括劳务等非实物产品。认证的内容分为安全认证和合格认证。认证的标准是相应的产品标准及其技术要求。

企业根据自愿原则,可以向国家认可的认证机构申请产品质量认证,经认证合格的,由认证机构颁发产品质量认证证书,企业可以在产品或者其包装上使用产品质量认证标志。目前,经国家技术监督局批准使用的产品质量认证标志有三种:用于获准认证的电工产品的长城标志;用于获准认证的电子元器件产品的 PRC 标志;用于获准认证的其他产品的方圆标志。

知识链接

产品质量认证与质量体系认证的联系与区别

1. 产品质量认证与质量体系认证的联系　①两种认证类型都有具体的认证对象;②产品质量认证与质量体系认证都是以特定的标准作为认证的基础;③两种认证类型都是第三方所从事的活动。

2. 产品质量认证与质量体系认证的区别　①认证对象不同。产品质量认证的对象是批量生产的定型产品,质量体系认证的对象是企业的质量体系;②证明的方式不同。产品质量的认证的证明方式是产品认证证书及产品认证标志,证书和标志证明产品质量符合产品标准,质量体系认证的证明方式是质量体系认证证书和体系认证标记,证书和标记只证明该企业的质量体系符合某一质量保证标准,不证明该企业生产的任何产品符合产品标准;③证明的使用不同。产品质量认证证书不能用于产品,标志可用于获准认证的产品上,质量体系认证证书和标记都不能在产品上使用;④实施质量体系审核的依据不同。产品质量认证一般按 GB／T 19002-ISO 9002 检查体系;质量体系认证依据审核企业要求,可能是 GB／T 19001-ISO 9001、GB／T 19002-ISO 9002、GB／T 19003-ISO 9003 其中之一;⑤申请企业类型不同。要求申请产品质量认证的企业是生产特定的产品型企业,申请质量体系认证的企业可以是生产、安装型企业,可以是设计、开发、制造、安装服务型企业,也可以是出厂检查和检验型企业。

---

3. 产品质量检验制度　产品质量检验是指按照特定的标准,对产品质量进行检验,以判明产品是否合格的活动。这里的"标准",可以是国家标准、行业标准、地方标准或者企业标准,但有强制性标准的产品,如食品、药品等,必须按照强制性标准进行检验。国家鼓励企业采用国际标准和国外先进标准。

只有经过检验质量合格的产品,才能进入市场流通领域,国家禁止企业以不合格产品冒充合格产品。

《产品质量法》对产品质量检验机构也作了规定。产品质量检验机构,指县级以上人民政府产品质量监督管理部门依法设置和依法授权的,为社会提供公证检验数据和检验结论的机构。产品质量检验机构必须依法按照有关标准,客观、公正地出具检验结果。

4. 产品质量监督检查制度　产品质量监督检查制度是指国务院产品质量监督管理部门和地方各级人民政府产品质量监督管理部门以及法律规定的其他部门,依法对流通领域的产品质量实施监督的一种强制性监督检查制度。

国家对产品质量实行以抽查为主要方式的监督检查制度。抽查的对象主要是:①可能危及人体健康和人身、财产安全的产品;②影响国计民生的重要工业产品;③消费者、有关组织反映有质量问题的产品。

国家对产品质量的监督检查除抽查方式外,还包括产品质量统一检查、产品质量定期监督检查等方式。

5. 产品质量标准化管理制度　标准化管理制度,是关于产品质量标准的制定、实施、监督、检查等各项制度的总称。它是产品质量管理的依据和基础,是实现产品质量管理专业化、社会化和现代化的前提,也是促进产品质量提高的基本保障。我国《产品质量法》规定,对可能危及人体健康和人身、财产安全的工业产品,必须符合保障人体健康和人身、财产安全的国家标准、行业标准;未制定国家标准、行业标准的,必须符合保障人体健康和人身、财产安全的要求。禁止生产、销售不符合保障人体健康和人身、财产安全标准和要求的工业产品。

6. 产品质量的社会监督制度　产品质量的社会监督,是指消费者、消费者协会和其他消费者组织以及新闻媒介等社会舆论单位对产品质量实施的监督。按照我国《消费者权益保护法》和《产品质量法》的规定,消费者有权就产品质量问题向生产者、销售者询问,有权就产品质量问题向市场监督管理部门及有关部门申诉,接受申诉的部门应当负责处理。保护消费者权益的社会组织,有权就消费者反映的产品质量问题建议有关部门负责处理,支持消费者对因产品质量造成的损害向人民法院起诉。报刊、电台、电视台等社会舆论单位对产品质量的监督虽不具有法律效力,但其具有传播速度快、影响面广的特点,可以对生产者、销售者起到有效监督作用。

三、生产者、销售者的产品质量责任和义务

(一) 生产者的产品质量责任和义务

为了维护用户、消费者的合法权益,根据《产品质量法》的规定,生产者在生产、经营过程中应履行下列责任和义务。

1. 保证产品质量的义务　《产品质量法》规定,产品质量必须符合下列要求:

(1) 不存在危及人身、财产安全的各种危险,有保障人体健康,人身、财产安全的国家标准、行业标准的,应当符合该标准。

(2) 具备产品应当具备的使用性能,但是,对产品存在使用性能的瑕疵作出说明的除外。瑕疵是指产品不具备良好的特性,不符合明示的产品标准,或不符合以产品说明等方式表明的质量状况

等。瑕疵与缺陷不同,它不存在危及人身、财产安全的不合理的危险,仅指一般性的质量问题。

(3) 符合在产品或者其包装上注明采用的产品标准,符合以产品说明、实物样品等方式表明的质量状况。

2. 全面恰当使用产品标识的义务　产品标识是指载附于产品或者其包装上,用于识别产品或其特征、特性所做的各种表示的统称。产品标识是消费者了解和正确使用产品的向导,起着指导消费的作用。产品标识可以用文字、符号、标志、标记、数字、图案等表示。我国《产品质量法》规定,产品或其包装上的标识必须真实,并符合下列要求:

(1) 有产品质量检验合格证明;

(2) 有中文标明的产品名称、生产厂名和厂址;

(3) 根据产品的特点和使用要求,需要标明产品规格、等级、所含主要成分的名称和含量的,用中文相应予以标明;需要事先让消费者知晓的,应当在外包装上标明,或者预先向消费者提供有关资料;

(4) 限期使用的产品,应当在显著位置清晰地标明生产日期和安全使用期或者失效日期;

(5) 使用不当,容易造成产品本身损坏或者可能危及人身、财产安全的产品,应当有警示标志或者中文警示说明。

裸装的食品和其他根据产品的特点难以附加标识的裸装产品,可以不附加产品标识。

3. 产品包装应符合规定的义务　产品包装与产品质量密切相关,一些特殊产品尤其如此。产品应当具有包装,并且产品的包装必须达到一定的要求,以保证产品在出厂运输、储存、销售过程中的安全,保证产品本身不受损害。《产品质量法》规定,易碎、易燃、易爆、有毒、有腐蚀性、有放射性等危险物品以及储运中不能倒置和其他有特殊要求的产品,其包装质量必须符合相应要求,依照国家有关规定作出警示标志或者中文警示说明,标明储运注意事项。

4. 生产者的其他义务

(1) 生产者不得生产国家明令淘汰的产品;

(2) 生产者不得伪造产地,不得伪造或冒用他人的厂名、厂址;

(3) 生产者不得伪造或冒用认证标志、名优标志等质量标志;

(4) 生产者生产产品,不得掺杂、掺假,不得以假充真,以次充好,不得以不合格产品冒充合格产品。

案例分析

案例:某个生产中药材厂商,为了谋取暴利,在生产"冬虫夏草"的过程中,造假手段不断翻新,除了以假虫草冒充真虫草,或者在真虫草中穿牙签穿铁丝增重等手段外,竟然根据冬虫夏草的形状先制成一定的模具,然后用淀粉、石膏粉调制入模制造假"冬虫夏草"在市场出售。把淀粉卖了黄金价,人们不禁惊呼。

问题:本案中,生产产商违反了《产品质量法》的哪些规定?

分析:《产品质量法》规定,生产者生产产品,不得掺杂、掺假,不得以假充真,以次充好,不得以不合格产品冒充合格产品。

（二）销售者的产品质量责任和义务

1. 进货检查验收制度　《产品质量法》规定："销售者应当建立并执行进货检查验收制度,验明产品合格证明和其他标识。"进货时的质量验收,是区分销售者和生产者责任的重要手段,也是防止不合格产品进入流通环节的有力措施。在进货时,销售者应当对产品标识、产品内在质量、产品感观等方面进行检验。

2. 保持销售的产品质量的义务　销售者在进货后至向顾客出售产品前一段时间内,应当根据产品的特点,采取必要的防雨、防晒、防霉变等措施,保持产品的质量。由于销售者的原因造成产品质量缺陷,其质量责任由销售者承担。

3. 产品标识的义务　销售者在销售产品时,应保证产品标识符合进货时检查验收的状态,不得对产品标识进行更改、覆盖、涂抹,以保证其真实性。销售者的其他标识义务,应当遵守《产品质量法》对生产者标识义务的规定。

4. 销售者的其他义务

（1）销售者不得销售国家明令淘汰并停止销售的产品和失效变质产品。

（2）销售者不得伪造产品产地,伪造或者冒用他人的厂名、厂址,伪造或者冒用认证标志等质量标志。

（3）销售者销售产品不得掺杂、掺假,以假充真,以次充好,以不合格产品冒充合格产品。

案例分析

案例:某制药公司因生产工艺落后,生产的药品质量一直不稳定,因而造成严重滞销。 为了促进销售,该制药公司将其药品包装上的厂名改为"上海某制药厂",到欣欣药店进行推销,欣欣药店在不知情的情况下为该制药公司销售药品。 2015 年 2 月,患者王某、高某到欣欣药店购买了贴有"上海某制药厂"字样的药品,回家服用后,出现了恶心、呕吐、腹泻等中毒现象。

问题:本案中,某制药公司的行为违反了《产品质量法》的哪些规定?

分析:《产品质量法》规定,生产者不得伪造产地,不得伪造或冒用他人的厂名、厂址。

四、违反产品质量法的法律责任

（一）民事责任

1. 产品侵权责任

（1）产品侵权责任的概念及构成要件:产品侵权责任是指由于产品存在缺陷,给受害人造成了人身、财产损害,而应由产品的生产者、销售者承担的民事法律后果。根据有关法律规定,构成产品侵权责任必须具备三个条件:

1）产品存在缺陷:这里所称的缺陷,是指产品存在危及人身、他人财产安全的不合理的危险;产品有保障人体健康和人身、财产安全的国家标准、行业标准的,是指不符合该标准。产品缺陷包括设计上的缺陷、制造上的缺陷和指示上的缺陷。

2）有损害事实发生：产品造成损害，是产品责任成立的事实依据。如果仅仅是产品存在缺陷，但未造成产品以外的人身及财产损害的，则不构成产品责任。

3）产品缺陷与损害事实之间有因果关系：即产品存在缺陷是造成人身、财产损害的直接的、内在的原因，而损害事实的发生确系产品缺陷所造成。如果只有损害事实发生，但不是产品缺陷所致，而是使用者违规操作或恶意促成，则该产品的提供者不应承担产品责任。

（2）产品侵权责任的免责条件：《产品质量法》规定，生产者能够证明有下列情形之一的，可以免责，不承担赔偿责任：①未将产品投入流通的；②产品投入流通时，引起损害的缺陷尚不存在的；③将产品投入流通时的科学技术水平尚不能发现缺陷的存在的。

除此以外，在司法实践中有下列情况者，生产者或者销售者也不负产品质量责任：①损害是由于消费者擅自改变产品性能、用途或者没有按照产品的使用说明适当使用造成的；②产品造成损害，是由于受害人自身特殊敏感所致；③损害是由于受害人故意促成的；④损害是由于使用者常识性的错误造成的；⑤产品已过有效期限，而消费者仍继续使用的；⑥超过诉讼和赔偿请求时效。

案例分析

案例：某运动器材制造厂新研制生产出一批健身棒，但在出厂检验时，发现该批健身棒因原材料质量不过关而存在严重缺陷，使用中可能会发生危及人身安全的事故，于是将该批产品全部作为废品放置本厂的废料库中等待处理。杨某是该厂的临时工，他借工作之便，私自从废料库中拿走健身棒，并送给自己的亲朋好友。后来，杨某的朋友卫某在用杨某送的健身棒作健身运动时，健身棒突然断裂，致使卫某肌肉严重拉伤，住院治疗花去医药费 1200 元，卫某要求运动器材制造厂予以赔偿。

问题：卫某是否可依《产品质量法》请求赔偿？为什么？

分析：不能。《产品质量法》规定，生产者未将产品投入流通的，可以免责，不承担赔偿责任。

（3）产品侵权责任的承担：产品侵权责任的承担方式主要是赔偿损失。赔偿范围包括人身伤亡和财产损失两类。《产品质量法》规定，因产品存在缺陷造成受害人人身伤害的，侵害人应当赔偿医疗费、因误工减少的收入、残疾者生活补助费等费用；造成受害人死亡的，应当支付丧葬费、抚恤费、死者生前抚养的人必要的生活费等费用。造成受害人财产损失的，侵害人应当予以恢复原状或者折价赔偿。受害人因此遭受其他重大损失的，侵害人应当赔偿损失。

因产品存在缺陷造成损害，要求赔偿的诉讼时效期间为 2 年，自当事人知道或者应当知道其权益受到损害时起计算。因产品存在缺陷造成损害要求赔偿的请求权，在造成损害的缺陷产品交付最初用户、消费者满 10 年丧失，但尚未超过明示的安全使用期的除外。

2. 产品瑕疵责任　产品瑕疵责任，是指生产者、销售者违反产品质量要求，提供的产品存在瑕疵，使得使用者无法使用或者无法正常使用该产品，因而应承担的民事责任。

（1）产品瑕疵责任的条件：《产品质量法》规定，售出的产品有下列情形之一的，销售者应承担产品瑕疵责任：①不具备产品应当具备的使用性能而事先未作说明的；②不符合产品或其包装上注明采用的产品标准的；③不符合以产品说明、实物样品等方式表明的质量状况的。

（2）产品瑕疵责任的承担：销售者提供的产品质量存在瑕疵，应当负责修理、更换、退货；给购买产品的用户、消费者造成损失的，销售者应当赔偿损失。

需要说明的是，销售者承担责任后，属于生产者或者其他销售者责任的，销售者有权向生产者、供货者追偿。

知识链接

产品缺陷与产品瑕疵的区别

1. **构成要素不同** 产品瑕疵不含有危及人身、财产安全的不合理的危险；产品缺陷则含有危及人身、财产安全的不合理的危险。

2. **主观归责原则不同** 产品瑕疵主要使用过错责任原则；产品缺陷则实行过错责任和严格责任两种原则。

3. **赔偿顺序不同** 产品瑕疵的赔偿顺序有先后之分，赔偿责任先由销售者负责修理、更换、退货、赔偿损失；产品缺陷的赔偿责任无先后顺序，受害人既可以向产品的生产者要求赔偿，也可以向产品的销售者要求赔偿。

4. **适用责任不同** 产品瑕疵主要是适用违约责任；产品缺陷主要是适用侵权责任。

5. **诉讼时效不同** 产品瑕疵适用普通诉讼时效，即自当事人知道或者应当知道其权益受到损害时起，诉讼时效期间为 2 年，最长诉讼时效为 20 年；产品存在缺陷造成损害要求赔偿的诉讼时效期间为 2 年，自当事人知道或者应当知道其权益受到损害时起计算。

（二）行政责任

1. 生产者、销售者应负的行政责任 生产者、销售者有下列行为之一的，追究其行政责任，即责令其停止生产或销售、没收违法生产或销售的产品、罚款、没收违法所得、对情节严重者吊销营业执照。

（1）生产、销售不符合保障人体健康和人身、财产安全的国家标准、行业标准的产品的；

（2）在产品中掺杂、掺假，以假充真，以次充好，或者以不合格产品冒充合格产品的；

（3）生产国家明令淘汰的产品，销售国家明令淘汰并停止销售的产品的；

（4）销售失效、变质的产品的；

（5）伪造产品产地，仿造或者冒用他人厂名、厂址，仿造或者冒用认证标志的；

（6）产品标识不符合《产品质量法》规定的。

2. 国家行政机关及其工作人员的行政责任

（1）产品质量检验机构、认证机构、质量监督部门或者其他国家机关违反法律规定，追究其行政责任，即责令改正、罚款、没收违法所得、对情节严重者取消其检验资格、认证资格等。

（2）各级人民政府工作人员和其他国家机关工作人员违反法律规定,尚未构成犯罪的,依法给予行政处分。

（三）刑事责任

为了切实加强对产品质量的监督管理,维护用户、消费者的合法权益,严厉打击产品生产和销售过程中的违法犯罪行为,《产品质量法》对产品质量的刑事责任作出了具体规定,如销售无效、变质的产品,构成犯罪的,依法追究刑事责任;产品质量监督部门的工作人员滥用职权、玩忽职守、徇私舞弊,构成犯罪的,依法追究刑事责任等。

点滴积累 ∨ ···

1. 产品质量法中的产品主要是指经过加工制作、用于销售的产品。

2. 生产者在生产、经营过程中应履行的责任和义务　保证产品质量的义务；全面恰当使用产品标识的义务；产品包装应符合规定的义务及其他义务。

3. 销售者应履行的责任和义务　进货检查验收制度、保持销售的产品质量的义务、产品标识的义务及其他义务。

4. 产品责任是指生产者、销售者因为生产、销售缺陷产品致人损害时应当承担的赔偿责任。

第四节　消费者权益保护法

一、消费者权益保护法概述

（一）消费者权益保护法的基本概念

1. 消费者的概念　《中华人民共和国消费者权益保护法》(以下简称《消费者权益保护法》)第2条规定:"消费者为生活消费购买、使用商品或者接受服务,其权益受本法保护;本法未作规定的,受其他法律、法规保护。"第54条规定:"农民购买、使用直接用于农业生产的生产资料,参照本法执行。"

依据上述规定,《消费者权益保护法》所称的消费者是指为满足生活消费需要而购买、使用商品或接受服务的个人。消费者具有以下法律特征:

（1）消费者的主体是自然人;

（2）消费者的消费客体是商品和服务;

（3）消费者的消费方式包括购买、使用(商品)和接受(服务);

（4）消费者的消费性质属于生活消费:消费包括生活消费和生产消费,《消费者权益保护法》规定的消费者的消费特指生活消费,但有一个例外,即农民购买、使用直接用于农业生产的生产资料,如农药、化肥等,虽不属于生活消费的范围,也适用《消费者权益保护法》。

案例分析

案例：某幼儿园 2015 年 6 月 18 日收到某食品厂寄来的一张订货单。订货单说该厂新近开发研制出一种高营养儿童米粉，内含多种维生素，对幼儿身体成长有很大帮助。某幼儿园为孩子们的健康成长着想，向该食品厂购买了该米粉。食用后，幼儿园发现该米粉并无特殊之处，遂请有关技术部门进行鉴定。鉴定结果表明，该米粉根本不含订单上所述的维生素。幼儿园要求退货，并要求该食品厂赔偿损失。该食品厂以该幼儿园不是消费者为由，拒绝承担责任。

问题：幼儿园是消费者吗？

分析：幼儿园不是消费者。根据《消费者权益保护法》的规定，消费者只能是为满足生活消费需要而购买、使用商品或接受服务的个人。

2. 消费者权益的概念　消费者权益，是指消费者依法享有的权利以及该权利受到保护时给消费者带来的应得利益，其核心是消费者的权利。

3. 消费者权益保护法的概念　消费者权益保护法，是调整在保护消费者权益过程中发生的社会关系的法律规范的总称。

消费者权益保护法有广义和狭义之说，狭义的消费者权益保护法仅指 1993 年 10 月 31 日通过，自 1994 年 1 月 1 日起施行的《中华人民共和国消费者权益保护法》，2013 年 10 月 25 日十二届全国人大常委会通过了修改后的《消费者权益保护法》，并在 2014 年 3 月 15 日开始施行。广义的消费者权益保护法是指以《消费者权益保护法》为主体，其他相关法律法规，如《反不正当竞争法》《产品质量法》《商标法》《广告法》《食品卫生法》《药品管理法》《欺诈消费者行为处罚办法》等为补充的法律规范的总和。

（二）消费者权益保护法的基本原则

《消费者权益保护法》的基本原则包括以下几个方面：

▶ **课堂活动**

现在社会上出现的职业打假人，这种"知假打假"行为适用《消费者权益保护法》吗？

1. 自愿、平等、公平、诚实信用的原则　经营者与消费者进行交易，应在平等自愿的基础上进行，不可强买强卖，不可以大欺小，依强凌弱，应公平交易，要讲求诚实，守信用，遵守法律法规，遵守商业道德，以善意方式履行各自义务，追求"双赢"的交易结果。

2. 国家保护消费者的原则　在市场交易中，消费者与经营者虽然所处法律地位平等，但由于消费者受分散、无组织、专业知识有限、消费经验不足等因素的限制，使得消费者相对经营者而言，往往处于弱势地位，较易受到经营者不法行为的侵害，从而造成事实上的不平等。因此，国家应以其特有的权力对消费者和经营者之间的关系进行适度的干预，给消费者以特别的保护。

3. 全社会保护的原则　保护消费者合法权益是全社会的共同责任，国家鼓励、支持一切组织和个人对损害消费者合法权益的行为进行社会监督。只有调动全社会各方面的力量来关注消费者问题，维护消费者的合法权益，与各种损害消费者权益的违法犯罪行为作斗争，才能形成保护消费者利益的网络体系,才能使广大消费者的合法权益得到最充分、最有效的保护。

二、消费者的权利和经营者的义务

(一)消费者的权利

我国《消费者权益保护法》规定消费者享有 10 项权利。

1. 安全权　安全权是指消费者在购买、使用商品和接受服务时,享有人身、财产不受损害的权利。

安全权是消费者最基本和最重要的权利,它包括人身安全权和财产安全权两方面的内容。在消费过程中,消费者首先需要考虑的就是安全因素,如果安全发生问题,就有可能导致消费者的生命、健康、财产等受到侵害。因此,在消费商品或接受服务时,消费者有权要求经营者提供的商品和服务,符合保障人身、财产安全的要求。

2. 知悉真情权　知悉真情权又称为知情权、获取信息权,是指消费者享有知悉其购买、使用的商品或接受的服务的真实情况的权利。

知情权是消费者决定是否购买商品或接受服务的前提,也是达到公平交易、防止上当受骗和真正做到自主选择的保证。因此,消费者有权根据商品或服务的不同情况,要求经营者提供商品的

▶▶ **课堂活动**

现实生活中,当消费者在接受服务时,人身、财产安全受到侵害,经营者是否都应承担责任? 如在药店,患者在购买药品时财物被人偷窃,药店应负责任吗? 药店地滑,使顾客摔倒受伤,药店应负责任吗?

价格、产地、生产者、用途、性能、规格、等级、主要成分、生产日期、有效期限、检验合格证、使用方法说明书、售后服务,或者服务的内容、规格、费用等有关信息。

3. 自主选择权　自主选择权是指消费者根据自己的意愿独立自主地选择商品或服务的权利。

自主选择权包括以下基本内容:①自主选择提供商品或者服务的经营者;②自主选择商品品种或者服务方式;③自主决定购买或不购买任何一种商品,接受或不接受任何一项服务;④在自主选择商品或服务时,有权进行比较、鉴别和挑选。

4. 公平交易权　公平交易权是指消费者在购买商品或接受服务时得到公平交易条件的权利。

公平交易权包括以下两个方面的内容:①消费者在购买商品或接受服务时,有权获得质量保

▶▶ **课堂活动**

饭店向顾客收取"开瓶费""包间费"曾经在社会上引起很大争议,你认为这一行为合理合法吗?

障、价格合理、计量正确等公平交易条件;②消费者有权拒绝经营者的强制交易行为。

5. 获得赔偿权　获得赔偿权也称为求偿权,是指消费者因购买、使用商品或者接受服务而受到人身、财产损害时,依法享有获得赔偿的权利。

享有求偿权的主体包括:①商品的购买者;②商品的使用者;③服务的接受者;④受损害的第三人。求偿的内容包括人身损害赔偿和财产损害赔偿。人身损害赔偿又包括健康、生命损害赔偿和精神赔偿。

▶ **课堂活动**

　　李某为某医药企业采购部的经理。一天，李某被朋友请去吃饭，在觥筹交错间，不幸被"爆炸"的啤酒瓶碎片击中了左眼，导致左眼失明。治疗期间，李某共花去医疗费 50 000 余元，于是李某要求朋友和啤酒生产厂家承担医疗费。但朋友认为自己请客吃饭是一番好意，并且事先也不知啤酒瓶会爆炸，因此不应承担李某的治疗费用；而厂家则认为李某没有购买自己厂的产品，和厂方没有直接关系，也拒绝承担责任。他们的理由是否成立？为什么？

　　6. 依法结社权　依法结社权是指消费者享有依法成立维护自身合法权益的社会团体的权利。这是宪法赋予公民享有的结社权在消费领域的具体体现。

　　消费者的依法结社权，可使分散、弱小的消费者，通过社会团体的力量，与实力雄厚的经营者相抗衡。目前，我国从中央到地方都成立了消费者协会。实践证明，各级消费者协会在维护消费者权益，促进消费纠纷及时解决等方面都起到了积极的作用。

　　7. 获得知识权　获得知识权是指消费者享有获得有关消费知识和消费者权益保护方面的知识的权利。消费知识主要是指有关商品和服务的基本知识，消费者权益保护知识主要是指有关消费者权益保护的法律、法规和政策，以及保护机构和争议解决途径等方面的知识。

　　获得知识权是从知悉真情权中引申出来的一种消费者的权利，其目的是使消费者更好地掌握所需商品、服务的知识和使用技能，正确使用商品，提高自我保护意识。

　　8. 人格尊严权　维护尊严权是指消费者在购买、使用商品和接受服务时，享有其人格尊严、民族风俗习惯得到尊重的权利。

　　尊重他人的人格尊严和不同民族的风俗习惯，是一个国家和社会文明进步的重要标志，也是法律对人权保障的基本要求。任何经营者不得对消费者进行侮辱、诽谤、搜身、搜查随身携带物品等行为，不得侵犯消费者的人身自由。

　　9. 监督批评权　监督批评权是指消费者享有对商品和服务的质量、价格、计量、侵权行为等问题以及保护消费者权益工作进行监督、批评、检举、控告的权利。

　　10. 反悔权　反悔权是指消费者通过网络、电视、电话、邮购等方式购买的商品，自收到商品之日起 7 日内无条件退货的权利。但下列商品除外：①消费者定作的；②鲜活易腐的；③在线下载或者消费者拆封的音像制品、计算机软件等数字化商品；④交付的报纸、期刊。除上面所列商品外，其他根据商品性质并经消费者在购买时确认不宜退货的商品，不适用无理由退货。

　　（二）经营者的义务

　　为保护消费者的权益，《消费者权益保护法》规定了经营者应负有下列 13 项义务：

　　1. 履行法定及约定义务　经营者向消费者提供商品或者服务，应当依照《产品质量法》和其他有关法律、法规的规定履行义务。经营者和消费者有约定的（包括口头约定和书面约定），应当按照约定履行义务，但双方的约定不得违背法律、法规的规定。

▶ **课堂活动**

　　你在网上购买了一种药品，在 7 日内可以行使反悔权吗？

2. 接受监督的义务 经营者应当听取消费者对其提供的商品或者服务的意见,接受消费者的监督。经营者的这一义务是与消费者的监督批评权相对应的,经营者必须忠实履行。

3. 保障人身和财产安全的义务 这是与消费者的安全权相对应的经营者的义务。这一义务的内容包括:①经营者应当保证其提供的商品或者服务符合保障人身、财产安全的要求;②对可能危及人身、财产安全的商品和服务,经营者应当向消费者作出真实的说明和明确的警示,并说明和标明正确使用商品或者接受服务的方法以及防止危害发生的方法;③经营者发现其提供的商品或者服务存在严重缺陷,即使正确使用商品或接受服务仍然可能给人身、财产安全造成危害的,应当立即向有关行政部门报告和告知消费者,并采取防止危害发生的措施。

4. 提供商品和服务真实信息的义务 这是与消费者的知悉真情权相对应的经营者的义务。这一义务的内容包括:①经营者应当向消费者提供有关商品或者服务的真实信息,不得作引人误解的虚假宣传;②经营者对消费者接受就其提供的商品或者服务的质量和使用方法等问题提出的询问,应当作出真实、明确的答复;③商店提供的商品应当明码标价。

5. 标明真实名称和标记的义务 经营者在提供商品和服务时,应当标明其真实名称和标记。租赁他人柜台或者场地的经营者,也应当标明其真实名称和标记。这是便于防止经营者逃脱责任,切实保护消费者利益的重要规定。该义务也是与消费者的知悉真情权相对应。

6. 出具购货凭证或服务单据的义务 经营者提供商品或者服务,应当按照国家有关规定或者商业惯例向消费者出具购货凭证或服务单据;消费者索要购货凭证或服务单据的,经营者必须出具。购货凭证或服务单据是一种重要的证明,它可为日后可能发生的消费争议的处理提供依据。

7. 保证商品或者服务质量的义务 经营者应当保证在正常使用商品或者接受服务的情况下,其提供的商品或者服务应当具有的质量、性能、用途和有效期限,但消费者在购买该商品或者接受该服务前已经知道其存在瑕疵的除外。

经营者以广告、产品说明、实物样品或者其他方式表明商品或者服务的质量状况的,应当保证其提供的商品或者服务的实际质量与标明的质量状况相符。

8. 履行"三包"或其他责任的义务 经营者提供商品或者服务,按照国家规定或者与消费者的约定,承担"三包"或者其他责任的,应当按照国家规定或者约定履行,不得故意拖延或者无理拒绝。"三包"指包修、包换、包退;"其他责任"指停止侵害、恢复原状、赔礼道歉、赔偿损失等责任。

9. 不得以格式合同等方式排除或限制消费者权利的义务 为保障消费者公平交易的实现,经营者不得以格式合同、通知、声明、店堂告示等方式作出对消费者不公平、不合理的规定,或者减轻、免除其损害消费者合法权益应当承担的民事责任。格式合同、通知、声明、店堂告示等有上述所列内容的,其内容无效。

所谓格式合同,是指经营者事先单方制定的,对于经营者和消费者的权利和义务作出完整规定的合同。

10. 不得侵犯消费者人格权的义务 人身自由和人格尊严不受侵犯是公民的一项基本人权。

▶▶ **课堂活动**

谈谈你对消费领域中"霸王条款"和格式合同的看法。试举出一条"霸王条款"予以点评。

经营者不得对消费者进行侮辱、诽谤,不得搜查消费者的身体及其携带的物品,不得侵犯消费者的人身自由。这是与消费者维护尊严权相对应的经营者的义务。

11. 保护个人信息的义务　经营者收集、使用消费者个人信息,应当遵循合法、正当、必要的原则,明示收集、使用信息的目的、方式和范围,并经消费者同意。经营者收集、使用消费者个人信息,应当公开其收集、使用规则,不得违反法律、法规的规定和双方的约定收集、使用信息。经营者及其工作人员对收集的消费者个人信息必须严格保密,不得泄露、出售或者非法向他人提供。

案例分析

案例:某医药公司为了拓宽业务范围,通过微信扫码实施会员注册与登记,大力推出会员注册送礼品活动,许多消费者纷纷注册自己的个人信息。后来,公司内部人员以低廉的价格出售给其他公司及个人,消费者注册以后经常会收到诈骗短信与业务推广广告,甚至有的消费者上当受骗。

问题:该医药公司违反了《消费者权益保护法》中哪项义务?

分析:该医药公司违反了保护个人信息的义务。

---

12. 召回缺陷产品的义务　经营者发现其提供的商品或者服务存在缺陷,有危及人身、财产安全危险的,应当立即向有关行政部门报告和告知消费者,并采取停止销售、警示、召回、无害化处理、销毁、停止生产或者服务等措施。采取召回措施的,经营者应当承担消费者因商品被召回支出的必要费用。

13. 承担举证责任的义务　经营者应当保证在正常使用商品或者接受服务的情况下其提供的商品或者服务应当具有的质量、性能、用途和有效期限;但消费者在购买该商品或者接受该服务前已经知道其存在瑕疵,且存在该瑕疵不违反法律强制性规定的除外。经营者以广告、产品说明、实物样品或者其他方式表明商品或者服务的质量状况的,应当保证其提供的商品或者服务的实际质量与表明的质量状况相符。经营者提供的机动车、计算机、电视机、电冰箱、空调器、洗衣机等耐用商品或者装饰装修等服务,消费者自接受商品或者服务之日起 6 个月内发现瑕疵,发生争议的,由经营者承担有关瑕疵的举证责任。

三、消费者权益的保护

(一) 国家对消费者权益的保护

国家对消费者权益的保护主要体现在以下三个方面:

1. 立法保护　《消费者权益保护法》是维护消费者权益的基本法律。此外,国家制定关于消费者权益的法律、法规和政策时,应当主动地、有意识地通过多种形式广泛听取消费者的意见和要求。

2. 行政保护　各级人民政府应当加强领导,组织、协调、督促有关行政部门做好消费者合法权益的保护措施。各级人民政府应当加强监督,预防危害消费者人身、财产安全行为的发生,及时制止危害消费者人身、财产安全的行为。

各级人民政府市场监督管理部门和其他行政部门应当依照法律、法规的规定,在各自的职责范围内,采取措施,保护消费者的合法权益。有关行政部门应当听取消费者及其社会团体对经营者交易行为、商品和服务质量问题的意见,及时调查处理。

3. 司法保护　首先,有关国家机关应当依照法律、法规的规定,惩处经营者在提供商品和服务中侵害消费者合法权益的违法犯罪行为。其次,人民法院应当采取措施,方便消费者诉讼,对符合起诉条件的消费争议,必须受理,并及时审理。

（二）消费者组织对消费者权益的保护

消费者协会和其他消费者组织是依法成立的对商品和服务进行社会监督的保护消费者合法权益的社会团体。根据《消费者权益保护法》的规定,消费者协会履行下列职能:

1. 向消费者提供消费信息和咨询服务;

2. 参与有关行政部门对商品和服务的监督、检查;

3. 就有关消费者合法权益问题,向有关行政部门反映、查询,提出建议;

4. 受理消费者的投诉,并对投诉事项进行调查、调解;

5. 投诉事项涉及商品和服务质量问题的,可以提请鉴定部门鉴定,鉴定部门应当告知鉴定结论;

6. 就损害消费者合法权益的行为,支持受损害的消费者提起诉讼或依照本法提起诉讼;

7. 对损害消费者合法权益的行为,通过大众传播媒体予以揭露、批评。

消费者组织不得从事商品经营和营利性服务,不得以营利为目的向社会推荐商品和服务。

（三）社会监督和舆论监督

保护消费者合法权益是全社会的共同责任。国家鼓励、支持一切组织和个人对损害消费者合法权益的行为进行社会监督。广播、电视、报刊等大众传播媒介,应当做好维护消费者合法权益的宣传,对损害消费者合法权益的行为进行舆论监督。

四、消费争议的解决和法律责任

（一）消费争议的解决途径

《消费者权益保护法》规定,消费者和经营者发生消费者权益争议的,可以通过下列途径解决:①与经营者协商解决;②请求消费者协会调解;③向有关行政部门申诉;④根据与经营者达成的仲裁协议,提请仲裁机构仲裁;⑤向人民法院提起诉讼。

（二）赔偿责任主体的确定

为了保证消费者合法权益得到保护,防止和避免生产者和销售者之间互相推诿责任,《消费者权益保护法》对赔偿责任主体作出了明确的规定。具体规定如下:

1. 由生产者、销售者、服务者承担

（1）消费者在购买、使用商品时,其合法权益受到损害的,可以向销售者提出赔偿。销售者赔偿后,属于生产者责任或者供货者的责任的,销售者有权向生产者或者供货者追偿。

（2）消费者或其他受害人因商品缺陷造成人身、财产损害的,可以向销售者要求赔偿,也可以向生产者要求赔偿,消费者可以自由选择,但是,属于生产者责任的,销售者赔偿后,有权向生产者追偿;属于销售者责任的,生产者赔偿后,有权向销售者追偿。

（3）消费者在接受服务时,其合法权益受到损害的,可以直接向服务者提出赔偿。

2. 由变更后的企业承担　消费者在购买、使用商品或者接受服务时,其合法权益受到损害,因原企业分立、合并的,可以向变更后承受原企业权利和义务的企业要求赔偿。

3. 由营业执照的使用人或持有人承担　使用他人营业执照的违法经营者提供商品或者服务,损害消费者合法权益的,消费者可以向其要求赔偿,也可以向营业执照的持有人要求赔偿。

4. 由经营者或展销会的举办者、柜台的出租者承担　消费者在展销会、租赁柜台购买商品或接受服务时,其合法权益受到损害,可以向经营者或服务者要求赔偿;展销会结束或柜台租赁期满后,可以向展销会的举办者、柜台的出租者要求赔偿。展销会的举办者、柜台的出租者赔偿后,有权向销售者或服务者追偿。

案例分析

案例：某商贸公司是一家新成立的商业企业,为了创造良好的经济效益,决定对外招租。 A 医药公司是该商贸公司的一个承租者,其经营的产品有医疗器械、保健品、中成药、生化药品、计生用品等。钱某为其父亲在 A 医药公司购买了一台能够治疗关节炎的治疗仪,价值 3200 元。 一星期后,钱某发现该治疗仪有质量问题,便来到商贸公司找 A 医药公司退货,但由于商贸公司与 A 医药公司租赁合同到期,A 医药公司已于前一天搬迁,钱某无果而返。 后经人指点,钱某找到商贸公司,请求退货,该商贸公司以该治疗仪非自己所售为由,拒绝了钱某的请求。

问题：（1） 某商贸公司的主张正确吗? 为什么?

（2） 钱某该怎么办?

分析：（1） 某商贸公司的主张不正确。《消费者权益保护法》规定,消费者在租赁柜台购买商品或接受服务时,其合法权益受到损害,可以向经营者或服务者要求赔偿;柜台租赁期满后,可以向柜台的出租者要求赔偿。

（2） 钱某可以请求消费者协会调解,也可以向有关行政部门申诉或者向人民法院提起诉讼。

---

5. 由从事虚假广告行为的经营者或广告经营者承担　消费者因经营者利用虚假广告提供商品或者服务,其合法权益受到损害的,可以向经营者要求赔偿。广告的经营者发布虚假广告的,消费者可以请求行政主管部门予以惩处。广告的经营者不能提供经营者的真实名称、地址的,应当承担赔偿责任。

6. 由网购平台提供者承担　消费者通过网络交易平台购买商品或者接受服务,其合法权益受到损害的,可以向销售者或服务者要求赔偿。网络交易平台提供者不能提供销售者或服务者的真实名称、地址或联系方式的,消费者也可以向网络交易平台提供者要求赔偿。

（三）法律责任

经营者违反法律、法规,侵犯消费者合法权益的,应视其性质、情节、社会危害等因素分别承担民事责任、行政责任和刑事责任。

1. 民事责任

（1）承担民事责任的概括性规定：《消费者权益保护法》规定，经营者提供商品或者服务有下列情形之一的，除本法另有规定外，应当按照《产品质量法》和其他有关法律、法规的规定，承担民事责任：

1）商品存在缺陷的；

2）不具备商品应当具备的使用性能而出售时未作说明的；

3）不符合在商品或者其包装上注明采用的商品标准的；

4）不符合商品说明、实物样品等方式表明的质量状况的；

5）生产国家明令淘汰的商品或者销售失效、变质的商品的；

6）销售的商品数量不足的；

7）服务的内容和费用违反约定的；

8）对消费者提出的修理、重做、更换、退货、补足商品数量、退还货款和服务费用或者赔偿损失的要求，故意拖延或者无理拒绝的；

9）法律、法规规定的其他损害消费者权益的情形。

（2）侵犯消费者人身权的民事责任

1）经营者侵犯消费者的人格尊严或者侵犯消费者的人身自由的，应当停止侵害、恢复名誉、消除影响、赔礼道歉，并赔偿损失。

2）经营者提供商品或者服务，造成消费者或者其他受害人人身伤害的，应当支付医疗费、治疗期间的护理费、因误工减少的收入等费用；造成残疾的，还应当支付残疾者的生活自助具费、生活补助费、残疾赔偿金以及由其抚养的人所必需的生活费等费用。

3）经营者提供商品或者服务，造成消费者或者其他受害人死亡的，应当支付丧葬费、死亡赔偿金以及由死者生前抚养的人所必需的生活费等费用。

（3）侵犯消费者财产权的民事责任

1）经营者提供商品或者服务，造成消费者财产损害的，应当按照消费者的要求，以修理、重做、更换、退货、补足商品数量、退还货款和服务费用或者赔偿损失等方式承担民事责任。消费者与经营者另有约定的，按照约定履行。

2）对国家规定或者经营者与消费者约定包修、包换、包退的商品，经营者应当负责修理、更换或者退货。在保修期内两次修理仍不能正常使用的，经营者应当负责更换或者退货。对包修、包换、包退的大件商品，消费者要求经营者修理、更换、退货的，经营者应当承担运输等合理费用。

3）经营者以邮购方式提供商品的，应当按照约定提供。未按照约定提供的，应当按照消费者的要求履行约定或者退回货款，并应当承担消费者必须支付的合理费用。

4）经营者以预付款方式提供商品或者服务的，应当按照约定提供。未按照约定提供的，应当按照消费者的要求履行约定或者退回预付款，并应当承担预付款的利息、消费者必须支付的合理费用。

5) 依法经有关行政部门认定为不合格的商品,消费者要求退货的,经营者应当负责退货。

6) 经营者提供商品或者服务有欺诈行为的,应当按照消费者的要求增加赔偿其受到的损失,增加赔偿的金额为消费者购买商品的价款或者接受服务的费用的3倍;增加赔偿的金额不足500元的,为500元。法律另有的规定,依照其规定。

2. 行政责任 经营者有下列情形之一,《产品质量法》和其他法律、法规对处罚机关和处罚方式有规定的,依照有关规定执行;法律、法规未作规定的,由市场监督管理部门责令改正,可以根据情节单处或并处警告、没收违法所得,处以违法所得1倍以上5倍以下罚款,没有违法所得的,处以1万元以下的罚款;情节严重的,责令停业整顿、吊销营业执照:

(1) 生产、销售的商品不符合保障人身、财产安全要求的。

(2) 在商品中掺杂、掺假,以假充真,以次充好,或者以不符合商品冒充合格商品的。

(3) 生产国家明令淘汰的商品或者销售失效、变质的商品的。

(4) 伪造商品的产地,伪造或者冒用他人的厂名、厂址,伪造或者冒用认证标志、名优标志等质量标志的。

(5) 销售的商品应当检验、检疫而未检验、检疫或者伪造检验、检疫结果的。

(6) 对商品或者服务作引人误解的虚假宣传的。

(7) 对消费者提出的修理、重做、更换、退货、补足商品数量、退还货款和服务费用或者赔偿损失的要求,故意拖延或者无理拒绝的。

(8) 侵害消费者人格尊严或者侵犯消费者人身自由的。

(9) 法律、法规规定的对损害消费者权益应当予以处罚的其他情形。

3. 刑事责任 《消费者权益保护法》对刑事责任的规定主要有:

(1) 经营者提供商品或者服务,造成消费者或者其他受害人人身伤害、死亡,构成犯罪的,依法追究刑事责任。

(2) 以暴力、威胁等方法阻碍有关行政部门工作人员依法执行职务的,依法追究刑事责任。

(3) 国家机关工作人员玩忽职守或者包庇经营者侵害消费者合法权益的行为的,情节严重,构成犯罪的,依法追究刑事责任。

点滴积累 ∨

1. 消费者是指为满足生活消费需要而购买、使用商品或接受服务的个人。

2. 消费者享有安全权、知悉真情权、自主选择权、公平交易权、获得赔偿权、依法结社权、获得知识权、人格尊严权、监督批评权、反悔权。

3. 为保障消费者的权益,经营者需承担相应的义务。违反消费者权益的经营者,要承担行政的、民事的或者刑事的法律责任。

目标检测

一、单项选择题

1. 王某在 A 药店购买治疗感冒的药,因药的包装问题与店长发生争执。店长指令公司保安人员将王某强行拖到一仓库里禁闭 2 个小时。第二天王某将此过程告知当地报社,当天晚报对 A 药店及店长进行了抨击。王某的行为属于( )

    A. 消费者维护自身权益的行为　　　　　B. 诋毁商誉行为

    C. 新闻媒体损害竞争对手商业信誉行为　　D. 王某侵犯经理名誉权的行为

    E. 自我保护的行为

2. 因产品存在缺陷造成损害要求赔偿的请求权,在造成损害的缺陷产品交付最初用户、消费者满一定年限而丧失。该年限为( )

    A. 2 年　　　　　　　　B. 5 年　　　　　　　　C. 10 年

    D. 15 年　　　　　　　E. 12 年

3. 以下属于不正当竞争行为的是( )

    A. 销售鲜活商品　　　　　B. 处理有效期限即将到期的商品或者其他积压的商品

    C. 季节性降价　　　　　　D. 混淆行为

    E. 因清偿债务低价转让商品

4. 在不会严重限制相关市场竞争,并能使消费者分享由此产生的利益前提下,经营者与具有竞争关系的经营者( )不为反垄断法所禁止。

    A. 为排除竞争,达成的联合抵制交易协议

    B. 为实现其支配地位,达成的限制商品的生产数量协议

    C. 为限制竞争,达成的固定商品价格协议

    D. 为改进技术,达成的限制购买新技术协议

    E. 分割销售市场

5. 某厂开发一种新型健身器械,先后制造出 10 件样品,后样品中有 6 件丢失。2016 年王某在用该健身器械时人身受到损害,查明原因是使用了某厂丢失的 6 件样品健身器械中的一件,而该健身器械也存在重大缺陷。王某要求某厂赔偿损失,某厂不同意赔偿,下列理由中哪一个最能支持某厂立场?( )

    A. 该健身器械尚未投入流通

    B. 王某如何得到健身器械的事实不清

    C. 王某偷盗样品,由此造成的损失应由其自负

    D. 王某应向提供给其健身器械的人索赔

    E. 王某向销售健身器械的人赔偿

6. 经营者提供商品或者服务有欺诈行为的,应当按照消费者的要求增加赔偿其受到的损失,增加赔偿的金额为消费者购买商品的价款或接受服务的费用的( )

A. 1 倍   B. 2 倍   C. 3 倍

D. 4 倍   E. 5 倍

7. 经营者应当保证其提供的商品或者服务符合保障人身、财产安全的要求,对( )的商品,应当向消费者作出真实的说明和明确的警示,并说明和标明正确使用商品的方法以防止危害发生的方法。

A. 不合格   B. 未经检验   C. 数量不足

D. 可能危及人身、财产安全   E. 检验过

8. 下列不属于虚假宣传行为的是( )

A. 按照药品说明书做的药品广告宣传   B. 帮助他人网络刷单

C. 网络显示虚假成交行为   D. 帮助他人虚假宣传

E. 帮助他人删除差评

9. 某医药企业生产一款治疗小儿感冒的药品,但销量不是很好,于是该企业仿冒某知名小儿感冒颗粒的包装重新包装该药品,名称设计也与其相近,对此,下列说法正确的是( )

A. 侵犯商标权的行为   B. 侵犯商业秘密的行为

C. 诋毁竞争对手的行为   D. 混淆行为

E. 傍名牌行为

10. 商业贿赂对象包括( )

A. 交易相对方的工作人员

B. 未受交易相对方委托办理相关事务的单位或者个人

C. 与交易的单位或者个人没有利益关系的

D. 给予交易单位折扣的人

E. 交易第三人

11. 某市民张小姐在购物网站花费 500 元购买了几盒干果,收到货后,张小姐发现干果质量都与店家描述出入很大,气愤的张女士联系店主要求退货,并表示自己宁愿承担运费,但是遭到店主的拒绝。无奈之下,张女士只好一边继续和店主周旋,一边向购物网站投诉。张女士的行为属于( )

A. 消费者无理取闹的行为   B. 行使反悔权   C. 行使赔偿权

D. 张女士侵犯商家名誉权   E. 行使知情权

二、知识应用题

(一) 案例分析

案例 1:某居民赵先生通过网站订购了三只斗鸡,价值每只 300 元,付款两三天后,卖家仍未发货,每次和卖家联系尽早发货,卖家均以各种理由推脱,赵先生只好拨打 12315 投诉。工作人员调查发现,注册系统上并没有网站上登记的该斗鸡养殖场信息,卖家所在地址也和网上登记信息不符,由于找不到卖家,为维权带来难题。赵先生向网购平台工作人员反映后,他们核实后及时将这家网店关闭,但是赵先生遭受了很大损失。

问题:赵先生的损失由谁来承担?

案例2:某企业是一家冰葫生产厂家,该厂生产的某某牌棒冰果汁冰葫自投入市场以来,销售量不断上升,销售状况十分乐观。究其原因,一是该厂产品的外包装色彩鲜艳,图案新颖,深受儿童喜爱和欢迎;二是该厂的广告宣传颇具吸引力。在广告中该厂宣称:"引进全自动生产袋,高温灭菌,密封罐装。""不含糖精、色素,有益儿童健康。"等。后来,当地市场监督管理部门在进行市场检查时发现,该厂的生产设施极其简陋,生产环境、条件十分恶劣。厂房是租用当地农民的两间平房,房间内光线昏暗,苍蝇乱飞,工作间和居住间相互混用,卫生极差;生产工具包括一只普通水桶,一架自制的简陋封口机和一堆收购来的旧冰葫袋;生产原料包括糖精、色素、香精和自来水。于是,市场监督管理部门没收了非法制作冰葫的全部工具,查扣了冰葫成品数10箱、相关原料及自制商标标识。

问题:(1) 该企业的行为是否违法?为什么?

(2) 你认为市场监督管理部门作出的处罚是否正确?为什么?

(二)实务操作

小王为一名公务员,一日下班途中看到有一个保健产品的展览会,就想为母亲买一个治疗腰疼的按摩垫。某保健产品的展销商为小王详细介绍了某电按摩垫,小王很满意,愿意购买此牌某型号的按摩垫,销售商答应第二天将货送到小王家,见货付款,但要求小王交付定金200元。小王在第二天收到了货,并支付了剩余货款,但在第三天发生了惨案,小王的母亲在用电按摩垫按摩时,被电击致重伤,双臂被截肢。请用相关法律知识为小王解决以下问题:

(1) 小王的母亲是否为消费者?小王母亲的合法权益应受到何种法律保护?

(2) 小王应要求谁赔偿?如果找不到商家,是否有其他补救方法?

(3) 小王的母亲能获得哪些赔偿?

(4) 小王可以采取哪些途径解决问题?

(5) 假如小王不能按时收到按摩垫,请问商家应怎样赔偿?

(王丽丽)

第六章

ER-06章PPT

税收法律制度

导学情景 ∨

情景描述：

2015 年 2 月,李某当月取得工资收入 9000 元,当月个人承担住房公积金、基本养老保险金、医疗保险金、失业保险金共计 1000 元, 缴纳个人所得税税额为 345 元。

同月, 李某接受某客户委托, 完成装潢设计项目一项, 一次性获得报酬 9000 元, 缴纳个人所得税 1440 元; 李某发表一篇论文, 取得稿酬 9000 元, 应纳个人所得税额为 1008 元。

同样是 9000 元收入, 为什么缴纳的个人所得税存在差异?

学前导语：

税收已渗透到社会生活的各个方面, 一个人不仅要懂税法, 还要努力降低纳税成本、追求税收利益。 税法是国家法律的重要组成部分, 它涉及税法的概念、地位和作用, 税收法律关系、税法构成要素, 以及税收的种类和税收征收管理的相关内容, 是征纳双方共同遵守的行为规范。 本章带领大家学习有关税法的相关基础知识, 帮助大家提升依法纳税意识, 学会依法经营, 合理合法纳税。

第一节　税法概述

一、税收与税法的概念

(一) 税收

税收,是指国家为了实现其职能,按照法律规定,凭借其政治权力,强制地向纳税人无偿征收货币或实物以取得财政收入的特定分配活动。

税收具有如下特征:

(1) 强制性:税收的强制性是指国家凭借政权力量,不以纳税人的意愿为要件,通过制定一系列的法律规范,由征税机关依法强制课征。

(2) 无偿性:税收的无偿性是指国家向纳税人征税是不付任何报酬的,税款被征收后即成为国家财政收入。

(3) 固定性:税收的固定性是指国家在征税之前,以法的形式预先明确规定了纳税人、征税对象、税率等基本要素,不仅纳税人要严格依法纳税,而且国家也要严格依法征税,不能随意不征、少征或多征税。

（二）税法

税法是指国家制定的调整在税收活动中发生的社会关系的法律规范的总称。

在税收中形成的社会关系主要有税收征纳关系和税收管理关系。税收征纳关系是指国家各级税务机关向负有纳税义务的单位和个人无偿地征收货币和实物的关系。税收管理关系是指在税收征收管理过程中，国家与纳税人及其他税务当事人之间形成的管理关系。

知识链接

我国税收法律体系的内容

我国现行税收法律体系中以国家法律形式发布实施的税法有：税收实体法3个，即《中华人民共和国个人所得税法》《中华人民共和国企业所得税法》和《中华人民共和国车船税法》；程序法1个，即《中华人民共和国税收征收管理法》。

二、税法的构成要素

税法构成要素是指税法的基本内容，主要包括以下几个方面：

（一）纳税主体

纳税主体，又称为纳税义务人，习惯上又称为纳税人，是指负担纳税义务的单位或个人。

不同的税种，规定的纳税人不尽相同，但往往会有交叉、重复的现象。同一个纳税人依法可能会承担多个税种的纳税义务。例如，一个企业除了缴纳企业所得税之外，可能还要交纳增值税、消费税或关税等。

知识链接

纳税人与负税人的区别

纳税人应当与负税人进行区别，负税人是经济学中的概念，即税收的实际负担者，而纳税人是法律用语，即依法缴纳税收的人。税法只规定纳税人，不规定负税人。二者有时可能相同，有时则不相同，如个人所得税的纳税人与负税人是相同的，而增值税的纳税人与负税人就不一定相同。

（二）征税对象

征税对象，又称为课税对象，是指税法规定对什么进行征税。它是区别不同税种的根本标志。例如，我国流转税中的增值税的征税对象就是商品的增值额；所得税的征税对象就是收益额等。

（三）税率

税率是指应纳税额和征税对象之间的比例，是法定的计算税额的尺度。目前，各国税法规定的法定税率主要有三种基本形式：

1. **比例税率** 比例税率是指对同一征税对象,不论数额大小,均采用同一比例的税率。这种税率的特点是对同一征税对象的不同纳税人来说,其税收负担相等,并且计算简便。例如,我国企业所得税就是采用这一税率,统一按应纳税所得的25%计税。

2. **累进税率** 累进税率是指随着征税对象数额的增多而相应逐级递增的税率。即征税对象数额越大,税率也就越高。它一般适用于对收益额的征税。这种税率是对于数量不等的征税对象采用税收累进的方式,纳税人之间收益额的差距越大,适用税率的差别也越大,体现了税收的纵向公平,有利于缓解社会分配的不公。我国的个人所得税实行的就是累进税率。

3. **固定税率** 固定税率是指按征税对象的单位直接规定固定税额的税率。它不是采用百分比的形式,属于税率的一种特殊形式,适用于从量计征的税种。例如,车船使用税、耕地占用税等。

（四）纳税环节、期限和地点

1. **纳税环节** 纳税环节是指在商品生产和流转过程中应当缴纳税款的阶段。商品从生产到消费要经历工业生产、商业销售甚至是进出口等多个环节,确定在哪个环节进行征税会关系到税收由谁负担、税款是否便于缴纳等问题。

2. **纳税期限** 纳税期限是指纳税主体向征税机关缴纳税款的具体时间。纳税期限可以规定按月缴纳、按季缴纳、按年缴纳等。例如,我国规定的工资、薪金的个人所得税额是按月缴纳的;外商投资企业和外国企业缴纳的企业所得税是按年计算,分季预缴,年终后5个月内汇算清缴,多退少补。

税法明确规定每种税的纳税期限,是为了保证税收的稳定性和及时性。纳税人按纳税期限缴纳税款,是税法规定的纳税人的义务,如不按期缴纳,将会受到缴纳滞纳金等处罚。

3. **纳税地点** 纳税地点指纳税人申报缴纳税款的场所。纳税地点关系到征税管辖权和是否便利征税等问题,在税法中明确规定纳税地点有利于防止漏税或重复征税。在实际中,纳税地点一般是纳税人的住所地、营业地或财产所在地等。

（五）税的减免

税的减免,是指减税和免税。减税是对应纳税额减征一部分税款;免税是对应纳税额全部免征。税法确定税的减免,以求达到照顾纳税人的特殊情况,鼓励某项特殊事业的发展。税的减免是一项税收优惠措施,是税收调节经济的重要手段。

（六）违法处理

违法处理是指对纳税人或征税人违反税法的行为采取的惩罚措施,是国家税收制度的强制性的表现。针对不同的违法情形,主要惩罚措施有:限期纳税、加收滞纳金、罚款以及刑罚惩罚等。

点滴积累 ✓

1. 税收,是指国家为了实现其职能,按照法律规定,凭借其政治权力,强制地向纳税人无偿征收货币或实物以取得财政收入的特定分配活动。

2. 税收具有强制性、无偿性和固定性的特征。

3. 税法的构成要素主要包括纳税主体、征税对象、税率等。

第二节 我国的主要税种

一、流转税

流转税,指以纳税人商品生产、流通环节的流转额或者数量以及非商品交易的营业额为征税对象的一类税收。流转税是商品生产和商品交换的产物,是政府财政收入的重要来源。

(一)增值税

增值税是以商品生产和流通中各环节的新增价值为征税对象的一种流转税。

1. 纳税主体 按照我国现行的《增值税暂行条例》的规定,凡在我国境内销售货物或者提供加工、修理修配劳务以及进出口货物的单位和个人,均应缴纳增值税。

增值税的纳税主体一般可分为两类:

(1)小规模纳税人:小规模纳税人主要有两种:一是年销售额未超过小规模纳税人标准,而且会计核算制度不健全的纳税人。此类纳税人一般为较小的企业和非企业的事业单位;二是年销售额虽超过小规模纳税人标准,但会计核算不健全的纳税人。此外,年应税销售额超过小规模纳税人标准的个人(不包括个体经营者)、非企业性单位、不经常发生应税行为的企业,也视同小规模纳税人。

(2)一般纳税人:一般纳税人是指年应征增值税销售额超过规定的小规模纳税人标准的企业和企业性单位。个体经营者符合规定条件的,经国家税务总局直属分局批准,可以认定为一般纳税人。

2. 征税对象及税率 根据《增值税暂行条例》的规定,我国增值税的征税对象主要包括三个方面:销售货物,提供加工、修理修配劳务,进口货物。我国增值税的税率分为三档:基本税率17%,低税率11%和6%。具体规定如下:

(1)纳税人提供加工、修理修配劳务和销售或进口货物[除第(2)、(3)项规定之外],税率为17%。

(2)纳税人销售或者进口下列货物,税率为11%:农产品(含粮食)、自来水、暖气、石油液化气、天然气、食用植物油、冷气、热水、煤气、居民用煤炭制品、食用盐、农机、饲料、农药、农膜、化肥、沼气、二甲醚、图书、报纸、杂志、音像制品、电子出版物。自2017年7月1日起,简并增值税税率结构,取消13%的增值税税率。

(3)小规模纳税人销售货物或提供应税劳务,其增值税的征收率为6%。从1998年7月1日起,商业企业小规模纳税人的增值税征收率由6%调减为4%。

不同税率产品应分别核算。纳税人购进农产品既用于生产销售或委托受托加工17%税率货物又用于生产销售其他货物服务的,应当分别核算用于生产销售或委托受托加工17%税率货物和其他货物服务的农产品进项税额。未分别核算的,统一以增值税专用发票或海关进口增值税专用缴款书上注明的增值税额为进项税额,或以农产品收购发票或销售发票上注明的农产品买价和11%的扣除率计算进项税额。

知识链接

增值税的法定免税项目

增值税的法定免税项目：①农业生产者销售的自产农业产品；②避孕药品和用具；③古旧图书；④直接用于科学研究、科学实验和教学的进口仪器、设备；⑤外国政府、国际组织无偿援助的进口物资和设备；⑥来料加工、来件装配和补偿贸易所需进口的设备；⑦由残疾人组织直接进口供残疾人专用的物品；⑧销售自己使用过的物品（除游艇、摩托车和应征消费税的小汽车）。

3. 纳税额的计算　在增值税的计算方法上，我国采用国际上普遍实行的扣税法，即计算纳税人的应纳增值税税额时，可以按照税法规定的范围凭进货发票注明的税额，从当期的销项税额中抵扣购进货物或者应税劳务已缴纳的增值税税额（即进项税额）。其计算公式为：

$$应纳税额 = 当期销项税额 - 当期进项税额$$

销项税额是指纳税人销售货物或者提供应税劳务，按照应税销售额和规定税率计算并向买方收取的增值税税额；进项税额是指纳税人购进货物或接受应税劳务所支付或者负担的增值税税额。

根据纳税人及征税对象的不同，增值税应纳税额的计算又分为以下三种情形：

（1）一般纳税人销售货物或提供应税劳务，应纳税额为当期销项税额抵扣当期进项税额后的余额。计算公式如下：

$$应纳税额 = 当期销项税额 - 当期进项税额$$

（2）纳税人进口应税货物，按照组成计税价格和规定的增值税税率计算应纳税额，不得抵扣任何税额。计算公式为：

$$组成计税价格 = 关税完税价格 + 关税$$

$$应纳税额 = 组成计税价格 \times 税率$$

（3）小规模纳税人销售货物或者提供应税劳务，按照销售额和规定的征收税率，实行简易办法计算应纳税额，不得抵扣进项税额。计算公式为：

$$应纳税额 = 销售额 \times 征收税率$$

这里的销售额不包括小规模纳税人的应纳税额。对销售货物或提供应税劳务采取销售额和税额合并定价方法的，要计算出不含税的销售额，计算方法如下：

$$销售额 = 含税销售额 / (1 + 征收税率)$$

知识链接

营业税改征增值税

营业税改征增值税（以下简称营改增）是指以前缴纳营业税的应税项目改成缴纳增值税，增值税只对产品或者服务的增值部分纳税。营改增的目的是加快财税体制改革、进一步减轻企业税负，调动各方积极性，促进服务业尤其是科技等高端服务业的发展，促进产业和消费升级、培育新动能、深化供给侧结构性改革。

从 2016 年 5 月 1 日起，国家全面实施营改增政策。营改增最大的变化，就是避免了营业税重复征税、不能抵扣、不能退税的弊端，实现了增值税"道道征税，层层抵扣"的目的，能有效降低企业税负。更重要的是，营改增改变了市场经济交往中的价格体系，把营业税的"价内税"变成了增值税的"价外税"，形成了增值税进项和销项的抵扣关系，这将从深层次上影响到产业结构的调整及企业的内部架构。

（二）消费税

消费税，是指对特定的消费品或消费行为的流转额进行征收的一种流转税。它可以调节消费结构，抑制超前消费。

1. 纳税主体 根据 1994 年 1 月 1 日起施行的《中华人民共和国消费税暂行条例》的规定，在我国境内生产、委托加工和进口应税消费品的单位和个人，为消费税的纳税义务人。

2. 征税范围及税率 消费税的征税范围是有限的，只对部分消费品或消费行为征税，而且是只在消费品生产、流通或消费的某一环节一次性征收。消费税的征税对象往往也是进口关税和增值税的征税对象，这些流转税具有重复课征的性质。消费税税额通常包含在消费品的价格之中，无论在哪个环节征收，最终都是由消费者承担。

列入应税消费品范围的主要是 5 类：

（1）过度消费会对人类健康、社会秩序等方面造成危害的特殊消费品。如烟、酒、鞭炮等；

（2）奢侈品和非生活必需品。如贵重首饰、珠宝及化妆品等；

（3）高能耗及高档消费品。如小汽车、摩托车；

（4）不能再生和替代的稀缺资源消费品。如汽油、柴油、实木地板等；

（5）具有一定财政意义的产品。如护肤护发品、汽车轮胎。

消费税的税率采用定额税率和比例税率两种。对黄酒、啤酒、汽油、柴油实行定额税率，如黄酒税率为每吨 240 元。对其他应税消费品实行比例税率，比例税率共有 10 档，最高的税率为 45%，适用于甲类卷烟；最低的税率为 1%，适用于小排量的汽车。详见表 6-1。

表 6-1 消费税税目税率表（2017 年版）

税目	税率
一、烟	
1. 卷烟	
（1）甲类卷烟（调拨价 70 元（不含增值税）/条以上（含 70 元））	56% 加 0.003 元/支（生产环节）
（2）乙类卷烟（调拨价 70 元（不含增值税）/条以下）	36% 加 0.003 元/支（生产环节）
（3）商业批发	11%（批发环节）

续表

税目	税率
2. 雪茄烟	36%（生产环节）
3. 烟丝	30%（生产环节）
二、酒及酒精	
1. 白酒	20%加0.5元/500克（或者500毫升）
2. 黄酒	240元/吨
3. 啤酒	
（1）甲类啤酒	250元/吨
（2）乙类啤酒	220元/吨
4. 其他酒	10%
5. 酒精	5%
三、化妆品	30%
四、贵重首饰及珠宝玉石	
1. 金银首饰、铂金首饰和钻石及钻石饰品	5%
2. 其他贵重首饰和珠宝玉石	10%
五、鞭炮、焰火	15%
六、成品油	
1. 汽油	
（1）含铅汽油	1.52元/升
（2）无铅汽油	1.52元/升
2. 柴油	1.20元/升
3. 航空煤油	1.20元/升
4. 石脑油	1.52元/升
5. 溶剂油	1.52元/升
6. 润滑油	1.52元/升
7. 燃料油	1.20元/升
七、摩托车	
1. 气缸容量（排气量，下同）在250毫升（含250毫升）以下的	3%
2. 气缸容量在250毫升以上的	10%
八、小汽车	
1. 乘用车	
（1）气缸容量（排气量，下同）在1.0升（含1.0升）以下的	1%
（2）气缸容量在1.0升以上至1.5升（含1.5升）的	3%
（3）气缸容量在1.5升以上至2.0升（含2.0升）的	5%
（4）气缸容量在2.0升以上至2.5升（含2.5升）的	9%

续表

税目	税率
（5）气缸容量在 2.5 升以上至 3.0 升（含 3.0 升）的	12%
（6）气缸容量在 3.0 升以上至 4.0 升（含 4.0 升）的	25%
（7）气缸容量在 4.0 升以上的	40%
2. 中轻型商用客车	5%
九、高尔夫球及球具	10%
十、高档手表	20%
十一、游艇	10%
十二、木制一次性筷子	5%
十三、实木地板	5%
十四、铅蓄电池	4%（2016 年 1 月 1 日起实施）
无汞原电池、金属氢化物镍蓄电池、锂原电池、锂离子蓄电池、太阳能电池、燃料电池和全钒液流电池	免征
十五、涂料	4%
施工状态下挥发性有机物（Volatile Organic Compounds，VOC）含量低于 420 克/升（含）	免征

3. 纳税额的计算　消费税实行从价定率、从量定额，或者从价定率和从量定额复合计税（以下简称复合计税）的办法计算应纳税额。

应纳税额计算公式：

$$实行从价定率办法计算的应纳税额 = 销售额 × 比例税率$$

$$实行从量定额办法计算的应纳税额 = 销售数量 × 定额税率$$

$$实行复合计税办法计算的应纳税额 = 销售额 × 比例税率 + 销售数量 × 定额税率$$

知识链接

消费税与增值税的区别与联系

　　消费税与增值税均是为消除重复纳税，两者的区别是：（1）增值税是一种普通的价外税，提前征收，可进行税款抵扣；消费税是一种价内税，比较少，部分征收，不允许税款抵扣。（2）征税范围。 增值税的征税范围：销售或者进口的货物，提供加工、修理修配劳务。 消费税的征税范围：烟、酒及酒精、化妆品、贵重首饰及珠宝玉石、鞭炮焰火、成品油、汽车轮胎、摩托车、小汽车、高尔夫球及球具、高档手表、游艇、木制一次性筷子、实木地板等 14 个税目。（3）税款计算。 增值税：应纳税额 = 当期销项税额 - 当期进项税额；消费税：应纳税额 = 应纳消费品的销售额（销售数量）× 适用税率。

（三）关税

关税是指国家对进出关境的货物和物品的流转额征收的一种流转税。这里的"关境"是指全面实施统一海关法令的境域,它可能与国境一致,也可能大于或小于国境。关税的征税对象限于进出境的货物或物品,在进出境环节一次性征收,它具有较强的涉外性,是执行对外政策的工具。

1. **纳税主体**　根据我国《中华人民共和国海关法》的规定,进口货物的收货人、出口货物的发货人、进出境物品的所有人,是关税的纳税义务人。除了进口货物的收货人和出口货物的发货人外,接受委托办理有关手续的代理人也负有缴纳关税的义务。而这里所说的"进出境物品的所有人"具体包括:①携带应税个人自用物品的入境旅客;②运输工具服务人员;③进口邮递物品的收件人;④以其他方式进口应税个人自用物品的收件人。

2. **征税范围及税率**　根据《海关法》的规定,我国关税的征税范围包括准许进出我国国境的各类货物和物品。其中"货物"是指贸易性的进出口商品,而且以进口货物为主,对出口货物的征税较少;"物品"包括了非贸易性的物品,如入境旅客随身携带的行李物品、个人邮递物品等,但个人自用汽车及其配件作为"货物"征收进出口税。

知识链接

2016 年关税改革

经国务院批准,自 2016 年 4 月 8 日起,我国开始实施跨境电子商务零售(企业对消费者,即 B2C)进口税收政策,并同步调整行邮税政策。也就是说,通过跨境电子商务网站从国外购买货物将会开征关税。根据这项政策,单次海外购物免税额度是 2000 元,全年累计额度是 20 000 元,超出以外都会征收关税。进境居民旅客携带在境外获取的个人自用、合理数量进境物品,总值在 5000 元人民币以内(含 5000 元)的,海关则将予以免税放行。如购买的物品价值超过 5000 元人民币,则对超出部分按行邮税征税。新的行邮税税率由原来的四档调成三档,分别为 15%、30% 以及 60%。

我国目前对进出境货物征收的关税分为进口税和出口税两类,具体的税目和税率由《海关进出口税则》规定。进口税的税率分为最惠国税率、协定税率、特惠税率、普通税率 4 种,分别适用于不同的情形。出口税的税率较为简单,对 23 种应税商品实行 0～20% 的暂定税率,16 种商品为零税率,6 种商品的税率为 10% 及以下。

3. **纳税额的计算**　关税主要采取从价计征的办法,在完税价格确定后,即可计算关税的应纳税额,其计算公式如下:

$$关税应纳税额 = 关税完税价格 \times 税率$$

所谓的"关税完税价格",是由海关确定和估定的纳税人用以缴纳关税税款的进出口货物的价格。

(四)　证券交易税

证券交易税是指对有价证券的转让征收的一种流转税。

证券交易税是对我国境内流通市场上的证券征税,而且只对投资性证券征税,具体包括:股票、政府债券、企业债券、投资基金等。凡在我国境内转让应税的有价证券的单位和个人都是证券交易税的纳税人,即买卖双方都是纳税人。我国证券交易税的总体税率水平保持在0.3%左右,国务院可根据证券市场价格变动情况适时调整。

二、所得税

(一)企业所得税

企业所得税是以企业为纳税人,以企业一定期间的纯所得额为计税依据而征收的一种税。2007年3月通过了《中华人民共和国企业所得税法》,2007年12月通过了《中华人民共和国企业所得税法实施条例》。

根据《中华人民共和国企业所得税法》的规定,企业所得税的纳税义务人是指中国境内的企业和其他取得收入的组织,但不包括个人独资企业和合伙企业。根据国际惯例,我国企业划分为居民企业和非居民企业,确定标准为是否依法在中国境内成立或依照外国法律成立但实际管理机构在中国。其征税对象是纳税人来源于中国境内的、境外的生产、经营所得和其他所得,这里的其他所得主要是指股息、利息、租金、转让各类资产、特许权使用以及营业外收益等所得。

企业所得税的税率为25%,其中应纳税所得额是指纳税人每一纳税年度的收入总额减去准予扣除项目的余额。

纳税人来源于境外的所得已在境外缴纳的所得税税款,准予在纳税时从应纳税额中扣除,但扣除额不得超过其境外所得依我国税法计算的应纳税额。

知识链接

企业所得税税率的调整

2007年3月通过并实施的《中华人民共和国企业所得税法》与旧的企业所得税法相比有了较大的变化,最重要的一点是"统一适用税率"。 旧的企业所得税法规定内资企业与外资企业在适用税率上不同,内资企业实行33%的企业所得税,而一些外资企业实行24%或15%的优惠税率,甚至一定程度上的免税。 而新的企业所得税法将内外资企业的税率统一调整为25%,从而减轻了内资企业的税负。 由于25%的税率在国际上也属于适中偏低水平,因此有利于提高企业竞争力和吸引外资。

国家需要重点扶持的高新技术企业的税率为15%,小型微利企业为20%,非居民企业为20%。

(二)个人所得税

个人所得税是指对个人(自然人)取得的应税所得征收的一种税。

1. 纳税主体 根据我国《个人所得税法》的规定,个人所得税的纳税义务人主要为两类:一类是在中国境内有住所,或者无住所而在境内居住满一年,取得应纳税所得的个人,又称为居民纳税人;另一类是在中国境内无住所又不居住,或者无住所而在境内居住不满一年,但有来源于中国境内应纳税所得的个人,又称为非居民纳税人。

案例分析

案例：汤姆于2010年3月任职于深辉咨询公司，该公司为华盛顿市一制药公司提供中国市场的情况，为其收集世界各国制药公司在中国经营、销售的信息及情况。根据聘任合同，汤姆的工资收入由制药公司以及美元直接支付。汤姆认为自己的工资、薪金所得属于境外所得，而且自己在中国居住未满一年，可以不必纳税，所以当他接到税务机关的"税务处理决定书"时，感到非常吃惊。后经税务人员解释，汤姆才明白了其中的道理。

问题：汤姆是否需要缴纳个人所得税？

分析：汤姆受雇于我国将境内的公司，并建立了劳动关系，其工资收入虽然由境外公司支付，但其工资收入却是源于在中国从事职务工作，其工资属于我国税法规定的境内所得，应就其工资收入向我国缴纳个人所得税。

2. 征税范围 我国的《个人所得税法》中规定的征税范围主要有：

（1）工资、薪金所得：指个人因任职或者受雇而取得的工资、薪金、奖金、年终加薪、劳动分红、津贴、补贴以及其他相关所得。

（2）个体工商户的生产、经营所得。

（3）对企事业单位的承包经营、承租经营所得。

（4）劳务报酬所得：指个人从事设计、装潢、化验、医疗、法律、会计、咨询、讲学、表演等劳务所得。

（5）稿酬所得：指个人因其作品以图书、报刊形式出版、发表而取得的所得。

（6）特许权使用费所得：指个人提供专利权、商标权、著作权等使用权取得的所得。

（7）利息、股息、红利所得：指个人拥有债权、股权而取得的利息、股息、红利所得。

（8）财产租赁所得：指个人出租建筑物、土地使用权等财产取得的所得。

（9）财产转让所得：指个人转让有价证券、股票、建筑物等财产取得的所得。

（10）偶然所得：指个人得奖、中奖等偶然性质的所得。

（11）经国务院财政部门确定征税的其他所得。

案例分析

案例：2010年5月3日，张某在购买体育彩票活动中获得一等奖，获奖金27万元。当地税务局得知张某获奖后，通知其申报并缴纳个人所得税。张某认为自己获得的27万元奖金属于抽奖所得，并非工资收入，不应缴纳个人所得税，因此置之不理。地方税务局在纳税期满后，对张某做出处罚决定。张某不服，向上一级税务机关申请复议。

问题：抽奖所得奖金是否应缴纳个人所得税？

分析：抽奖所得奖金应缴纳个人所得税。我国的《个人所得税法》中规定的征税范围包括偶然所得，即个人得奖、中奖等偶然性质的所得。

3. 税率　个人所得税的税率分为超额累进税率和比例税率两种。工资、薪金所得适用各级超额累进税率,为3%～45%;个体工商户的生产、经营所得和对企事业单位的承包经营、承租经营所得,适用税率5%～35%的五级超额累计税率。稿酬所得适用20%的比例税率,并按应纳税额减征30%;股息、利息、偶然所得等适用20%比例税率。详见表6-2。

表6-2　工资、薪金所得适用税率表(2018年版)

级数	全月应纳税所得额	税率（%）	速算扣除数
1	不超过3000元的部分	3	0
2	超过3000元至12 000元的部分	10	105
3	超过12 000元至25 000元的部分	20	555
4	超过25 000元至35 000元的部分	25	1005
5	超过35 000元至55 000元的部分	30	2775
6	超过55 000元至80 000元的部分	35	5505
7	超过80 000元的部分	45	13 505

(注:本表所称全月应纳税所得额是指依照《个人所得税法》法第6条的规定,以每月收入额减除费用5000元以及附加减除费用后的余额)

▶▶ **课堂活动**

案例:张某中专毕业后即开了一家个体药店。由于地处黄金地段,服务与药品质量都很好,多年来一直处于盈利状态。2018年全年取得收入如下:

1. 药店营业收入18万元;

2. 出租房屋,全年租金收入2.4万元;

3. 张某与一家制药加工企业联营,当年分得利润2万元;

4. 张某每月工资收入0.5万元。

问:张某需要对哪些收入向国家缴纳个人所得税? 应缴纳多少个人所得税?

三、资源税

资源税是对在我国境内开发和利用自然资源的单位和个人,就其开发、利用自然资源的数量或价值征收的一种税。资源税是主要用来调解自然资源因地理环境条件、蕴藏量、品味质量,以及开发技术设备和交通运输等优劣差异而形成的级差收入,体现了以下特点:

1. 征收范围的有限性　我国资源税法中只规定了对矿产品、盐资源进行征税。

2. 纳税环节的一次性　资源税以开采者取得的原料产品级差收入为征税对象,不包括经过加工的产品,具有一次性课征的特点。

3. 计税方法从量性　资源税以应税产品销售数量为计税依据。

（一）纳税主体

资源税的纳税人是指在中国境内从事开采或生产应纳资源税产品的单位和个人,具体包括国有企业、集体企业、私营企业、股份制企业、外商投资企业、外国企业和行政单位、事业单位、军事单位、社会团体及其他单位,以及个体经营者和其他个人。

（二）征税范围

我国的税法中将矿产品和盐列入征税范围,主要包括原油、天然气、煤炭、其他非金属矿原矿、黑色金属矿原矿、有色金属矿原矿和盐7类。

1. 原油指开采的天然原油,不包括人造石油。

2. 天然气指专门开采或与原油同时开采的天然气。暂不包括煤矿生产的天然气。

3. 煤炭指原煤,不包括洗煤、选煤及其他煤炭制品。

4. 其他非金属矿原矿指除原油、天然气、煤炭和井矿盐以外的非金属矿原矿,如宝石、大理石、石膏和石棉等。

5. 黑色金属矿原矿指纳税人开采后自行销售的,用于直接入炉冶炼或作为主产品先入选精矿,制造人工矿,再最终入炉冶炼的金属矿石原矿,如铁矿石、铜矿石等。

6. 有色金属矿原矿包括铜矿石、铅矿石、铝土矿石、钨矿石、锡矿石、锑矿石、钼矿石、镍矿石、黄金矿石等。

7. 盐指固体盐和液体盐。固体盐指海盐原盐、湖盐原盐和井矿盐;液体盐指卤水,即氯化钠含量达到一定浓度的溶液,是用于生产碱和其他产品的原料。

（三）税率

根据税法规定,资源税按照应税资源的地理位置开采条件、资源优劣等,实行地区差别幅度定额税率,从量计征。

四、财产税

财产税是以纳税人所拥有或支配的某些财产为征税对象的一类税。但财产税不是对全部财产课税,而是对某些特定的财产课税。一般来说,世界各国财产税的征税对象主要是使用、消费中的那部分财产,如房屋、汽车等,而不包括生产、流通中的那部分财产,如营业设备、原材料等。

作为财产税客体的财产主要分为两大类:一类是不动产,如土地、房屋、建筑物等;另一类是动产,包括有形动产和无形动产。其中有形动产是指车辆、设备等消费性财产;无形动产是指股票、债券等。我国目前开征的财产税主要有房产税、车船税、资源税、契税、土地税等。

五、行为税

行为税又称为特定行为税,是指以某些特定行为为征税对象的一类税。我国开征行为税的目的主要是运用税收杠杆,对某些特定行为加以规范、引导、控制和管理,以强化政府对社会经济发展的宏观调控。

目前,在我国属于行为税类的主要有:屠宰税、印花税、车辆购置税、筵席税等。

知识链接

印花税与车辆购置税

印花税是对经济活动和经济交往中书立、领受具有法律效力的凭证的行为所征收的一种税。因采用在应税凭证上粘贴印花税票作为完税的标志而得名。印花税的征税范围是:购销、加工承揽、建筑工程承包、货物运输、仓储保管、借款、财产保险、技术合同或具有合同性质的凭证,产权转移书据,营业账簿,权利许可证照,经财政部确定征税的其他凭证。

车辆购置税是对在我国境内购置规定车辆的单位和个人征收的一种税。征税范围主要是:汽车、摩托车、电车、挂车、农用运输车。

行为税征收范围小,征税对象具有限定性;政策目的性强,设置和废止较灵活,不具有其他税种的稳定性;税源分散、税收规模小且不稳定。因此,行为税大多会被列为地方税。

点滴积累 ∨

1. 我国的主要税种有:流转税、所得税、资源税、财产税和行为税。

2. 流转税主要包括增值税、消费税、关税。

3. 所得税包括了企业所得税和个人所得税两种。

4. 个人所得税的税率分为超额累进税率和比例税率两种。

第三节 税收征收管理法

一、税收征收管理法的概念

(一)税收征收管理的概念

税收征收管理是指税务机关依据国家税法和政策的规定,指导纳税人和其他税务当事人依法正确行使权利和履行义务,并对税务活动进行规划、组织、控制、协调和监督的一系列相互联系的活动。税收征收管理活动主要有税务登记、账簿凭证管理、税款征收和税务检查。

(二)税收征收管理机关

税收征收管理机关是为实现税收功能专门设置的,代表国家行使税收征收管理权的专职机关。它在法律上具有多重功能,是代表国家行使税务行政管理、执行税收法令、组织税收收入等的职能机关。

我国现行税收征收管理机关的设置体系是:中央政府设立国家税务总局,省及省以下税务机构分设国家税务局和地方税务局两个系统。

1. 国家税务局系统及其征管范围 国家税务局系统包括省、市、县国家税务局、征收分局和税务所。征管范围包括:增值税;消费税;车辆购置税;铁道部门、各银行总行、各保险总公司集中缴纳的营业税、所得税、城市维护建设税;中央企业缴纳的所得税;中央与地方所属企业、事业单位组成的联营企业、股份制企业缴纳的所得税;地方银行、非银行金融企业缴纳的所得税;海洋石油企业缴纳的所得税、资源税;外商投资企业和外国企业缴纳的所得税;证券交易税;利息税;中央税的滞纳金、补税和罚款。

2. 地方税务局系统及其征管范围　地方税务局系统包括省、市、县地方税务局、征收分局和税务所。征管范围包括:营业税;城市维护建设税(不包括上述由国家税务局系统负责征收管理的部分);地方国有企业、集体企业、私营企业缴纳的所得税;个人所得税;资源税;城镇土地使用税;耕地占用税;土地增值税;房产税;车船税;烟叶税;印花税;契税;屠宰税;筵席税;地方税的滞纳金、补税和罚款。

(三) 税收征收管理法的概念

税收征收管理法是调整、规范税收征收管理的法律规范的总称。为了加强税收征收管理,规范税收征收和缴纳行为,保障国家税收收入,保护纳税人的合法权益,我国于 1992 年颁布实施了《中华人民共和国税收征收管理法》(简称《税收征管法》),并分别于 1995 年和 2001 年进行了修订。

凡依法由税务机关征收的各种税的征收管理,均适用该税收征收管理法。海关征收的关税及代征的其他税的征收管理,依照法律、行政法规的有关规定执行。

二、税务管理

税务管理包括税务登记、账簿凭证管理和纳税申报。

(一) 税务登记

税务登记是指税务机关对纳税人的生产、经营活动的基本状况进行登记、管理的一项基本制度。它是纳税人履行纳税义务的法定手续,是税务机关掌握税源和对纳税人进行监督管理的依据。我国《税收征管法》明确规定,纳税人必须依法办理税务登记,并对登记的范围、方法、时间、内容、程序等作了具体的规定。

1. 税务登记的范围

(1) 开业登记:凡是税法规定的应当纳税的个人、企业及其分支机构,均必须自领取营业执照之日起 30 日内,持有关证件向税务机关申报办理税务登记。

(2) 变更登记:纳税人税务登记内容发生变化的,应当自市场监督管理机关或者其他机关办理变更之日起 30 日内,持有关证件向原税务登记机关申报办理变更税务登记。纳税人税务登记内容发生变化,不需要到市场监督管理机关或者其他机关办理变更登记的,应当自发生变化之日起 30 日内,持有关证件向原税务登记机关申报办理变更税务登记。

(3) 注销登记:纳税人发生解散、破产、撤销以及其他情形,依法终止纳税义务的,应当在向市场监督管理机关或者其他机关办理注销登记前,持有关证件向原税务登记机关申报办理注销税务登记;按照规定不需要在市场监督管理机关或者其他机关办理注册登记的,应当自有关机关批准或者宣告终止之日起 15 日内,持有关证件向原税务登记机关申报办理注销税务登记。

2. 税务登记的内容　纳税人办理税务登记时,应当提出申请登记报告,如实填写税务登记表。

税务登记表的主要内容包括：①单位名称、法定代表人或者业主姓名及其居民身份证、护照或者其他合法证件的号码；②住所、经营地点；③经济性质；④企业注册类型；⑤生产经营范围、经营方式；⑥注册资本、投资总额、开户银行及账号；⑦生产经营期限、从业人数、营业执照号码；⑧财务负责人、办税人员；⑨其他有关事项。

（二）账簿、凭证管理

1. 账簿的设置 账簿是指总账、明细账、日记账及其他辅助账簿。从事生产、经营的纳税人应自领取营业执照之日起 15 日内设置账簿；扣缴义务人应自税收法律、法规规定的扣缴义务发生之日起 10 日内，按照所代扣、代收的税种，分别设置代扣代缴、代收代缴税款账簿。

2. 财务会计制度及其处理办法的管理 从事生产、经营的纳税人应当自领取税务登记证件之日起 15 日内，将其财务、会计制度或者财务、会计处理办法报送税务机关备案，接受税务机关的审查。

3. 账簿、凭证的保管 从事生产、经营的纳税人、扣缴义务人必须按照有关规定妥善保管账簿、记账凭证、完税凭证及其他有关资料。除法律、法规另有规定外，账簿、会计凭证报表、完税凭证及其他纳税资料应当保存 10 年。

（三）纳税申报

纳税申报是纳税人按照税法的规定，在规定期限内向税务机关报送纳税申报表、财务会计报表及其他有关资料的一项征管制度。

1. 纳税申报的范围 纳税人和扣缴义务人在法定期限内，无论有无应税收入、所得及其他应税项目，或无论有无代扣、代收税款，均应依照法律、法规到主管税务机关办理纳税申报。

2. 纳税申报的内容 纳税人应如实填写纳税申报表，主要包括税种、税目，应纳税项目或者应代扣代缴、代收代缴税款项目，适用税率或者单位税额、计税依据、扣除项目及标准、应纳税额或者应代扣代缴、代收代缴税额，税款所属期限等。

3. 纳税申报期限 纳税人、扣缴义务人必须在依法确定的申报期限内，到主管税务机关办理纳税申报或者报送代扣代缴、代收代缴税款报告表。一般来说，以 1 日、3 日、5 日、10 日、15 日为一期纳税的，应于期满后 5 日内申报缴纳税款；以 1 个月为一期纳税的，应于期满后 10 日内申报缴纳税款。

三、税款征收

税款征收是税务机关依据我国税法的规定所从事的征收税款及其相关的活动。税款征收是税收征收管理的中心环节，只有通过税款的征收，才能贯彻税收政策，发挥税收的杠杆作用。

1. 税款征收方式 根据纳税人的不同情况，税务机关可以采取查账征收、查定征收、查验征收、定期定额征收等方式。

2. 税款缴纳的期限 纳税人、扣缴义务人应按照依法确定的期限缴纳税款，未按期缴纳的，由税务机关限期缴纳，并从滞纳税款之日起，按日加收滞纳税款 0.5‰的滞纳金。

纳税人确有困难不能按期缴纳税款的，经有关税务机关批准，可以延期缴纳税款，但最长不超过

3 个月,在此期间不加收滞纳金。

3. 税的减免　纳税人可以依照法律、行政法规的规定书面申请减税、免税。减税、免税的申请必须经法定的审查批准机关审批。地方各级政府及其主管部门、单位、个人违反法律、法规规定,擅自做出的减税、免税决定无效,税务机关不得执行,并应向上级税务机关报告。

4. 纳税担保　税务机关有根据认为纳税人有逃避纳税义务行为时,可以在规定的纳税期之前,责令限期缴纳应纳税款;在限期内发现纳税人有明显的转移、隐匿其应纳税的商品、货物以及其他财产迹象的,税务机关可以责成纳税人提供纳税担保。如果纳税人不能提供纳税担保,税务机关经批准可以采取税收保全措施:

(1) 书面通知纳税人开户银行或者其他金融机构冻结纳税人的金额相当于应纳税款的存款;

(2) 扣押、查封纳税人的价值相当于应纳税款的商品、货物或者其他财产。

个人及其所抚养家属维持生活必需的住房和用品,不属于税收保全的范围。

5. 税务强制措施　纳税人、扣缴义务人未按照规定缴纳税款,纳税担保人未按照规定缴纳所担保的税款,由税务机关责令限期缴纳,逾期未缴纳的,税务机关经县级以上税务局局长批准,可以采取以下强制措施:

(1) 书面通知其开户银行或者其他金融机构从其存款中扣缴税款;

(2) 扣押、查封、依法拍卖或者变卖其价值相当于应纳税款的商品、货物或者其他财产,以此所得抵缴税款。

除上述内容外,税款征收还规定了相关的税收优先权、代位权、撤销权等制度。

四、税务检查

税务检查是税务机关依据国家税法和财务会计制度的规定,审查和监督纳税人履行纳税义务情况的活动。税务检查是税收征收管理的重要内容,也是税务监督的重要组成部分。通过税务检查,加强纳税监督,确保税收收入足额入库,充分发挥税收的职能作用。

(一) 税务检查的内容

1. 检查纳税人和扣缴义务人的账簿、记账凭证、报表和有关资料。

2. 检查纳税人应纳税的商品、货物或其他财产,以及检查扣缴义务人的有关经营情况。

3. 责成纳税人、扣缴义务人提供有关文件、证明材料和有关资料。

4. 询问纳税人、扣缴义务人有关问题和情况。

5. 到车站、码头、机场、邮政企业检查纳税人托运、邮寄应纳税商品、货物或其他财产的有关单据、凭证和资料。

6. 经批准,查询纳税人、扣缴义务人在银行或者其他金融机构的存款账户。

(二) 税务检查的方法

税务机关进行税务检查,一般采用三种方法:

1. 税务查账　对纳税人的会计凭证、账簿、报表、银行存款等资料进行检查。

2. 实地调查　对纳税人账外情况进行现场调查。如到车站、码头等地进行现场清查。

3. **税务稽查** 对纳税人的应税货物进行检查,以稽查偷漏税的行为,并可以记录、录音、录像、照相和复制。

五、法律责任

（一）纳税人违反税法的行为及其法律责任

1. 纳税人违反税收征收管理规定的行为及其法律责任

（1）纳税人未按照规定期限申报办理税务登记、变更或注销登记的;未按照规定设置、保管账簿或者记账凭证和有关资料的;未按照规定将财务、会计制度或者财务、会计处理办法和会计核算软件报送税务机关备查的;未按照规定将其全部银行账号向税务机关报告的;未按照规定安装、使用税控装置,或者损毁或者擅自改动税控装置的,由税务机关责令限期改正,并可处以罚款。

（2）纳税人不办理税务登记的,由税务机关责令限期改正;逾期不改的,经税务机关提请,由市场监督管理机关吊销营业执照。

（3）纳税人未按照规定使用税务登记证件,或者转借、涂改、损毁、买卖、伪造税务登记证件的,处以罚款。

（4）纳税人未按照规定的期限办理纳税申报和报送纳税资料的,由税务机关责令改正,并可处以罚款。

（5）纳税人编造虚假计税依据的,由税务机关责令限期改正,并处罚款。

（6）纳税人不进行纳税申报,不缴或者少缴应纳税款的,由税务机关追缴其不缴或者少缴的税款、滞纳金,并处罚款。

2. 偷税行为及其法律责任

偷税行为,即纳税人采用伪造、变造、隐匿、擅自销毁账簿、记账凭证,在账簿上多列支出或者不列、少列收入,或者经税务机关通知申报而拒不申报,或者进行虚假的纳税申报,不缴或少缴应纳税款的行为。偷税行为未构成犯罪的,除追缴其不缴或者少缴的税款、滞纳金外,并处不缴或者少缴税款的50%以上5倍以下的罚款;构成犯罪的,依法追究其刑事责任。

3. 欠税行为及其法律责任

欠税行为,即纳税人在纳税期限届满后,仍未缴或少缴应纳税款的行为。对于欠缴行为,除由税务机关追缴欠缴税款、滞纳金外,处以欠缴税款50%以上5倍以下的罚款。如果欠税人采取转移或隐匿财产的手段,致使税务机关无法追缴欠缴税款,未构成犯罪的,除追缴所欠税款、滞纳金外,并处所欠税款的50%以上5倍以下的罚款;构成犯罪的,依法追究其刑事责任。

4. 抗税行为及其法律责任

抗税行为,即以暴力、威胁方法拒不缴纳税款的行为。抗税行为未构成犯罪的,由税务机关追缴其拒缴的税款、滞纳金,并处拒缴税款1倍以上5倍以下的罚款;构成犯罪的,除由税务机关追缴其拒缴的税款、滞纳金外,处以有期徒刑或者拘役,并处罚金。

5. 骗税行为及其法律责任

骗税行为,即骗取国家出口退税款的行为。骗税行为未构成犯罪的,由税务机关追缴其骗取的退税款 1 倍以上 5 倍以下的罚款;构成犯罪的,依法追究刑事责任。

案例分析

案例:张先生在市区某店铺买了部手机,付款后,张先生向商家索要发票,商家说自己缴纳的是固定税款,所以没有发票。 陈小姐在某商铺购买了一块手机电池,商家也告诉她。 商店里不给客人发票,商品需要修补的时候,可以拿收据作为凭据。 当陈小姐追问要发票的时候,店员回答说商店没有缴纳增值税,所以没有发票。 市民梁先生在某广场二楼商铺购买皮包一个,向店员索要发票,店员说,小型商铺一般是没有发票的,拒绝开发票给梁先生。

问题:商家为何拒绝给顾客发票? 商家存不存在偷税的情况?

分析:根据《中华人民共和国税收征收管理法》和其他有关法律、法规的规定,个体工商户必须依照税收法律、法规和本条例规定,办理税务登记,进行纳税申报,缴纳税款。 在经营业务取得收入时,应如实开具统一发票;向消费者个人零售小额商品,消费者要求开具发票的,不得拒开。 对小型集贸市场和零星分散的个体工商户应纳税款,税务机关可委托有关单位代征。 所以,商家拒绝给顾客发票属于偷税行为。

(二) 扣缴义务人的违法行为及其法律责任

(1) 扣缴义务人未按照规定设置、保管代扣代缴、代收代缴税款账簿、记账凭证及有关资料的,或者未按照规定的期限向税务机关报送代扣代缴、代收代缴税款报告表和有关资料的,由税务机关责令限期改正,并可处以罚款。

(2) 扣缴义务人具有偷税行为的,其法律责任与纳税人偷税的法律责任相同。

(3) 扣缴义务人应扣未扣、应收未收税款的,由税务机关向纳税人追缴税款,并对扣缴义务人处以应扣未扣、应收未收税款 50% 以上 3 倍以下的罚款。

(三) 税务人员的违法行为及其法律责任

税务人员的违法行为主要有:①唆使或协助纳税人、扣缴义务人实施偷税、骗税等;②收受或者索取纳税人、扣缴义务人财物或者谋取其他不正当利益;③徇私舞弊或者玩忽职守,不征或者少征应征税款,致使国家税收遭受重大损失;④私分扣押、查封的商品、货物或者其他财产。

对于上述行为,构成犯罪的,依法追究刑事责任;未构成犯罪的,依法给予行政处分。

点滴积累 ∨

1. 税收征收管理活动主要有税务登记、账簿凭证管理、税款征收、税务检查。

2. 税务登记的主要范围为: 开业登记、变更登记、注销登记。

3. 税务检查的方法有: 税务查账、实地调查和税务稽查。

4. 纳税义务人违反税收征收管理法应承担相应的法律责任。

目标检测

一、单项选择题

1. 以商品生产和流通中各环节的新增价值为征税对象的税种是( )

    A. 契税   B. 消费税   C. 所得税

    D. 关税   E. 增值税

2. 在税法构成要素中,直接关系国家财政收入多少和纳税人负担轻重的要素是( )

    A. 征税客体   B. 纳税主体   C. 纳税期限

    D. 纳税环节   E. 税率

3. 属于我国目前应征收消费税的商品是( )

    A. 高档手机   B. 高档手表   C. 数码相机

    D. 电脑   E. 商品房

4. 属于增值税征收的事项是( )

    A. 某公司转让土地使用权   B. 某企业出售办公大楼

    C. 某农民销售自家生产的农产品   D. 某电力公司销售电力

    E. 某人出租办公用房

5. 我国应用于绝大多数货物和应税劳务的增值税税率为( )

    A. 17%   B. 10%   C. 13%

    D. 15%   E. 30%

6. 零税率仅适用于纳税人( )

    A. 销售货物   B. 农民购买自用生产资料   C. 纳税人提供加工劳务

    D. 出口货物   E. 进口货物

7. 按照《征管法》的规定,从事生产、经营的纳税人应自领取( )之日起15日内设置账簿

    A. 税务登记证   B. 法人代码证   C. 特许经营许可证

    D. 银行开户许可证   E. 营业执照

8. 纳税人、扣缴义务人应按照依法确定的期限缴纳税款,未按期缴纳的,由税务机关限期缴纳,并从滞纳税款之日起,按日加收滞纳税款( )的滞纳金

    A. 10‰   B. 15‰   C. 20‰

    D. 5‰   E. 30‰

9. 纳税人确有困难不能按期缴纳税款的,经有关税务机关批准,可以延期缴纳税款,但最长不超过( ),在此期间不加收滞纳金

    A. 1个月   B. 15天   C. 3个月

    D. 6个月   E. 10个月

二、多项选择题

1. 税收的特征包括( )

    A. 普遍性   B. 特殊性   C. 无偿性

    D. 相对固定性   E. 强制性

2. 下列税种属于流转税的有( )

    A. 营业税   B. 增值税   C. 消费税

    D. 印花税   E. 关税

3. 税法构成要素中,( )是基本要素

    A. 纳税人   B. 征税对象   C. 纳税期限

    D. 税率   E. 纳税环节

4. 税务管理主要包括( )等内容

    A. 税务登记   B. 账本凭证管理   C. 税款征收

    D. 纳税申报   E. 税务检查

5. 下列属于财产、行为税类的有( )

    A. 房产税   B. 契税   C. 印花税

    D. 土地增值税   E. 车辆购置税

6. 消费税的纳税环节可能有( )

    A. 生产环节   B. 批发环节   C. 进口环节

    D. 零售环节   E. 出口环节

7. 下列各项中,应按"工资、薪金所得"项目征税的有( )

    A. 个体工商户与企业联营而分得的利润   B. 年终加薪

    C. 个人取得佣金   D. 通信费补贴收入

    E. 劳务所得

8. 下列所得属于劳务报酬所得的是( )

    A. 在报纸上发表文章取得的收入   B. 取得技术咨询费

    C. 讲课费   D. 转让技术专利收入

    E. 个人从事医疗所得

三、案例分析题

1. 某医药企业是一家国有企业,拥有独立的法人资格,主要从事中成药、西药、医疗器械等的购销业务,属增值税的一般纳税人。该企业在2006年共取得销售收入565万元,其中:(1)药品销售收入327.3万元;(2)医疗器械类销售收入237.7万元;取得有增值税专用发票的进项税额共68.9万元。另外,该企业还通过提供医药从业人员培训获得收入12.48万元。该企业在做收入账时,没有分别核算以上几部分收入,而将其全年收入577.48万元,全部按13%的税率进行纳税申报,缴纳增值税6.1724万元。

    问题:(1) 该企业按13%的税率计缴增值税的行为合法吗?

    (2) 我国增值税税率的种类有哪些?该如何适用?

2. 某大型医药企业由于经营发展的需要,在2013年2月异地成立了一个分公司,负责北方几个城市的销售业务,到2013年6月,税务机关发现该分公司自领取营业执照从事生产经营后,始终未办理税务登记。税务机关派员核查该漏登记的分公司,就该分公司未办理税务登记的情况,限其5日内到税务机关补办登记手续。10日后,该分公司仍未到税务机关办理登记,对此,税务机关根据税收法规对该分公司处以1000元的罚款。

问题:(1) 税务登记的程序有哪些?

(2) 未进行税务登记者应承担哪些法律责任?

（韩玉娟）

第七章

劳动法律制度

ER-07章PPT

导学情景 ∨

情景描述：

张凯、王兰在大学期间攻读药学专业，毕业后到一家大型医药企业应聘，应聘成功后与该企业进入签订劳动合同环节。因大学期间对法律知识的掌握极其匮乏，张凯、王兰看到合同中密密麻麻的条款后，不知所措。无奈之下，两人决定咨询法律专业人士后再决定是否签订此劳动合同。

学前导语：

我国颁布实施《劳动法》和《劳动合同法》，旨在最大限度地保护广大劳动者的合法利益。目前，我国大学中除了法学专业的学生能够系统地学习劳动法和劳动合同法相关法律知识外，其他专业的学生很难得以系统学习，而大学生就业时即面临着签订劳动合同。本章我们将带领同学们学习劳动法和劳动合同法的主要内容，帮助大家学会和掌握维护自身合法权益的基本技能。

第一节　劳动法概述

一、劳动法的概念及适用范围

（一）劳动法的概念

劳动法是调整劳动关系以及与劳动关系有密切联系的其他社会关系的法律规范的总称。《中华人民共和国劳动法》（以下简称《劳动法》）于 1994 年 7 月 5 日第八届全国人民代表大会常务委员会第八次会议通过，于 1995 年 1 月 1 日起正式生效。《劳动法》的颁布与实施对于保护劳动者的合法权益，调整劳动关系，建立和维护适应社会主义市场经济的劳动制度，促进经济发展和社会进步都起到了积极作用。

（二）劳动法的适用范围

《劳动法》规定，在中华人民共和国境内的企业、个体经济组织（以下统称用人单位）和与之形成劳动关系的劳动者，适用本法。国家机关、事业组织、社会团体和与之建立劳动合同关系的劳动者，依照本法执行。根据这一规定及有关劳动行政法规和劳动规章的规定，劳动法的适用范围具体如下：

1. 在我国境内的企业、个体经济组织和与之形成劳动关系的劳动者　不论企业、个体经济组织和劳动者之间是否订立劳动合同，只要他们之间形成劳动关系，劳动者事实上已成为企业或个体经济组织的成员，并为其提供有偿劳动就适用劳动法。

2. 国家机关、事业组织、社会团体和与之建立劳动合同关系的劳动者　具体包括：国家机关、事业组织、社会团体实行劳动合同制度的以及按规定应实行劳动合同制度的工勤人员；实行企业化管理的事业组织的人员；其他通过劳动合同与国家机关、事业组织、社会团体建立劳动关系的劳动者，即我国传统人事体制中"工人"编制的人员，如机关车队、食堂、文印打字、卫生保洁、保安值勤、附属招待所宾馆的人员等。

3. 公务员以及比照实行公务员制度的事业组织和社会团体的工作人员、农村劳动者（乡镇企业职工和进城务工、经商的农民除外）、现役军人和家庭保姆等不适用我国劳动法。

知识链接

劳动者的定义和最低就业年龄

劳动者是具有劳动能力，以从事劳动获取合法劳动报酬的自然人。自然人要成为劳动者必须具备主体资格，即必须具有劳动权利能力和劳动行为能力。所谓劳动权利能力是指自然人能够依法享有劳动权利和承担劳动义务的资格或能力；所谓劳动行为能力是指自然人能够以自己的行为依法行使劳动权利和履行劳动义务的能力。

依我国《劳动法》规定，凡年满16周岁、有劳动能力的公民是具有劳动权利能力和劳动行为能力的人。即劳动者的法定最低就业年龄为16周岁，禁止用人单位招用未满16周岁的未成年人。

二、劳动法的调整对象

劳动法调整的对象是劳动关系，但并非所有的劳动关系均由劳动法调整。劳动法调整的劳动关系是狭义的，即是劳动者与用人单位之间在实现劳动过程中发生的社会关系。其特征是：

1. 劳动关系的当事人是特定的　劳动法所调整的劳动关系的当事人一方是劳动者，另一方是用人单位。

2. 劳动关系是在实现劳动过程中发生的社会关系　我国劳动法所调整的劳动关系产生于职业劳动、集体劳动、工业劳动过程中，非单位个人雇佣关系、农业劳动关系和家庭成员的共同劳动关系不由劳动法调整。

3. 劳动关系具有人身关系、财产关系的属性　劳动者向用人单位提供劳动力，就是将其人身在一定限度内交给用人单位支配，因而劳动关系具有人身关系属性。劳动者有偿提供劳动力，用人单位向劳动者支付劳动报酬，所以劳动关系又具有财产关系的属性。

4. 劳动关系具有平等、从属关系的属性　在市场经济条件下，双方当事人在建立、变更或终止劳动关系时，依照平等、自愿、协商原则进行，因而劳动关系具有平等关系属性。同时，劳动关系具有从属性，劳动关系一经确立，劳动者成为用人单位的职工，与用人单位存在身份、组织和经济上的从属关系,用人单位控制和管理劳动者,双方形成管理与被管理、支配与被支配的关系。

5. 另外,劳动法还调整与劳动关系密切联系的其他社会关系 包括:管理劳动力方面的社会关系,社会保险方面的社会关系,工会组织与用人单位之间发生的关系,处理劳动争议方面的关系和监督劳动法执行方面的关系等。

三、劳动法的基本原则

劳动法的基本原则是指贯穿于劳动规范之中,集中体现劳动法的立法指导思想,调整劳动关系以及与劳动关系密切联系的其他社会关系时所必须遵循的基本准则。

(一) 保护劳动者合法权益原则

劳动法的立法目的就在于保护劳动者的合法权益,这正是劳动法区别于其他法律的本质特征。这一特征从劳动法诞生之日起就被确认,虽然由于现代劳动法的发展,劳动法具有了其他作用,但保护劳动者的合法权益永远是劳动法的主旨,因此保护劳动者的合法权益应是劳动法基本原则之一。

(二) 三方协调一致原则

所谓三方协调劳动关系是指在调整劳动关系和处理劳动争议时,政府、用人单位和劳工代表三方共同参与决定,并就有关问题进行协商,取得共识,共同协调劳动关系。

(三) 劳动权利义务相统一原则

有劳动能力的公民从事劳动,既是行使法律赋予的权利,又是履行对国家和社会所承担的义务。公民只要有劳动能力,不论性别、民族、财产状况等的不同,都有权参加劳动并获得劳动报酬,有权依法选择符合自己特点的职业和用人单位,有权利用国家、社会提供的各种机会参加不同的培训,以提高自己的劳动技能。劳动既是公民的权利,也是公民的义务。

四、劳动者的基本权利和基本义务

(一) 劳动者的基本权利

1. 劳动者享有平等就业和选择职业的权利。

2. 劳动者享有取得劳动报酬的权利。

3. 劳动者享有休息休假的权利。

4. 劳动者享有接受职业技能培训的权利。

5. 劳动者享受社会保险和福利的权利。

6. 劳动者享有依法参加工会和职工民主管理的权利。

7. 劳动者享有提请劳动争议处理的权利。

8. 法律规定的其他劳动权利。

▶ **课堂活动**

某医药企业在招聘市场营销部经理一职中对应聘者的要求如下:"性别:女;学历:本科以上;政治面貌:党员;应有营销工作经验;未婚者优先。"

该用人单位以上要求是否侵犯了劳动者的权利?

（二）劳动者的基本义务

1. 劳动者应按时完成劳动任务。

2. 劳动者应提高职业技能。

3. 劳动者应执行劳动安全卫生规程。

4. 劳动者应遵守劳动纪律和职业道德。

5. 劳动者应爱护和保卫公共财产。

6. 劳动者应保守国家秘密和用人单位商业秘密。

点滴积累 ∨

1. 《劳动法》所指的劳动者包括:在我国境内的企业、个体经济组织和与之形成劳动关系的劳动者;国家机关、事业组织、社会团体和与之建立劳动合同关系的劳动者。

2. 劳动者享有平等就业和选择职业、取得劳动报酬、休息休假、获得劳动安全卫生保护、接受职业技能培训、享受社会保险和福利、享有依法参加工会和职工民主管理、提请劳动争议处理等权利。

3. 劳动者的基本义务包括:完成劳动任务、提高职业技能、执行劳动安全卫生规程、遵守劳动纪律和职业道德、爱护和保卫公共财产、保守国家秘密和用人单位商业秘密。

第二节 劳动合同法律制度

一、劳动合同的概念和种类

（一）劳动合同的概念

劳动合同是劳动者和用人单位之间依法确立劳动关系,明确双方权利和义务的书面协议。我国《劳动法》规定:建立劳动关系应当订立劳动合同。

劳动合同有三个特点 ①主体特定。一方是劳动者,另一方是用人单位。②劳动合同具有从属性。劳动者在身份、组织、经济上从属于用人单位。③有较强法定性,强行性规范较多。法律虽然允许双方当事人协商签订劳动合同,但协商的内容不得违反或排斥强行性规范,否则无效。

知识链接

劳动合同与劳务合同的区别

劳务合同是指以劳动形式提供给社会的服务民事合同，是当事人各方在平等协商的情况下达成的，就某一项劳务以及劳务成果所达成的协议。

1. 合同双方当事人关系不同　劳务合同中双方当事人可以是自然人，也可以是法人，没有身份、组织、经济的从属性；劳动合同双方当事人主体特定，一方是劳动者，另一方是用人单位，劳动者从属于用人单位。

2. 劳动支配权和劳动风险责任承担不同　劳务合同中劳动支配权在提供劳务者，劳动风险责任亦由提供劳务者自行承担；劳动合同中劳动支配权在用人单位，劳动风险由社会、用人单位、劳动者三方承担。

3. 报酬性质和支付方式不同　劳务报酬根据劳务市场价格确定，由双方当事人约定，国家无强制性规定，支付方式一般为一次性支付或分批支付；劳动报酬根据劳动的数量和质量确定，由双方当事人约定，但须遵守国家最低工资等强制性规定。

4. 法律调整不同　劳务合同关系由民法来调整；劳动合同关系由劳动法来调整。

实践中，我国实行市场经济后，由于用工形式多样化，如小时工、非全时工、劳务派遣工、承包承揽工等，劳务合同与劳动合同难以区别。

（二）劳动合同的种类

1. 有固定期限的劳动合同　有固定期限的劳动合同是双方当事人明确约定合同终止日期的劳动合同。期限届满，劳动合同终止。双方当事人可以根据生产、工作的需要确定劳动合同的期限。为保护劳动者的身体健康，劳动法规定从事矿山井下以及其他有害身体健康的工种、岗位工作的农民工，实行定期轮换制度，合同期限最长不得超过8年。

2. 无固定期限的劳动合同　无固定期限的劳动合同是双方当事人只约定合同的起始日期，不约定合同的终止日期的劳动合同。

根据《中华人民共和国劳动合同法》（以下简称《劳动合同法》）的规定，用人单位与劳动者协商一致，可以订立无固定期限劳动合同。有下列情形之一，劳动者提出或者同意续订、订立劳动合同的，除劳动者提出订立固定期限劳动合同外，应当订立无固定期限劳动合同：

（1）劳动者在该用人单位连续工作满10年的；

（2）用人单位初次实行劳动合同制度或者国有企业改制重新订立劳动合同时，劳动者在该用人单位连续工作满10年且距法定退休年龄不足10年的；

（3）连续订立二次固定期限劳动合同，且劳动者没有《劳动合同法》第39条和第40条第一项、第二项规定的情形，续订劳动合同的。

除此以外，《劳动合同法》还规定，用人单位自用工之日起满1年不与劳动者订立书面劳动合同的，视为用人单位与劳动者已订立无固定期限劳动合同。

3. 以完成一定工作为期限的劳动合同　以完成一定工作为期限的劳动合同一般适用于建筑业、临时性、季节性的工作或由于其工作性质可以采取此种合同期限的工作岗位。

二、劳动合同的订立

（一）劳动合同的订立原则

《劳动法》规定，订立和变更劳动合同，应当遵循平等自愿、协商一致的原则；不得违反法律、行政法规的规定。根据这一规定，订立和变更劳动合同必须遵循合法原则及平等自愿、协商一致的原则。

1. 合法原则　劳动合同必须依法订立，不得违反法律、行政法规规定。合法原则的具体要求如下：

（1）主体合法：主体合法即劳动合同的当事人必须具备合法资格。

（2）内容合法：劳动合同的内容是对劳动合同双方当事人劳动权利义务的具体约定，必须符合国家法律、行政法规的规定。

（3）程序合法：劳动合同订立的程序必须是平等自愿、协商一致的过程。

（4）形式合法：劳动合同应采用书面形式。书面形式有主件、附件之分。劳动合同书是主件；附件一般是指作为劳动合同书补充内容的书面文件，如岗位协议书、专项劳动协议、用人单位依法制定的劳动规章制度等。主件与附件一同对双方当事人的权利和义务作出明确约定，并具有同等的法律效力。用人单位根据劳动法的规定，通过民主程序制定的规章制度，不违反国家法律、行政法规及政策规定，并已向劳动者公示的，可以作为人民法院审理劳动争议案件的依据。

2. 平等自愿、协商一致的原则　平等是指在订立劳动合同过程中，双方当事人的法律地位平等，不存在命令与服从的关系；自愿是指劳动合同的订立及合同内容的达成，完全出于当事人的意志，是其真实意思的表示，任何一方不得将自己的意志强加于对方，也不允许第三者非法干预；协商一致是指经过双方当事人充分协商，达成一致意见，签订劳动合同。

（二）劳动合同的订立形式

劳动合同应采用书面形式。已建立劳动关系未同时订立书面劳动合同的，应当自用工之日起1个月内订立书面劳动合同。用人单位与劳动者在用工前订立劳动合同的，劳动关系自用工之日起建立。

（三）劳动合同的内容

劳动合同的内容具体表现为劳动合同的条款，一般分为必备条款和可备条款。

1. 必备条款　必备条款是法律规定的生效劳动合同必须具备的条款。根据《劳动合同法》规定，劳动合同应具备以下条款：①用人单位的名称、住所和法定代表人或者主要负责人；②劳动者的姓名、住址和居民身份证或者其他有效身份证件号码；③劳动合同期限；④工作内容和工作地点；⑤工作时间和休息休假；⑥劳动报酬；⑦社会保险；⑧劳动保护、劳动条件和职业危害防护；⑨法律、法规规定应当纳入劳动合同的其他事项。

2. 可备条款　可备条款是法律规定的生效合同可以具备的条款。当事人可以协商约定可备条

款,缺少可备条款不影响劳动合同的成立。根据我国劳动法的规定,可备条款包括:

(1)试用期条款:劳动合同可以约定试用期,但不得约定违反法律规定的内容。试用期内劳动者的工资等待遇可以与正式职工有所差异,但用人单位不得在劳动法律、法规规定的最低劳动条件和劳动标准之下使用被试用者。

对试用期,我国《劳动合同法》作了限制性规定:劳动合同期限3个月以上不满1年的,试用期不得超过1个月;劳动合同期限1年以上不满3年的,试用期不得超过2个月;3年以上固定期限和无固定期限的劳动合同,试用期不得超过6个月。

同一用人单位与同一劳动者只能约定1次试用期。以完成一定工作任务为期限的劳动合同或者劳动合同期限不满3个月的,不得约定试用期。试用期包含在劳动合同期限内。劳动合同仅约定试用期的,试用期不成立,该期限为劳动合同期限。

劳动者在试用期的工资不得低于本单位相同岗位最低档工资或者劳动合同约定工资的80%,并不得低于用人单位所在地的最低工资标准。

▶ **课堂活动**

刘某与甲制药公司签订了2年的劳动合同,劳动合同期间为2015年3月到2017年3月,但刘某应先从2015年3月起先试用3个月。

请分析以上劳动合同规定是否有效?

(2)保守商业秘密和专有技术秘密条款:双方当事人可以在劳动合同中约定在劳动关系存续期间劳动者负有保守用人单位商业秘密和专有技术秘密的义务,一般还可以约定在终止劳动关系后的1年以内劳动者继续承担保守原用人单位商业秘密和专有技术秘密的义务。

(3)禁止同业竞争条款:即双方当事人可在劳动合同中约定掌握用人单位商业秘密的劳动者在终止或解除劳动合同后一定期限内(一般不超过3年),不能到与原用人单位生产同类产品或经营同类业务且有竞争关系的其他单位任职,也不得自己生产、经营同类产品或业务。做这种约定的同时,用人单位应给予劳动者一定经济补偿。

其他可备条款还有第二职业条款、违约金和赔偿金条款、补充保险、福利条款等。

除以上必备条款和可备条款外,我国劳动法还规定了禁止双方当事人约定的条款,即用人单位在与劳动者订立劳动合同时,不得以任何形式向劳动者收取定金、保证金(物)或抵押金(物)。对违反规定的,由公安部门和劳动保障行政部门责令用人单位立即退还给劳动者本人。

知识链接

签订劳动合同应注意的事项

1. 签订劳动合同应当合法　确保合同具备劳动合同的必备条款,避免合同无效情形的出现;用人单位应当依法成立,能依法支付工资、缴纳社会保险费、提供劳动保护条件,并能够承担相应的民事责任;双方签订的劳动合同内容必须符合法律、法规和劳动政策,不得从事非法工作,采用书面形式等。

2. 工作内容、劳动条件应细化　岗位工种外延大或比较广，说明在履行劳动合同期间，当事人从事的岗位工种变化范围大。求职者可以要求用人单位对岗位工种适度细化。

3. 掌握相关细节　当劳动合同涉及数字时，应当使用大写汉字。劳动合同至少一式两份，双方各执一份，求职者应妥善保管。用人单位事先起草了劳动合同文本，要求求职者签字时，求职者一定要慎重，对文本仔细推敲，发现条款表述不清、概念模糊的，及时要求用人单位进行说明修订。

（四）劳动合同的效力

1. 劳动合同的生效　一般情况下，双方当事人意思表示一致，签订劳动合同之日，劳动合同就产生法律效力。双方当事人约定须鉴证或公证方可生效的劳动合同，其生效的时间始于鉴证或公证之日。

2. 劳动合同的无效　劳动合同无效的情形包括：①订立劳动合同的主体不合法即合同双方当事人不具备法律规定的主体资格；②订立劳动合同的程序或形式不合法；③违反法律、行政法规的劳动合同；④用人单位免除自己的法定责任、排除劳动者权利的；⑤采取欺诈、威胁等手段订立的劳动合同。值得注意的是，劳动法里面的欺诈、胁迫不是可以撤销的行为，而是完全无效行为。无效劳动合同，从订立时起就没有法律约束力。确认劳动合同部分无效的，如果不影响其余部分的效力，其余部分仍然有效。

劳动合同的无效由劳动仲裁委员会或者人民法院确认。劳动合同无效的法律后果：①撤销劳动合同，适用于被确认为全部无效的劳动合同。被确认为无效的劳动合同，尚未履行的不得履行，正在履行的停止履行。对已履行部分，应按事实劳动关系对待，劳动者付出劳动的，应得到相应的报酬和有关待遇。用人单位对劳动者付出的劳动，一般可参照本单位同期、同工种、同岗位的工资标准支付劳动报酬；②修正劳动合同，适用于被确认为部分无效的劳动合同及程序不合法而无效的劳动合同；③赔偿损失。由于用人单位的原因订立的无效劳动合同，对劳动者造成损害的，应承担赔偿责任。

三、劳动合同的履行和变更

（一）劳动合同的履行

用人单位与劳动者应当按照劳动合同的约定，全面履行各自的义务。

用人单位变更名称、法定代表人、主要负责人或者投资人等事项，不影响劳动合同的履行。

（二）劳动合同的变更

1. 用人单位与劳动者协商一致，可以变更劳动合同约定的内容。变更劳动合同，应当采用书面形式。

2. 用人单位发生合并或者分立等情况，原劳动合同继续有效，劳动合同由承继其权利和义务的用人单位继续履行。

四、劳动合同的解除和终止

（一）劳动合同解除

劳动合同的解除是指劳动合同当事人在劳动合同期限届满之前，依法提前终止劳动合同关系的法律行为。

劳动合同的解除主要包括以下三类：

1. 双方协商解除劳动合同　劳动合同法规定：用人单位与劳动者协商一致的，可以解除劳动合同。

2. 劳动者单方解除劳动合同

（1）预告解除：劳动者提前30日以书面形式通知用人单位，可以解除劳动合同。劳动者在试用期内提前3日通知用人单位，可以解除劳动合同。

案例分析

案例：2010年6月，李某与甲医药公司签订了3年的劳动合同，并送劳动部门予以鉴证。2011年12月，李某以书面形式通知用人单位30日后要求提前解除劳动合同。而甲医药公司则答复生产经营任务繁重，不同意解除合同。

问题：李某提前30日以书面形式向公司提出解除劳动合同的行为是否合法？为什么？

分析：李某可以单方预告解除。《劳动法》规定劳动者提前30日以书面形式通知用人单位，可以解除劳动合同。

（2）即时解除：用人单位有下列情形之一的，劳动者均可解除劳动合同，并可取得经济补偿。①未按照劳动合同约定提供劳动保护或者劳动条件的；②未及时足额支付劳动报酬的；③未依法为劳动者缴纳社会保险费的；④用人单位的规章制度违反法律、法规的规定，损害劳动者权益的；⑤以欺诈、胁迫的手段或者乘人之危，使对方在违背真实意思的情况下订立或者变更劳动合同致使劳动合同无效的；⑥法律、行政法规规定劳动者可以解除劳动合同的其他情形；⑦用人单位以暴力、威胁或者非法限制人身自由的手段强迫劳动者劳动的，或者用人单位违章指挥、强令冒险作业危及劳动者人身安全的。劳动者可以立即解除劳动合同，不需事先告知用人单位。

3. 用人单位单方解除劳动合同

（1）预告解除：有下列情形之一的，用人单位提前30日以书面形式通知劳动者本人或者额外支付劳动者1个月工资后，可以解除劳动合同。①劳动者患病或者非因工负伤，在规定的医疗期满后不能从事原工作，也不能从事由用人单位另行安排的工作的；②劳动者不能胜任工作，经过培训或者调整工作岗位，仍不能胜任工作的；③劳动合同订立时所依据的客观情况发生重大变化，致使劳动合同无法履行，经用人单位与劳动者协商，未能就变更劳动合同内容达成协议的。

（2）即时解除：用人单位在劳动者有下列情况之一出现时，有权解除劳动合同，无须征得他人意见,也不必履行特别程序,更不存在经济补偿问题。①在试用期间被证明不符合录用条件的;②严重违反用人单位的规章制度的;严重失职,营私舞弊,给用人单位造成重大损害的;③劳动者同时与其他用人单位建立劳动关系,对完成本单位的工作任务造成严重影响,或者经用人单位提出,拒不改正的;④以欺诈、胁迫的手段或者乘人之危,使对方在违背真实意思的情况下订立或者变更劳动合同的;⑤被依法追究刑事责任的。

（3）经济性裁员:有下列情形之一,需要裁减人员 20 人以上或者裁减不足 20 人但占企业职工总数 10% 以上的,用人单位提前 30 日向工会或者全体职工说明情况,听取工会或者职工的意见后,裁减人员方案经向劳动行政部门报告,可以裁减人员:①依照企业破产法规定进行重整的;②生产经营发生严重困难的;③企业转产、重大技术革新或者经营方式调整,经变更劳动合同后,仍需裁减人员的;④其他因劳动合同订立时所依据的客观经济情况发生重大变化,致使劳动合同无法履行的。

知识链接

裁减人员时应当优先留用的人员

裁减人员时,应当优先留用下列人员:

1. 与本单位订立较长期限的固定期限劳动合同的;

2. 与本单位订立无固定期限劳动合同的;

3. 家庭无其他就业人员,有需要扶养的老人或者未成年人的;

4. 在 6 个月内重新招用人员的,应当通知被裁减的人员,并在同等条件下优先招用被裁减的人员。

（4）限制解除:劳动者有下列情形之一的,用人单位不得解除劳动合同:①从事接触职业病危害作业的劳动者未进行离岗前职业健康检查,或者疑似职业病病人在诊断或者医学观察期间的;②在本单位患职业病或者因工负伤并被确认丧失或者部分丧失劳动能力的;③患病或非因工负伤,在规定的医疗期内的;④女职工在孕期、产期、哺乳期的;⑤在本单位连续工作满 15 年,且距法定退休年龄不足 5 年的;⑥法律、行政法规规定的其他情形。

（二）劳动合同的终止

劳动合同的终止是指劳动合同的自然失效,不再执行。劳动合同终止的原因包括合同期限届满或者当事人约定的劳动合同终止的条件出现。

劳动合同的终止情形:①劳动合同期满的;②劳动者开始依法享受基本养老保险待遇的;③劳动者死亡或者被人民法院宣告死亡或者宣告失踪的;④用人单位被依法宣告破产的;⑤用人单位被吊销营业执照、责令关闭、撤销或者用人单位决定提前解散的;⑥法律、行政法规规定的其他情形。

劳动合同期满,有上述用人单位单方解除权的限制情形之一的,劳动合同应当续延至相应的情形消失时终止。但是,在本单位患职业病或者因工负伤并被确认丧失或者部分丧失劳动能力劳动者的劳动合同的终止,按照国家有关工伤保险的规定执行。

知识链接

经　济　补　偿

经济补偿，是指因解除或者终止劳动合同而由用人单位给予劳动者的一次性经济补偿。经济补偿的目的在于从经济方面制约用人单位的解除行为，并对失去工作的劳动者给予经济上的补偿。

根据《劳动合同法》第47条的规定，经济补偿按劳动者在本单位工作的年限，每满一年支付1个月工资的标准向劳动者支付。6个月以上不满1年的，按1年计算；不满6个月的，向劳动者支付半个月工资的经济补偿。

劳动者月工资高于用人单位所在直辖市、设区的市级人民政府公布的本地区上年度职工月平均工资3倍的，向其支付经济补偿的标准按职工月平均工资3倍的数额支付，向其支付经济补偿的年限最高不超过12年。

所谓月工资是指劳动者在劳动合同解除或者终止前12个月的平均工资。

五、特别规定

（一）集体合同

集体合同，是指用人单位与本单位职工根据法律、法规、规章的规定，就劳动报酬、工作时间、休息休假、劳动安全卫生、保险福利等事项，通过集体协商签订的书面协议。在我国，集体合同主要是由代表劳动者的工会或职工代表与企业或事业单位签订。

在我国，集体合同具有以下特征：①集体合同的主体一方是劳动者的团体组织——企事业工会或职工代表，另一方是企业或实行企业化管理的事业单位。②集体合同以集体劳动关系中全体劳动者的最低劳动条件、劳动标准和全体职工的权利义务为主要内容，目的是协调用人单位内部劳动关系，确定劳动者的共同利益。③集体合同是要式合同，我国劳动法规定集体合同必须报送劳动保障行政部门登记、审查、备案，方能产生法律效力。

集体合同按如下程序订立：①讨论集体合同草案或专项集体合同草案。经双方代表协商一致的集体合同草案或专项集体合同草案应提交职工代表大会或全体职工讨论；②通过草案。职工代表大会或者全体职工讨论集体合同草案或专项集体合同草案，应当有2/3以上职工代表或者职工出席，且须经全体职工代表半数以上或者全体职工半数以上同意，集体合同草案或专项集体合同草案方获通过；③集体协商双方首席代表签字。集体合同或专项集体合同签订后，应当自双方首席代表签字之日起10日内，由用人单位一方将文本一式三份报送劳动行政部门审查。劳动行政部门自收到文本之日起15日内未提出异议的，集体合同或专项集体合同即行生效。

生效的集体合同或专项集体合同对企事业单位及其工会和全体职工均具有约束力。集体合同一经生效，不管职工当时在合同订立时是赞成还是反对，均受合同约束。集体合同生效后，劳动者与用人单位订立劳动合同时，劳动合同规定的劳动者的劳动条件和劳动报酬等标准不得低于集体合同规定的标准，否则无效。

（二）劳务派遣

劳务派遣用工是劳动合同用工的补充形式,只能在临时性、辅助性或者替代性的工作岗位上实施。

1. 劳务派遣单位成立条件 经营劳务派遣业务应当具备下列条件:

（1）注册资本不得少于人民币 200 万元;

（2）有与开展业务相适应的固定的经营场所和设施;

（3）有符合法律、行政法规规定的劳务派遣管理制度;

（4）法律、行政法规规定的其他条件。

经营劳务派遣业务,应当向劳动行政部门依法申请行政许可;经许可的,依法办理相应的公司登记。未经许可,任何单位和个人不得经营劳务派遣业务。

2. 用人单位与劳动者 劳务派遣单位又称用人单位,应当履行用人单位对劳动者的义务。劳务派遣单位与被派遣劳动者订立的劳动合同,除应当载明上述劳动合同规定内容外,还应当载明被派遣劳动者的用工单位以及派遣期限、工作岗位等情况。劳务派遣单位应当与被派遣劳动者订立 2 年以上的固定期限劳动合同,按月支付劳动报酬;被派遣劳动者在无工作期间,劳务派遣单位应当按照所在地人民政府规定的最低工资标准,向其按月支付报酬。

3. 用人单位、用工单位与劳动者 接受以劳务派遣形式用工的单位又称用工单位,用人单位向用工单位派遣劳动者,双方订立劳务派遣协议。劳务派遣协议应当约定派遣岗位和人员数量、派遣期限、劳动报酬和社会保险费的数额与支付方式以及违反协议的责任。被派遣劳动者享有与用工单位的劳动者同工同酬的权利。

（三）非全日制用工

非全日制用工,是指以小时计酬为主,劳动者在同一用人单位一般平均每日工作时间不超过 4 小时,每周工作时间累计不超过 24 小时的用工形式。

1. 合同订立和履行 非全日制用工双方当事人可以订立口头协议。非全日制用工双方当事人不得约定试用期。从事非全日制用工的劳动者可以与一个或者一个以上用人单位订立劳动合同;但是,后订立的劳动合同不得影响先订立的劳动合同的履行。

2. 合同终止 非全日制用工双方当事人任何一方都可以随时通知对方终止用工。终止用工,用人单位不向劳动者支付经济补偿。

3. 报酬标准与结算 非全日制用工小时计酬标准不得低于用人单位所在地人民政府规定的最低小时工资标准。非全日制用工劳动报酬结算支付周期最长不得超过 15 日。

点滴积累 ∨

1. 劳动合同主要包括固定期限劳动合同、无固定期限劳动合同、以完成一定工作任务为期限的劳动合同三种。

2. 劳动合同的内容包括法定必备条款和可备条款。法定必备条款包括用人单位的名称、住所和法定代表人或者主要负责人;劳动者的姓名、住址和居民身份证或者其他有效身份证件号码;劳动合同期限;工作内容和工作地点;工作时间和休息休假;劳动报酬;社会保险；劳动保护、劳动条件和职业危害防护等。

3. 用人单位与劳动者应当按照劳动合同的约定，全面履行各自的义务。

4. 劳动合同解除包括双方协商解除、用人单位单方解除和劳动者单方解除三种。

第三节　劳动基准制度

一、工作时间

（一）关于工作时间的规定

工作时间是指劳动法所规定的劳动者在单位中应从事劳动或工作的时间，包括每日应工作的时数和每周应工作的天数，它们分别称为工作日和工作周。工作时间的种类包括标准工作时间、缩短工作时间、延长工作时间、不定时工作时间和综合计算工作时间。

1. 标准工作时间　标准工作时间又称标准工时，是指法律规定在一般情况下普遍适用的，按照正常作息办法安排的工作日和工作周的工时制度。

劳动者每日工作时间不得超过 8 小时，平均每周不超过 40 小时。对实行计件工作的劳动者，用人单位应当根据标准工时制度合理确定其劳动定额和计件报酬标准。

用人单位由于生产经营需要，经与工会和劳动者协商后可延长工作时间，一般每日不得超过 1 小时；因特殊原因需要延长工作时间的，在保障劳动者身体健康的条件下延长工作时间每日不得超过 3 小时，但是每月不得超过 36 小时。

知识链接

不受限制延长工作时间制度的情形

1. 发生自然灾害、事故或者其他原因，威胁劳动者生命健康和财产安全需要紧急处理的；

2. 生产设备、交通运输线路、公共设施发生故障，影响生产和公众利益必须及时抢修的；

3. 法律、行政法规规定的其他情形。

---

2. 缩短工作时间　缩短工作时间是指法律规定的在特殊情况下劳动者的工作时间长度少于标准工作时间的工时制度，即每日工作少于 8 小时。缩短工作日适用于：①从事矿山井下、高山、有毒有害、特别繁重或过度紧张等作业的劳动者；②从事夜班工作的劳动者；③哺乳期内的女职工。

3. 延长工作时间　延长工作时间是指超过标准工作日的工作时间，即每日工作时间超过 8 小时，每周工作时间超过 40 小时。延长工作时间必须符合法律、法规的规定。

4. 不定时工作时间和综合计算工作时间　不定时工作时间，又称不定时工作制，指无固定工作时数限制的工时制度，适用于工作性质和职责范围不受固定工作时间限制的劳动者，如企业中的高级管理人员、外勤人员、推销人员、部分值班人员，从事交通运输的工作人员以及其他因生产特点、工作特殊需要或职责范围的关系,适合实行不定时工作制的职工等。

综合计算工作时间,又称综合计算工时工作制,是指以一定时间为周期,集中安排并综合计算工作时间和休息时间的工时制度。即分别以周、月、季、年为周期综合计算工作时间,但其平均日工作时间和平均周工作时间应与法定标准工作时间基本相同。

> **知识链接**
>
> 适用综合计算工作日的情形
>
> 1. 交通、铁路、邮电、水运、航空、渔业等行业中因工作性质特殊,需连续作业的职工;
> 2. 地质及资源勘探、建筑、制盐、制糖、旅游等受季节和自然条件限制的行业的部分职工;
> 3. 其他适合实行综合计算工时工作制的职工。

（二）关于休息休假时间的规定

休息休假是指劳动者为行使休息权在国家规定的法定工作时间以外,不从事生产或工作而自行支配的时间。包括每天的休息时数、每周的休息天数和其他节假日。

根据劳动法的规定,休息休假时间主要有以下几种:

1. 工作日内的间歇时间 指职工在上班过程中应有的休息和吃饭时间,间歇时间不计算工作时间。间歇时间根据不同情况规定:①实行一班制或两班制的单位,其间歇时间应在工作开始4小时后,不得少于半小时;②实行三班制的单位,每班的间歇时间为20分钟。

2. 工作日间的休息时间 两个工作日之间的休息时间以足以保证劳动者的体力和工作能力能够得到恢复为标准,一般不少于16小时。

3. 公休假日 公休假日又称周休息日,是劳动者在一周(7日)内享有的休息日,公休假日一般为每周2日,一般安排在周六和周日休息。不能实行国家标准工时制度的企业和事业组织,可根据实际情况灵活安排周休息日,应当保证劳动者每周至少休息1日。

4. 法定假日 法定节假日是指法律规定用于开展纪念、庆祝活动的休息时间。根据《国务院关于修改〈全国年节及纪念日放假办法〉的决定》,我国新出台的法定节假日共11日,包括:元旦1天、清明1天、劳动节1天、端午节1天、中秋节1天、国庆节3天、春节3天。节日适逢公休假日,顺延补假。属于部分劳动者的节日及少数民族的习惯节日,放假时间分别规定。

5. 年休假 年休假是职工每年在一定时间内享有保留工资的连续休假。年休假包括基本年休假和补加年休假。国家实行带薪年休假制度。劳动者连续工作1年以上的,享有带薪年休假。具体办法由国务院规定。

6. 探亲假 探亲假是指劳动者与家属分居两地的职工每年在一定时期内回家与亲属团聚的假期。《关于职工探亲的规定》具体规定,探亲假适用于在国家机关、人民团体、全民所有制企业、事业单位工作满1年的固定职工。

二、工资

工资是指用人单位依据国家有关规定和集体合同、劳动合同约定的标准,根据劳动者提供劳动的数量和质量,以货币形式支付给劳动者的劳动报酬。

我国的工资形式主要有:

1. 计时工资　计时工资是按单位时间工资标准和劳动者实际工作时间计付劳动报酬的工资形式。我国常见的有小时工资、日工资、月工资。

2. 计件工资　计件工资是按照劳动者生产合格产品的数量或作业量以及预先规定的计件单价支付劳动报酬的一种工资形式。计件工资是计时工资的转化形式。

3. 奖金　奖金是给予劳动者的超额劳动报酬和增收节支的物质奖励。它包括:月奖、季度奖和年度奖;经常性奖金和一次性奖金;综合奖和单项奖等。

4. 津贴　津贴是劳动者在特殊条件下额外劳动消耗或额外费用给予物质补偿的一种工资形式。津贴主要有:岗位津贴、保健性津贴、技术性津贴等。

5. 补贴　补贴是为了保障劳动者的生活水平不受特殊因素的影响而支付给劳动者的工资形式。它与劳动者的劳动没有直接联系,其发放根据主要是国家有关政策规定,如物价补贴、边远地区生活补贴等。

6. 特殊情况下的工资　特殊情况下的工资是对非正常工作情况下的劳动者依法支付工资的一种工资形式。特殊情况下的工资主要有:加班加点工资,事假、病假、婚假、探亲假等工资以及履行国家和社会义务期间的工资等。

工资支付保障规则是为保障劳动者劳动报酬权的实现,防止用人单位滥用工资分配权而制定的有关工资支付的一系列规则。主要包括以下内容:

1. 工资应以法定货币支付,不得以实物及有价证券代替货币支付;

2. 工资应在用人单位与劳动者约定的日期内支付。支付工资至少每月支付一次。实行周、日、小时工资制的,可按周、日、小时支付;

3. 在劳动者依法享受年休假、探亲假、婚假、丧假,以及依法参加社会活动期间,用人单位应按劳动合同规定的标准支付工资;

4. 工资应支付给劳动者本人,也可由劳动者家属或委托他人代领,用人单位可委托银行代发工资;

5. 工资应依法足额支付,除法定或约定允许扣除工资的情况外,严禁非法克扣或无故拖欠劳动者工资。

知识链接

用人单位可以代扣劳动者工资的情形

1. 用人单位代扣代缴的个人所得税;

2. 用人单位代扣代缴的应由劳动者个人负担的社会保险费用;

3. 用人单位依审判机关判决、裁定扣除劳动者工资。依照人民法院判决、裁定,用人单位可以从应负法律责任的劳动者工资中扣除其应负担的抚养费、赡养费和损害赔偿等款项;

4. 法律、法规规定可以从劳动者工资中扣除的其他费用。

最低工资保障制度是国家通过立法,强制规定用人单位支付给劳动者的工资不得低于国家规定的最低工资标准,以保障劳动者能够满足其自身及其家庭成员基本生活需要的法律制度。

最低工资具体标准由省、自治区、直辖市人民政府规定,报国务院备案。用人单位支付劳动者的工资不得低于当地最低工资标准。

最低工资不包括下列各项:①加班加点的工资;②中班、夜班、高温、低温、井下、有毒有害等特殊工作环境条件下的津贴;③国家法律、法规和政策规定的劳动者保险、福利待遇;④用人单位通过贴补伙食、住房等支付给劳动者的非货币性收入。

加班是指劳动者在法定节假日或公休假日从事生产或工作。加点是指劳动者在标准工作日以外延长工作的时间。

加班加点的工资标准的规定有:①安排劳动者延长工作时间的,支付不低于工资的150%的工资报酬;②休息日安排劳动者工作又不能安排补休的,支付不低于工资的200%的工资报酬;③法定休假日安排劳动者工作的,支付不低于工资的300%的工资报酬。

案例分析

案例:赵某为某制药厂流水线上的女工,该制药厂为了赶出一批出口药品的任务,连续两个星期(每周7天)每天让工人们工作12个小时,却还是按平时的工资计算方法计算工资。

问题:该制药厂是否违反了我国劳动法规定?为什么?

分析:该制药厂违反了劳动法对工作时间的规定。劳动法规定:用人单位由于生产经营需要,经与工会和劳动者协商后可以延长工作时间,一般每日不得超过1小时;因特殊原因需要延长工作时间的,在保障劳动者身体健康的条件下延长工作时间每日不得超过3小时。但该制药厂每天让工人们工作12个小时,延长的工作时间每日已经超过3小时。并且延长的工作时间应按照加班加点的工资标准支付,但该制药厂却还是按平时的工资计算方法计算工资。

三、劳动保护制度

(一) 劳动保护制度概念

劳动保护制度是指国家为了改善劳动条件,保护劳动者在生产过程中的安全与健康而制定的有关法律规范。其内容主要包括劳动安全与卫生、劳动保护管理、对女工和未成年工的特殊保护以及国家安全监察等方面的法律规定。

(二) 国家对女职工的特殊劳动保护

女职工的特殊保护是指根据妇女的生理特点以及教育子女的需要而采取的有关保护女工在劳动中安全与健康的措施的总称。包括禁止或限制女职工从事某些作业、女职工"四期"特殊保护等。

1. 禁忌　根据劳动法的规定,禁止女工从事有害健康的工作,具体为:禁止安排妇女从事矿山井下、国家规定的第四级体力劳动强度的劳动和其他禁忌从事的劳动。

2. 女职工"四期"特殊保护

（1）月经期保护：不得安排女职工在经期从事高温、低温、冷水作业和国家规定的第三级体力劳动强度的劳动。

（2）怀孕期保护：不得安排女职工在怀孕期间从事国家规定的第三级体力劳动强度的劳动和孕期禁止从事的劳动，对怀孕7个月以上的女职工，不得延长其工作时间和安排夜班劳动。

（3）生育期保护：女职工生育期可享受不少于90天的产假。

（4）哺乳期保护：不得安排女职工在哺乳未满1周岁的婴儿期间从事国家规定的第三级体力劳动强度的劳动和哺乳期禁忌从事的其他劳动，不得延长其工作时间和安排夜班劳动。

（三）国家对未成年工的特殊劳动保护

未成年劳动者是指年龄满16周岁而未满18周岁的劳动者。他们的身体发育尚未完全定型，正在向成熟期过渡，因而必须对他们给予特殊的保护。我国劳动法规定的对未成年工的特殊劳动保护的主要内容为：

（1）不得招用16周岁以下的未成年人；

（2）对经批准需录用未成年工的特殊行业，应当经过体检证明合格，录用后应当定期进行健康检查，并为其提供适合身体状况的劳动条件，保证和照顾他们的文化、技术学习和休息；

（3）禁止安排未成年工从事矿山井下，有毒有害、国家规定的第四级体力劳动强度和其他禁忌从事的劳动；

（4）禁止安排加班加点；

（5）上岗前培训未成年工上岗，用人单位应对其进行有关的职业安全卫生教育、培训。

▶▶ **课堂活动**

某医药有限公司有四位男职工分别是：王某，15岁；李某，17岁；张某，18岁；江某，19岁。根据我国《劳动法》规定，以上四位男职工谁属于未成年工？

四、劳动者社会保险和福利

（一）劳动者社会保险

国家发展社会保险事业，建立社会保险制度，设立社会保险基金，使劳动者在年老、患病、工伤、失业、生育等情况下获得帮助和补偿。

社会保险基金按照保险类型确定资金来源，逐步实行社会统筹。用人单位和劳动者必须依法参加社会保险，缴纳社会保险费。

劳动者在下列情形下，依法享受社会保险待遇：①退休；②患病、负伤；③因工伤残或者患职业病；④失业；⑤生育。劳动者死亡后，其遗属依法享受遗属津贴。劳动者享受社会保险待遇的条件和标准由法律、法规规定。劳动者享受的社会保险金必须按时足额支付。

（二）劳动者社会福利

国家发展社会福利事业，兴建公共福利设施，为劳动者休息、休养和疗养提供条件。用人单位应当创造条件，改善集体福利，提高劳动者的福利待遇。

点滴积累 　∨

1. 国家实行劳动者每日工作时间不超过 8 小时、平均每周工作时间不超过 40 小时的工时制度。

2. 工资是指用人单位依据国家有关规定和集体合同、劳动合同约定标准，根据劳动者提供劳动的数量和质量，以货币形式支付给劳动者的劳动报酬。

3. 劳动者在退休、患病或负伤、因工伤残或者患职业病、失业、生育时依法享受社会保险待遇。

第四节　劳动争议的处理

一、劳动争议的概念和范围

（一）劳动争议的概念

劳动争议又称劳动纠纷，是指劳动关系双方当事人因执行劳动法律、法规或履行劳动合同、集体合同发生的纠纷。劳动争议发生在劳动者与用人单位之间，不要求已经订立劳动合同，只要存在事实劳动关系即可。

（二）劳动争议的范围

1. 因企业开除、除名、辞退职工和职工辞职、自动离职发生的争议；

2. 因执行国家有关工作时间和休息休假、工资、保险、福利、培训、劳动保护的规定发生的争议；

3. 因履行劳动合同和集体合同发生的争议；

4. 法律、法规规定的其他劳动争议。

▶▶ 课堂活动

马某是某医药企业一名合同工。 2016 年冬因培训一事与该企业发生争议，马某认为自己的合法权益受到了侵害。 马某在劳动争议发生之日起 60 日内以书面形式向当地劳动争议仲裁委员会提出仲裁申请。

请依据劳动法的相关规定，判断马某与该医药企业之间的争议是否属于劳动争议的范围？

二、劳动争议的处理机构

劳动争议的处理机构有：劳动争议调解委员会、劳动争议仲裁委员会和人民法院。

（一）劳动争议调解委员会

劳动争议调解委员会是用人单位内部设立的，调解本单位发生的劳动争议的群众性组织。它由职工代表、用人单位代表和工会代表组成，用人单位代表的人数不得超过调解委员会总人数的 1/3，调解委员会的主任由工会代表担任。

（二）劳动争议仲裁委员会

劳动争议仲裁委员会是国家授权、依法独立地对劳动争议案件进行专门仲裁的机构。劳动争议仲裁委员会由劳动行政部门代表、同级工会代表、用人单位方面的代表组成，上述三方代表人数相等，仲裁委员会的总人数为单数，其主任由劳动行政部门代表担任。

（三）人民法院

我国尚未设立劳动法院或劳动法庭，由各级人民法院的民事审判庭审理劳动争议案件。

案例分析

案例：吴某为某药店的女营业员，与该药店签订了3年的劳动合同。现吴某已怀孕8个月，该药店让其加班，吴某向经理请假未获批准，但她没参加加班。该药店即以吴某无故旷工为由将她除名。

问题：（1）该药店是否违反了我国劳动法规定？为什么？

（2）吴某该如何维护自己的合法权益？

分析：（1）该药店已经违反了我国劳动法规定。劳动法规定：对怀孕7个月以上的女职工，不得安排其延长工作时间和夜班劳动。

（2）吴某与该药店发生了劳动争议，吴某可以依法申请调解、仲裁、提起诉讼，也可以协商解决。

三、劳动争议的解决方式

用人单位与劳动者发生劳动争议，当事人可以协商解决，也可以依法申请调解、仲裁、提起诉讼。

1. **协商** 协商是指劳动争议当事人之间经过协商，达成和解协议，从而解决争议的活动。协商不是解决劳动争议的必经程序。

2. **调解** 调解是指用人单位劳动争议调解委员会依法接受自愿调解的争议双方当事人的申请而主持调解，促使当事人达成调解协议的活动。经调解达成协议的，应制作调解书。

3. **仲裁** 仲裁是指劳动争议仲裁机构依法对争议的事项及各自应承担的法律责任进行裁决的活动。劳动争议仲裁委员会由劳动行政部门代表、同级工会代表、用人单位方面的代表组成。提出仲裁要求的一方应当自劳动争议发生之日起60日内向劳动争议仲裁委员会提出书面申请。仲裁庭处理劳动争议，一般应在收到仲裁申请的60日内作出。对仲裁裁决无异议的，当事人必须履行。当事人对仲裁裁决不服的，可以自收到仲裁裁决书之日起15日内向人民法院提起诉讼。期满不起诉的，裁决书即发生法律效力。

4. **诉讼** 诉讼是指人民法院对不服劳动争议仲裁裁决而提起诉讼的案件进行审理并作出裁定或判决的活动。

点滴积累 ⋁ ··

1. 劳动争议是指劳动关系双方当事人因执行劳动法律、法规或履行劳动合同、集体合同发生的纠纷。

2. 用人单位与劳动者发生劳动争议,当事人可以依法申请调解、仲裁、提起诉讼,也可以协商解决。

目标检测

一、单项选择题

1. 支付( )以及由此产生的社会关系**不属于**劳动法调整范围
   - A. 临时工的劳动报酬
   - B. 加工承揽的劳动报酬
   - C. 机关车队司机
   - D. 轮换工的劳动报酬
   - E. 雇佣工人的收入

2. 劳动合同期满或者当事人约定的条件出现,劳动合同( )
   - A. 双方协商解除
   - B. 自行解除
   - C. 撤销
   - D. 变更
   - E. 终止

3. 劳动者不能胜任工作,经过培训或者调整工作岗位,仍不能胜任工作用人单位可以依法( )
   - A. 解除合同
   - B. 终止合同
   - C. 变更合同
   - D. 续订合同
   - E. 撤销合同

4. 工会与企业签订的以劳动条件、工作条件、生活条件为主要内容的合同是( )
   - A. 集体合同
   - B. 经济合同
   - C. 民事合同
   - D. 劳动合同
   - E. 行政合同

5. 劳动争议调解委员会主任由( )担任
   - A. 职工代表
   - B. 工会代表
   - C. 用人单位党员代表
   - D. 用人单位代表
   - E. 三方面选举产生的代表

二、知识应用题

(一)案例分析

案例1:张某是从事货物运输经营活动的个体经营者,长期雇佣三个人员为其工作,并为三人缴纳了社会保险费。2010年11月,张某承接了一项运输药品的业务。11月2日开始运输后,张某认为三人无法完成预定的运输任务,其雇工之一李某介绍自己的邻居王某参加运输,张某同意,并与王某约定完成这次运输任务后即不再雇佣王某,费用一次性付给王某。王某在卸车过程中,由于不慎摔伤骨折。2011年2月9日,王某家属向该市劳动局申请,要求对王某作出工伤认定。

问题:张某与王某的关系是否是劳动关系?为什么?

案例2:王某与甲医药公司签订了为期三年的劳动合同,自2011年2月1日起至2014年2月1日止,双方约定试用期为6个月。2011年6月18日王某向甲公司提出解除劳动合同。甲公司认为王某没有提出解除合同的正当理由,且解除合同未征求公司意见。未经双方协商,因而不同意解除合同,并提出如果王某一定要解除合同,责任自负。公司不但不给予王某经济补偿金,还要求王某赔偿用人单位的损失,即在试用期内培训王某的费用。

问题:(1) 王某是否可以单方解除劳动合同? 为什么?

(2) 王某应否赔偿用人单位的培训费用? 为什么?

案例3:某药店的女工,因拒绝周日上班,被认定为旷工,遭到该药店的违纪处罚。该女工向劳动仲裁委员会申诉,理由是:周日加班应与职工协商,职工有权拒绝,故自己并未违纪。仲裁机构调查情况如下:(1)该药店经劳动部门批准已实行以月为单位的综合计算工时制;(2)该药店实行轮休制度,该女工周日本应轮到休息,故其已有安排,但因其他职工病休,企业要求其顶班,遭到拒绝;(3)如果该日女工上班,该周的工作时间是四十小时,该周的工作天数是六天;(4)按该药店的规章制度,旷工一天,除扣除当日工资外,还要扣除当月的部分奖金,药店按这一规定执行。

问题:(1) 该药店的处理是否正确? 为什么?

(2) 如果该药店执行的是标准工时制,这一处理是否正确? 为什么?

(二) 实务操作

1. 假设你大学毕业后应聘到一家大型医药企业,现进入与该企业签订劳动合同的环节。请模拟签订劳动合同。

要求:密切联系实际;写出具体详细的劳动合同书。

2. 劳动合同法实施的现状进行调研。

要求:对当地企业实施劳动合同法的情况进行调查、研究,并写出调研报告。

(张蓓蓓)

第八章

ER-08章PPT

药品监督管理

导学情景 ∨

情景描述：

　　某医药高职院校的学生张某,在浏览国家市场监督管理总局和国家药品监督管理局网站时,发现了很多有关药品召回、飞行检查、药品曝光等的信息,其中有关于通告药品虚假广告宣传的,有关于收回药品GMP证书的,有关于通报药品不良反应的,也有关于查处假劣药的等等。

　　看到这些信息后,张某想,医药行业是关系所有人生命安全和身体健康的重要行业,各级监管部门一直在对医药市场的健康发展保驾护航,即使这样,医药行业的违法现象依然存在,知法懂法对将来从事医药行业尤其重要。张某表示今后一定好好学习相关法规,并定期关注国家市场监督管理总局和国家药品监督管理局网站上的各类信息,及时了解医药行业的发展动态,为毕业后从事医药行业做好准备。

学前导语：

　　药品是关系人民身体健康和生命安全的特殊商品,必须对其生产、流通、使用等各个环节进行切实的监督管理,以保证人民大众的用药安全。作为即将进入医药行业从业的我们,要学习药品监督管理方面的法律法规,一方面保证自己的从业行为合理合法,另一方面也可以监督其他从业者的违法行为,共同维护医药行业的健康发展。

第一节　药品管理法

　　现行的《中华人民共和国药品管理法》(以下简称《药品管理法》)于1984年9月20日第六届全国人民代表大会常务委员会第七次会议通过,由中华人民共和国第九届全国人民代表大会常务委员会第二十次会议于2001年2月28日修订,修订后的《中华人民共和国药品管理法》自2001年12月1日起施行。根据2013年12月28日第十二届全国人民代表大会常务委员会第六次会议《关于修改〈中华人民共和国海洋环境保护法〉等七部法律的决定》,进行了《药品管理法》的第一次修正。根据2015年4月24日第十二届全国人民代表大会常务委员会第十四次会议《关于修改〈中华人民共和国药品管理法〉的决定》,进行了第二次修正。

一、药品管理法的适用范围

(一)《中华人民共和国药品管理法》概述

药品管理法是调整药品研制、生产、经营、使用和药品管理过程中所发生的社会关系的法律规范的总称。

《药品管理法》的颁布实施,把我国的药品监督管理工作纳入了法制化的轨道,有利于中国医药事业的发展。

1.《药品管理法》的立法宗旨 保障人体用药安全,维护人民身体健康和用药的合法权益。

2. 药品监督管理工作主管、负责部门 药品监督管理部门主管全国药品监督管理工作。国务院有关部门在各自的职责范围内负责与药品有关的监督管理工作。省、自治区、直辖市人民政府药品监督管理部门负责本行政区域内的药品监督管理工作。省、自治区、直辖市人民政府有关部门在各自的职责范围内负责与药品有关的监督管理工作。

知识链接

国家药品监督管理部门的历史沿革

从1998年国家药品监督管理局（SDA）的成立,到2018年这一轮最新的机构改革,中国食药监管体制正在日趋完善。

1998年国家药监局的成立,标志着中国现代意义上食药监管的兴起。 2003年3月,在国家药品监督管理局基础上组建了国家食品药品监督管理局（SFDA）,为国务院的直属局。 2008年3月,国家食品药品监督管理局（副部级）改为由卫生部管理的国家局。 2013年3月,组建了国家食品药品监督管理总局（CFDA）,直属国务院。 2018年3月,组建国家市场监督管理总局,下设药品监督管理局。

（二）《药品管理法》的适用范围

《药品管理法》的适用范围即本法所适用的效力范围。包括空间范围、时间范围和对象范围三个方面。

1. 空间范围 本法适用的空间范围为"在中华人民共和国境内",即在我国的边境范围内。

2. 时间范围 自2001年12月1日起施行。

3. 对象范围 《药品管理法》的适用对象是从事药品的研制、生产、经营、使用和监督管理的单位或个人。

▶ **课堂活动**

有一外商独资企业,在中国境内从事药品的研制和生产,并将所生产药品销往中国和其他国家,试问该企业的生产经营行为是否受我国《药品管理法》的约束?

（三）《药品管理法》的具体适用

根据《中华人民共和国药品管理法》,国务院制定了《中华人民共和国药品管理法实施条例》(以下简称《实施条例》),自2002年9月15日起施行。

《实施条例》是《药品管理法》的具体化,使得相关内容更具有针对性和可操作性,对药品监督管理工作中的突出问题作了更明确的规定。《实施条例》还对《药品管理法》进行了必要的补充,使相关规定的实施更符合现实需要。

二、药品管理法的主要内容

《中华人民共和国药品管理法》的内容共包括 10 章 104 条,其主要内容如下:

(一) 总则

第 1 章总则共包括 6 条,对《药品管理法》的立法宗旨、适用范围、药品监督管理部门、药品检验机构做了概括。

(二) 药品生产企业管理

1. 开办药品生产企业的法定程序 开办药品生产企业,须经企业所在地省、自治区、直辖市人民政府药品监督管理部门批准并颁发《药品生产许可证》。无《药品生产许可证》的,不得生产药品。

2. 《药品生产许可证》的法律要求 《药品生产许可证》的有效期为 5 年,期满后可申请换发新证。许可证上标注的生产范围是药品生产企业申请许可证时申报的生产内容,经核准后标注于许可证上,药品生产企业要在核准的生产范围内组织生产。

3. 开办药品生产企业必须具备的条件 《药品管理法》规定了开办药品生产企业应具备的条件:人员条件,具备依法经过资格认定的药学技术人员、工程技术人员及相应的技术工人;厂房、设施和卫生环境条件,具备与其生产药品相适应的厂房、设施和卫生环境;质量控制条件,要设立质量管理和质量检验的机构,配备专门人员和必要的仪器设备;规章制度条件,要具备保障药品质量的规章制度。

4. 实施《药品生产质量管理规范》(GMP) 《药品管理法》规定,药品生产企业须按照 GMP 组织生产,市场监督管理部门按照规定对药品生产企业是否符合 GMP 进行认证,对认证合格的颁发认证证书。

5. 药品生产企业生产活动的相关规定

(1) 药品生产的依据与生产记录:除中药饮片的炮制外,药品必须按照国家药品标准和国务院药品监督管理部门批准的生产工艺进行生产,药品生产企业改变影响药品质量的生产工艺的,必须报原批准部门审核批准。生产记录必须完整准确,包括药品名称、剂型、生产日期、批次、操作步骤等。

(2) 中药饮片炮制的规定:中药饮片必须按照国家药品标准炮制;国家药品标准没有规定的,必须按照省、自治区、直辖市人民政府药品监督管理部门制定的炮制规范炮制。省、自治区、直辖市人民政府药品监督管理部门制定的炮制规范应当报国务院药品监督管理部门备案。

(3) 对生产药品所需原料、辅料的规定:《药品管理法》第 11 条规定,生产药品所需的原料、辅料,必须符合药用要求。

(4) 对药品检验的规定:药品生产企业必须对其生产的药品进行质量检验;不符合国家药品标准或者不按照省、自治区、直辖市人民政府药品监督管理部门制定的中药饮片炮制规范炮制的,不得出厂。

(5) 对药品委托生产的规定:经国务院药品监督管理部门或者国务院药品监督管理部门授权的省、自治区、直辖市人民政府药品监督管理部门批准,药品生产企业可以接受委托生产药品。

知识链接

药品委托生产

药品委托生产是指取得国家药品批准文号的企业委托其他取得《药品生产许可证》的药品生产企业生产该药品的行为。

（三）药品经营企业管理

1. 开办药品经营企业的法定程序 药品经营企业分为批发和零售两种类型。开办药品批发企业，须经企业所在地省、自治区、直辖市人民政府药品监督管理部门批准并发给《药品经营许可证》；开办药品零售企业，须经企业所在地县级以上地方药品监督管理部门批准并发给《药品经营许可证》，无《药品经营许可证》的，不得经营药品。

2.《药品经营许可证》的相关规定 《药品经营许可证》应当标明有效期和经营范围，到期重新审查发证。《药品经营许可证》的有效期为5年。

3. 开办药品经营企业必须具备的条件 具有依法经过资格认定的药学技术人员；具有与所经营药品相适应的营业场所、设备、仓储设施、卫生环境；具有与所经营药品相适应的质量管理机构或者人员；具有保证所经营药品质量的规章制度。药品监督管理部门批准开办药品经营企业，除上述条件外，还应当遵循合理布局和方便群众购药的原则。

4. 实施《药品经营质量管理规范》(GSP) 药品经营企业必须按照国务院药品监督管理部门制定的GSP经营药品。

5. 对药品经营企业购销药品、保管药品的规定

（1）购进药品的质量控制：药品经营企业购进药品，必须建立并执行进货检查验收制度，验明药品合格证明和其他标识；不符合规定要求的，不得购进。

（2）购销药品建立记录：药品经营企业购销药品，必须有真实完整的购销记录。

（3）药品销售的要求：药品经营企业销售药品必须准确无误，并正确说明用法、用量和注意事项；调配处方必须经过核对，对处方所列药品不得擅自更改或者代用。对有配伍禁忌或者超剂量的处方，应当拒绝调配；必要时，经处方医师更正或者重新签字，方可调配。药品经营企业销售中药材，必须标明产地。

（4）药品保管、出入库的规定：药品经营企业必须制定和执行药品保管制度，采取必要的冷藏、防冻、防潮、防虫、防鼠等措施，保证药品质量。药品入库和出库必须执行检查制度。

6. 城乡集贸市场出售中药材的规定 城乡集市贸易市场可以出售中药材，但只有持有《药品经营许可证》的药品零售企业可以在城乡集市贸易市场设点出售中药材以外的药品。具体办法由国务院规定。

（四）医疗机构的药剂管理

1. 医疗机构药剂管理的人员要求 医疗机构必须配备依法经过资格认定的药学技术人员。非药学技术人员不得直接从事药剂技术工作。

2. 医疗机构配制制剂的规定 医疗机构配制制剂，须经所在地省、自治区、直辖市人民政府卫生行政部门审核同意,由省、自治区、直辖市人民政府药品监督管理部门批准,发给《医疗机构制剂许可证》。《医疗机构制剂许可证》的有效期5年,到期重新审查发证。医疗机构配制制剂,必须具有能够保证制剂质量的设施、管理制度、检验仪器和卫生条件。

3. 允许医疗机构配制的制剂品种及要求 医疗机构配制的制剂,应当是本单位临床需要而市场上没有供应的品种,并须经所在地省、自治区、直辖市人民政府药品监督管理部门批准后方可配制。配制的制剂必须按照规定进行质量检验;合格的,凭医师处方在本医疗机构使用。特殊情况下,经国务院或者省、自治区、直辖市人民政府的药品监督管理部门批准,医疗机构配制的制剂可以在指定的医疗机构之间调剂使用。医疗机构配制的制剂,不得在市场销售。

4. 医疗机构购进药品的规定 医疗机构购进药品,必须建立并执行进货检查验收制度,验明药品合格证明和其他标识;不符合规定要求的,不得购进和使用。

5. 医疗机构处方调配的规定 医疗机构的药剂人员调配处方,必须经过核对,对处方所列药品不得擅自更改或者代用。对有配伍禁忌或者超剂量的处方,应当拒绝调配;必要时,经处方医师更正或者重新签字,方可调配。

6. 医疗机构药品保管的规定 医疗机构必须制定和执行药品保管制度,采取必要的冷藏、防冻、防潮、防虫、防鼠等措施,保证药品质量。

(五) 药品管理

1. 新药研制的管理 研制新药,必须按照国务院药品监督管理部门的规定如实报送研制方法、质量指标、药理及毒理试验结果等有关资料和样品,经国务院药品监督管理部门批准后,方可进行临床试验。完成临床试验并通过审批的新药,由国务院药品监督管理部门批准,发给新药证书。药物的非临床安全性评价研究机构和临床试验机构必须分别执行药物非临床研究质量管理规范、药物临床试验质量管理规范。

2. 药品批准文号管理 生产新药或者已有国家标准的药品,须经国务院药品监督管理部门批准,并发给药品批准文号;生产没有实施批准文号管理的中药材和中药饮片除外。实施批准文号管理的中药材、中药饮片品种目录由国务院药品监督管理部门会同国务院中医药管理部门制定。药品生产企业在取得药品批准文号后,方可生产该药品。

3. 国家药品标准的规定 药品必须符合国家药品标准。国务院药品监督管理部门颁布的《中华人民共和国药典》和药品标准为国家药品标准。国务院药品监督管理部门组织药典委员会,负责国家药品标准的制定和修订。国务院药品监督管理部门的药品检验机构负责标定国家药品标准品、对照品。

知识链接

《中华人民共和国药典》

《中华人民共和国药典》(简称《中国药典》)是我国法定的药品质量标准,是国家为保证药品质量可控、确保人民用药安全有效而依法制定的药品法典,是药品研制、生产、经营、使用和管理都必须严格遵守的法定依据,是国家药品标准体系的核心,是开展国际交流与合作的重要内容。 自1985年以来,《中国药典》每五年修订一次。 现行的2015年版《中国药典》是新中国成立以来组织编制的第十版药典。

4. 药品进口的相关规定　药品进口,须经国务院药品监督管理部门组织审查,经审查确认符合质量标准、安全有效的,方可批准进口,并发给进口药品注册证书。医疗单位临床急需或者个人自用进口的少量药品,按照国家有关规定办理进口手续。禁止进口疗效不确、不良反应大或者其他原因危害人体健康的药品。药品必须从允许药品进口的口岸进口,并由进口药品的企业向口岸所在地药品监督管理部门登记备案。海关凭药品监督管理部门出具的《进口药品通关单》放行。无《进口药品通关单》的,海关不得放行。

5. 药品检验的相关规定　国务院药品监督管理部门对相关药品在销售前或者进口时,指定药品检验机构进行检验;检验不合格的,不得销售或者进口。药品的检验费和收费标准由国务院财政部门会同国务院价格主管部门核定并公告。检验费收缴办法由国务院财政部门会同国务院药品监督管理部门制定。

6. 对已批准生产或进口的药品组织调查　国务院药品监督管理部门对已经批准生产或者进口的药品,应当组织调查;对疗效不确、不良反应大或者其他原因危害人体健康的药品,应当撤销批准文号或者进口药品注册证书。已被撤销批准文号或者进口药品注册证书的药品,不得生产或者进口、销售和使用;已经生产或者进口的,由当地药品监督管理部门监督销毁或者处理。

7. 国家实行药品储备制度　国内发生重大灾情、疫情及其他突发事件时,国务院规定的部门可以紧急调用企业药品。

8. 对假、劣药的规定　《药品管理法》规定禁止生产(包括配制)、销售假、劣药。

(1)假药的界定:有下列情形之一的为假药:①药品所含成分与国家药品标准规定的成分不符的;②以非药品冒充药品或者以他种药品冒充此种药品的。有下列情形之一的药品,按假药论处:①国务院药品监督管理部门规定禁止使用的;②依照本法必须批准而未经批准生产、进口,或者依照本法必须检验而未经检验即销售的;③变质的;④被污染的;⑤使用依照本法必须取得批准文号而未取得批准文号的原料药生产的;⑥所标明的适应证或者功能主治超出规定范围的。

(2)劣药的界定:药品成分的含量不符合国家药品标准的为劣药。有下列情形之一的药品,按劣药论处:①未标明有效期或者更改有效期的;②不注明或者更改生产批号的;③超过有效期的;④直接接触药品的包装材料和容器未经批准的;⑤擅自添加着色剂、防腐剂、香料、矫味剂及辅料的;⑥其他不符合药品标准规定的。

9. 药品管理的其他规定

(1)对国内供应不足的药品,国务院有权限制或者禁止出口。新发现和从国外引种的药材,经国务院药品监督管理部门审核批准后,方可销售。

(2)国家对麻醉药品、精神药品、医疗用毒性药品、放射性药品,实行特殊管理。国家实行中药品种保护制度。国家对药品实行处方药与非处方药分类管理制度。

(3)进口、出口麻醉药品和国家规定范围内的精神药品,必须持有国务院药品监督管理部门发给的《进口准许证》《出口准许证》。

(4)地区性民间习用药材的管理办法,由国务院药品监督管理部门会同国务院中医药管理部门制定。

（5）列入国家药品标准的药品名称为药品通用名称。已经作为药品通用名称的，该名称不得作为药品商标使用。

（6）药品生产企业、药品经营企业和医疗机构直接接触药品的工作人员，必须每年进行健康检查。患有传染病或者其他可能污染药品的疾病的，不得从事直接接触药品的工作。

（六）药品包装的管理

1. 直接接触药品的包装材料和容器的规定 直接接触药品的包装材料和容器，必须符合药用要求，符合保障人体健康、安全的标准，并由药品监督管理部门在审批药品时一并审批。药品生产企业不得使用未经批准的直接接触药品的包装材料和容器。

2. 药品包装的其他规定 药品包装必须适合药品质量的要求，方便储存、运输和医疗使用。发运中药材必须有包装。在每件包装上，必须注明品名、产地、日期、调出单位，并附有质量合格的标志。

3. 药品标签和说明书的规定 药品包装必须按照规定印有或者贴有标签并附有说明书。麻醉药品、精神药品、医疗用毒性药品、放射性药品、外用药品和非处方药的标签，必须印有规定的标志。

（七）药品价格和广告的管理

《药品管理法》第 7 章与《价格法》《广告法》和《反不正当竞争法》相互补充，规定了政府价格主管部门对药品价格的管理。《药品管理法》对药品价格及广告的规定内容如下：

1. 药品市场调节价的规定 依法实行市场调节价的药品，药品的生产企业、经营企业和医疗机构应当遵守国务院价格主管部门关于药价管理的规定，制定和标明药品零售价格，禁止暴利和损害用药者利益的价格欺诈行为。

2. 相关企业及单位要依法提供价格信息资料 药品的生产企业、经营企业、医疗机构应当依法向政府价格主管部门提供其药品的实际购销价格和购销数量等资料。

3. 医疗机构的药品价格管理 医疗机构应当向患者提供所用药品的价格清单；医疗保险定点医疗机构还应当按照规定的办法如实公布其常用药品的价格，加强合理用药的管理。具体办法由国务院卫生行政部门规定。

4. 药品购销活动中关于回扣或其他利益的禁止性规定 禁止药品的生产企业、经营企业和医疗机构在药品购销中账外暗中给予、收受回扣或者其他利益。

5. 药品广告的禁止性规定 未取得药品广告批准文号的，不得发布广告。处方药不得在大众传播媒介发布广告或者以其他方式进行以公众为对象的广告宣传。药品广告不得含有虚假的内容。药品广告不得含有不科学的表示功效的断言或者保证；不得利用国家机关、医药科研单位、学术机构或者专家、学者、医师、患者的名义和形象作证明。非药品广告不得有涉及药品的宣传。

知识链接

药品广告涉及虚假宣传被通告

2015 年 11 月 27 日，国家食品药品监督管理总局在其官方网站上发布了关于 9 起药品虚假宣传广告的通报。9 起药品广告宣传的内容含有不科学的功效断言，扩大宣传治愈率或有效率，以及利用学术机构、专家、患者名义和形象做功效证明等问题，欺骗和误导消费者。

6. 药品价格和广告的其他规定

（1）省、自治区、直辖市人民政府药品监督管理部门应当对其批准的药品广告进行检查,对于违法的广告,应当向广告监督管理机关通报并提出处理建议,广告监督管理机关应当依法做出处理。

（2）药品价格和广告,《药品管理法》未规定的,适用《中华人民共和国价格法》《中华人民共和国广告法》的规定。

（八）药品监督

1. 药品监督的含义 药品监督是指各级药品监督管理部门有权按照法律、行政法规的规定对报经其审批的药品研制和药品的生产、经营以及医疗机构使用药品的事项进行监督检查。药品监督工作是药品管理的重要内容,有关单位和个人不得拒绝和隐瞒。

2. 对药品监督管理部门和人员的要求

（1）出示证件并保守秘密:药品监督管理部门进行监督检查时,必须出示证明文件,对监督检查中知悉的被检查人的技术秘密和业务秘密应当保密。

（2）药品抽查检验规定:药品监督管理部门根据监督检查的需要,可以对药品质量进行抽查检验。抽查检验应当按照规定抽样,并不得收取任何费用。药品监督管理部门应当定期公告药品质量抽查检验的结果;公告不当的,必须在原公告范围内予以更正。当事人对检验结果有异议的,可申请复验。

知识链接

当事人对药品检验机构检验结果的异议处理

当事人对药品检验机构的检验结果有异议的,可以自收到药品检验结果之日起七日内向原药品检验机构或者上一级药品监督管理部门设置或者确定的药品检验机构申请复验,也可以直接向国务院药品监督管理部门设置或者确定的药品检验机构申请复验。受理复验的药品检验机构必须在国务院药品监督管理部门规定的时间内做出复验结论。

（3）有权处理可能危害人体健康的药品及材料:药品监督管理部门对有证据证明可能危害人体健康的药品及其有关材料可以采取查封、扣押的行政强制措施,并在7日内做出行政处理决定;药品需要检验的,必须自检验报告书发出之日起15日内做出行政处理决定。

（4）依法进行认证后的跟踪检查:药品监督管理部门依据《药品生产质量管理规范》和《药品经营质量管理规范》,对经其认证合格的药品生产企业、药品经营企业进行认证后的跟踪检查。

（5）对药监部门的禁止性规定

1）地方人民政府和药品监督管理部门不得限制或者排斥非本地区药品生产企业生产的药品进入本地区。

2）药品监督管理部门及其设置的药品检验机构和确定的专业从事药品检验的机构或工作人员不得参与药品生产经营活动,不得以其名义推荐或者监制、监销药品。

3. 实行药品不良反应报告制度 药品生产企业、药品经营企业和医疗机构,发现可能与用药有关的严重不良反应,必须及时向当地省、自治区、直辖市人民政府药品监督管理部门和卫生行政部门报告。对已确认发生严重不良反应的药品,国务院或者省、自治区、直辖市人民政府的药品监督管理部门可以采取停止生产、销售、使用的紧急控制措施,并应当在 5 日内组织鉴定,自鉴定结论做出之日起 15 日内依法做出行政处理决定。

（九）法律责任

《药品管理法》第 9 章法律责任共 28 条。主要对药品研究、生产、采购、销售、进口、使用、保管、价格、广告、收受回扣等方面违法行为的处罚以及对药品监督管理机构和人员违法行为的处罚做出了规定。

1. 未取得许可证生产、经营药品的法律责任　未取得《药品生产许可证》《药品经营许可证》或者《医疗机构制剂许可证》生产药品、经营药品的,依法予以取缔,没收违法生产、销售的药品和违法所得,并处违法生产、销售的药品(包括已售出的和未售出的药品,下同)货值金额 2 倍以上 5 倍以下的罚款;构成犯罪的,依法追究刑事责任。

2. 生产、销售假劣药的法律责任　从事生产、销售假劣药情节严重的企业或者其他单位,其直接负责的主管人员和其他直接责任人员 10 年内不得从事药品生产、经营活动。对生产者专门用于生产假药、劣药的原辅材料、包装材料、生产设备,予以没收。

（1）生产、销售假药的:没收违法生产、销售的药品和违法所得,并处违法生产、销售药品货值金额 2 倍以上 5 倍以下的罚款;有药品批准证明文件的予以撤销,并责令停产、停业整顿;情节严重的,吊销《药品生产许可证》《药品经营许可证》或者《医疗机构制剂许可证》;构成犯罪的,依法追究刑事责任。

（2）生产、销售劣药的:没收违法生产、销售的药品和违法所得,并处违法生产、销售药品货值金额 1 倍以上 3 倍以下的罚款;情节严重的,责令停产、停业整顿或者撤销药品批准证明文件、吊销《药品生产许可证》《药品经营许可证》或者《医疗机构制剂许可证》;构成犯罪的,依法追究刑事责任。

知识链接

关于生产、销售假劣药的法律责任的补充规定

《中华人民共和国刑法修正案（八）》《最高人民法院、最高人民检察院关于办理生产、销售假药、劣药刑事案件具体应用法律若干问题的解释》等法律、文件中对生产、销售假劣药的法律责任作了补充规定:

生产、销售假药的,处 3 年以下有期徒刑或者拘役,并处罚金;对人体健康造成严重危害或者有其他严重情节的,处 3 年以上 10 年以下有期徒刑,并处罚金;致人死亡或者有其他特别严重情节的,处 10 年以上有期徒刑、无期徒刑或者死刑,并处罚金或者没收财产。

生产、销售劣药,对人体健康造成严重危害的,处 3 年以上 10 年以下有期徒刑,并处销售金额 50% 以上 2 倍以下罚金;后果特别严重的,处 10 年以上有期徒刑或者无期徒刑,并处销售金额 50% 以上 2 倍以下罚金或者没收财产。

3. 知道属于假劣药品而为其提供便利条件应承担的法律责任　知道或应当知道属于假劣药品而为其提供运输、保管、仓储等便利条件的,没收全部运输、保管、仓储的收入,并处违法收入50%以上3倍以下的罚款;构成犯罪的,依法追究刑事责任。

4. 未按规定实施相关规范的法律责任　药品的生产企业、经营企业、药物非临床安全性评价研究机构、药物临床试验机构未按照规定实施《药品生产质量管理规范》《药品经营质量管理规范》《药物非临床研究质量管理规范》《药物临床试验质量管理规范》的,给予警告,责令限期改正;逾期不改正的,责令停产、停业整顿,并处5000元以上2万元以下的罚款;情节严重的,吊销《药品生产许可证》《药品经营许可证》和药物临床试验机构的资格。

5. 违法购进药品的法律责任　药品的生产、经营企业或者医疗机构从无《药品生产许可证》《药品经营许可证》的企业购进药品的,责令改正,没收违法购进的药品,并处违法购进药品货值金额2倍以上5倍以下的罚款;有违法所得的,没收违法所得;情节严重的,吊销《药品生产许可证》《药品经营许可证》或者医疗机构执业许可证书。

6. 违法进口药品的法律责任　进口已获得药品进口注册证书的药品,未按规定向允许药品进口的口岸所在地的药品监督管理部门登记备案的,给予警告,责令限期改正;逾期不改正的,撤销进口药品注册证书。

7. 伪造、变造、买卖、出租、出借许可证或药品批准证明文件的法律责任　没收违法所得,并处违法所得1倍以上3倍以下的罚款;没有违法所得的,处2万元以上10万元以下的罚款;情节严重的,并吊销卖方、出租方、出借方的《药品生产许可证》《药品经营许可证》《医疗机构制剂许可证》或者撤销药品批准证明文件;构成犯罪的,依法追究刑事责任。

8. 骗取许可证或药品批准证明文件的法律责任　提供虚假的证明、文件资料样品或采取其他欺骗手段取得《药品生产许可证》《药品经营许可证》《医疗机构制剂许可证》或者药品批准证明文件的,吊销《药品生产许可证》《药品经营许可证》《医疗机构制剂许可证》或者撤销药品批准证明文件,5年内不受理其申请,并处1万元以上3万元以下的罚款。

9. 医疗机构违法销售自配制剂的法律责任　医疗机构将其配制的制剂在市场销售的,责令改正,没收违法销售的制剂,并处违法销售制剂货值金额1倍以上3倍以下的罚款;有违法所得的,没收违法所得。

10. 药品检验机构出具虚假检验报告的法律责任　药品检验机构出具虚假检验报告,构成犯罪的,依法追究刑事责任;不构成犯罪的,责令改正,给予警告,对单位并处3万元以上5万元以下的罚款;对直接负责的主管人员和其他直接责任人员依法给予降级、撤职、开除的处分,并处3万元以下的罚款;有违法所得的,没收违法所得;情节严重的,撤销其检验资格。药品检验机构出具的检验结果不实,造成损失的,应当承担相应的赔偿责任。

11. 给予、收受回扣的法律责任　药品生产、经营企业、医疗机构在药品购销中暗中给予、收受回扣或其他利益的,药品生产、经营企业或者其代理人给予使用其药品的医疗机构的负责人、药品采购人员、医师等有关人员以财物或者其他利益的,由市场监督管理部门处1万元以上20万元以下的罚款,有违法所得的,予以没收;情节严重的,由市场监督管理部门吊销药品生产企业、药品经营企业的营业执照,并通知药品监督管理部门,由药品监督管理部门吊销其《药品生产许可证》《药品经营许可证》;构成犯罪的,依法追究刑事责任。

12. 违反药品广告管理规定的法律责任　违反有关药品广告的管理规定的,依照《中华人民共和国广告法》的规定处罚,并由发给广告批准文号的药品监督管理部门撤销广告批准文号,1 年内不受理该品种的广告审批申请;构成犯罪的,依法追究刑事责任。

13. 药品监督管理部门违法的法律责任

(1) 对药品广告不依法履行审查职责的法律责任:药品监督管理部门对药品广告不依法履行审查职责,批准发布的广告有虚假或者其他违反法律、行政法规内容的,对直接负责的主管人员和其他直接责任人员依法给予行政处分;构成犯罪的,依法追究刑事责任。

(2) 药品监督管理部门违反规定:药品监督管理部门违反规定的,由其上级主管机关或者监察机关责令收回违法发给的证书、撤销药品批准证明文件,对直接负责的主管人员和其他直接责任人员依法给予行政处分;构成犯罪的,依法追究刑事责任。

(3) 药品检验机构从事药品生产经营活动的法律责任:药品监督管理部门或者其设置的药品检验机构或者其确定的专业从事药品检验的机构参与药品生产经营活动的,由其上级机关或者监察机关责令改正,有违法收入的予以没收;情节严重的,对直接负责的主管人员和其他直接责任人员依法给予行政处分。

(4) 药品检验机构违法收取费用的法律责任:药品监督管理部门或者其设置、确定的药品检验机构在药品监督检验中违法收取检验费用的,由政府有关部门责令退还,对直接负责的主管人员和其他直接责任人员依法给予行政处分。对违法收取检验费用情节严重的药品检验机构,撤销其检验资格。

(5) 药监人员违法的法律责任:药品监督管理人员滥用职权、徇私舞弊、玩忽职守,构成犯罪的,依法追究刑事责任;尚不构成犯罪的,依法给予行政处分。

除上述规定外,《中华人民共和国刑法》《刑法修正案七》《刑法修正案八》《最高人民法院、最高人民检察院关于办理生产、销售假药、劣药刑事案件具体应用法律若干问题的解释》等法律、文件对药品管理法的规定作了相应的补充。

点滴积累 ▽

1. 在中华人民共和国境内从事药品的研制、生产、经营、使用和监督管理的单位或者个人,必须遵守《药品管理法》。

2. 《中华人民共和国药品管理法》的内容包括药品生产企业管理、药品经营企业管理、医疗机构的药剂管理、药品管理、药品包装的管理、药品价格和广告的管理、药品监督、法律责任等。

3. 《中华人民共和国药品管理法实施条例》是《药品管理法》的具体适用。

第二节　国家基本药物制度

我国实行国家基本药物制度。国家基本药物制度可以改善目前的药品供应保障体系,保障人民群众的用药安全。

一、国家基本药物及其目录

（一）国家基本药物制度

国家基本药物制度是对基本药物目录制定、生产供应、采购配送、合理使用、价格管理、支付报销、质量监管、监测评价等多个环节实施有效管理的制度。

2009 年 8 月 18 日，国家发展改革委、卫生部、工业和信息化部、监察部、财政部、人力资源和社会保障部、商务部、食品药品监管局、国家中医药管理局等 9 部委联合发布了《关于建立国家基本药物制度的实施意见》，这标志着我国建立国家基本药物制度工作正式实施。除《实施意见》外，9 部委还同时发布了《国家基本药物目录管理办法(暂行)》和《国家基本药物目录(基层医疗卫生机构配备使用部分)》(2009 版)。

2015 年 2 月 13 日，国家卫生计生委、国家发展改革委、工业和信息化部、财政部、人力资源社会保障部、商务部、食品药品监管总局、国家中医药管理局、总后勤部卫生部等 9 部委联合发布了《关于印发国家基本药物目录管理办法的通知》(国卫药政发〔2015〕52 号)，发布了新修订的《国家基本药物目录管理办法(暂行)》。新办法除对相关单位名称和部分文字等进行修改外，文件的框架和基本内容未做改变。《目录管理办法》的修订，有利于进一步建立健全基本药物遴选机制。

国家基本药物目录实行动态管理，原则上每 3 年调整一次。必要时，经国家基本药物工作委员会审核同意，可适时组织调整。

（二）国家基本药物

根据《国家基本药物目录管理办法(暂行)》的规定，基本药物是指适应我国基本医疗卫生需求，剂型适宜，价格合理，能够保障供应，公众可公平获得的药品。这些药物具有疗效好、不良反应小、质量稳定、价格合理、使用方便等特点，包括化学药品、生物制品、中成药等。

根据规定，国家将基本药物全部纳入基本医疗保障药品目录，报销比例明显高于非基本药物，降低个人自付比例，用经济手段引导广大群众首先使用基本药物。

> **知识链接**
>
> ### 国家基本药物的特点
>
> 国家基本药物不一定是最便宜的药品，但可以说是效果最好的药品。基本药物是经过综合考虑，能满足临床基本和必要的需求。由于疗效好，使得治疗总成本最低，即具有临床最大治疗效益的同时又兼顾大多数人保健的最佳选择。
>
> 国家基本药物不是一成不变的，需要适时调整。

（三）国家基本药物目录

1. 制定基本药物目录的目的　基本药物是公认的医疗中最基本的药物，也是对公众健康产生最大影响的药物。制定《国家基本药物目录》的目的是要在国家有限的资金资源下获得最大的合理的全民保健效益。同时也是为了加强国家对药品研制、生产和使用环节的科学管理,保证人民防病治病的基本需求,适应医疗体系改革,打击药价虚高。

2. 制定基本药物目录应发挥的作用

1)保障人民的身体健康和用药安全;

2)规范合理用药;

3)促进医疗保险体质的改革;

4)引导药物的研制、生产和使用。

二、国家基本药物的遴选

(一)国家基本药物的遴选原则

国家基本药物遴选应当按照防治必需、安全有效、价格合理、使用方便、中西药并重、基本保障、临床首选和基层能够配备的原则,结合我国用药特点,参照国际经验,合理确定品种(剂型)和数量。

1. 防治必需 基本药物必须是能够满足人们用于常见病、多发病、传染病(包括危害严重的重大传染病,如艾滋病等)、中毒以及初级卫生保健等方面的临床预防与治疗需要。

2. 安全有效 药品的安全性和有效性是药品上市的最基本条件,是指有明确的疗效资料和临床使用证据证明该药品疗效确切、不良反应较小。

3. 价格合理 根据单价及整个疗程费用的比较,选择价格合理的品种进入基本药物目录。

4. 使用方便 必须要有合适的剂型和适宜的包装,便于在不同层次、不同规模的医疗机构使用。方便医患双方,同时有利于运输和储存。

5. 中、西药并重 在遴选基本药物过程中,中药和西药应摆在同等重要的地位。

6. 基本保障 列入目录中的药品应当基本上能够保障人民用药的需要和用药的合法权益。

7. 临床首选 目录中的药品应是在不同条件下临床首选的药品。

8. 基层能够配备 列入目录的药品应保证基层的医疗机构较易获得,并配备足够的数量,保证临床使用。

知识链接

不能纳入国家基本药物目录的药品

1. 含有国家濒危野生动植物药材的;

2. 主要用于滋补保健作用,易滥用的;

3. 非临床治疗首选的;

4. 因严重不良反应,国家药品监督管理部门明确规定暂停生产、销售或使用的;

5. 违背国家法律、法规,或不符合伦理要求的;

6. 国家基本药物工作委员会规定的其他情况。

（二）近年国家基本药物目录简介

1.《国家基本药物目录（基层医疗卫生机构配备使用部分）（2009 版）》 2009 版目录中收录的药品包括化学药品和生物制品、中成药、中药饮品三大类。其中化学药品和生物制品 205 种，中成药 102 种，中药饮品不列具体品种，只做了说明："颁布国家药品标准的中药饮片为国家基本药物，国家另有规定的除外"。

2.《国家基本药物目录（基层医疗卫生机构配备使用部分）（2012 版）》 2012 版与 2009 版比较有所不同，共收录药品 497 种，包括了化学药品和生物制品 292 种，中成药 184 种，民族药 21 种。

> **点滴积累** ∨
>
> 1. 我国实行国家基本药物制度。
> 2. 基本药物具有疗效好、不良反应小、质量稳定、价格合理、使用方便等特点。
> 3. 国家基本药物遴选应当按照防治必需、安全有效、价格合理、使用方便、中西药并重、基本保障、临床首选和基层能够配备的原则。

第三节 药品分类管理

药品分类管理是保障人民用药安全有效的监管措施之一。通过制定相应的法律法规，逐步遏制不合理用药的行为，引导广大消费者正确合理使用药品，满足广大消费者日益增长的医疗保健的需求。

一、分类管理的目的和意义

药品分类管理是国际通行的管理办法。它是根据药品的安全性、有效性原则，依据其品种、规格、适应证、剂量及给药途径等的不同，将药品分为处方药和非处方药并做出相应的管理规定。

《处方药与非处方药分类管理办法（试行）》是原国家食品药品监督管理总局发布的药品分类管理办法，于 1999 年 6 月 11 日通过审议，2000 年 1 月 1 日起正式施行。

> **知识链接**
>
> 处方药与非处方药
>
> 处方药和非处方药不是药品本质的属性，而是管理上的界定。无论是处方药还是非处方药，都是经过国家药品监督管理部门批准的，其安全性和有效性是有保障的。其中非处方药主要是用于治疗各种消费者容易自我诊断、自我治疗的常见轻微疾病。

（一）处方药与非处方药分类管理的目的

1. 加强处方药的监管 防止消费者因自我行为不当导致滥用药物和危及健康。

2. 规范非处方药的监管 引导消费者科学、合理地进行自我保健和自我药疗，减少不合理用药的发生,切实保证人民用药的安全有效。

(二)　处方药与非处方药分类管理的意义

1. 有利于保障人民用药安全有效　药品是特殊的商品,如果使用不合理,不仅浪费药品资源,还会给消费者带来许多不良反应,甚至危及生命。

2. 有利于医药卫生事业健康发展　通过处方药和非处方药的有效管理,推动医药卫生制度改革,增强人们自我保健、自我药疗的意识。

3. 有利于逐步与国际通行的药品管理模式接轨　实施处方药与非处方药分类管理,有利于国际间合理用药、药事管理等方面的学术交流,提高用药水平和管理水平。

二、非处方药的管理

(一)　非处方药的特点

非处方药是消费者不需要凭执业医师或执业助理医师处方即可自行判断、购买和使用的药品。在国外又称为"可在柜台上买到的药物"(Over The Counter),简称 OTC。OTC 已成为非处方药全球通用的俗称。

非处方药一般具有如下特点:①一般用于治疗不严重的小病小伤;②按说明书使用安全性好;③疗效可靠;④说明书通俗易懂;⑤使用方便;⑥质量稳定,易于储存。

(二)　非处方药的遴选原则

非处方药的遴选是一项复杂的工作,因此,相关部门确定以"安全有效、慎重从严、结合国情、中西药并重"为遴选工作指导思想。非处方药的遴选原则可概括为应用安全、疗效确切、质量稳定、使用方便。

> ▶▶ **课堂活动**
>
> 　　与处方药相比,非处方药是消费者不需医生开处方即可自行购买使用的药品。 那么,这是不是意味着非处方药是一种不需管理、消费者可以随意购买和使用的药品呢?

1. 应用安全

(1) 根据文献和长期临床使用证实安全性大的药品;

(2) 药物无潜在毒性,不易引起蓄积中毒,中药中重金属及农药残留量应在安全范围内;

(3) 在推荐剂量下,不良反应发生较少;

(4) 不引起依赖性,无"三致"作用(致癌、致畸、致突变);

(5) 医疗用毒性药品、麻醉药品、精神用药品,原则上不能列入,个别用于配制复方制剂者例外;

(6) 组方合理,中药配伍中无"十八反""十九畏"。

2. 疗效确切

(1) 药物作用针对性强,适应证或功能主治明确;

(2) 不需经常调整剂量;

(3) 连续应用不引起耐药性或耐受性。

3. 质量稳定

(1) 质量可控;

（2）在规定贮存条件下,性质稳定。

4. 使用方便

（1）用药时不需作特殊检查和试验;

（2）以口服、外用、吸入等剂型为主。

（三）非处方药的分类和专有标识管理

1. 非处方药的分类　根据不同非处方药的安全性差异,非处方药分为甲类非处方药和乙类非处方药两种。

（1）甲类非处方药:在执业药师或药师指导下购买和使用,可在医院药房、药店销售;

（2）乙类非处方药:相对于甲类而言安全性更高。乙类非处方药除可在医院药房、药店销售外,还可在所在地的省级药品监督管理部门或其授权的药品监督管理部门批准的超市、宾馆、百货商店等处销售。零售乙类非处方药的商业企业无需配备执业药师,但必须配备专职的、具有高中以上文化程度、经专业培训后、由省级药品监督管理部门或授权的药品监督管理部门考核合格并取得上岗证的人员。

> ▶▶ 课堂活动
>
> 　　请列举你用过或见过的甲类非处方药和乙类非处方药各 3~5 种。

2. 非处方药专有标识管理　为规范非处方药品的管理,国家药品监督管理局于 1999 年 11 月 19 日发布了《非处方药专有标识管理规定》(暂行),并自 2000 年 1 月 1 日起实施。

（1）非处方药品的专有标识:为椭圆形内的"OTC"三个字母。其中"OTC"字母为白色,椭圆形的背景分为红色和绿色两种,红色椭圆形背景,是甲类非处方药。绿色的椭圆形背景,是乙类非处方药。如图 8-1 所示(见彩图 1):

甲类非处方药　　　　乙类非处方药
（红底白字）　　　　（绿底白字）

图 8-1　非处方药专有标识

（2）非处方药专有标识管理:非处方药专有标识是仅用于已列入《国家非处方药目录》、并通过药品监督管理部门审核登记的非处方药药品标签、使用说明书、内包装、外包装的专有标识。也可用作经营非处方药企业的指南性标志。关于非处方药专有标识的使用和管理需注意以下几个方面:

1）非处方药专有标识的印刷颜色:非处方药专有标识在药品说明书和大包装上可以单色(黑白)印刷,标签和其他包装必须按照国家药品监督管理局公布的色标要求印刷。单色(黑白)印刷时,非处方药专有标识下必须标示"甲类"或"乙类"字样。

2）非处方药专有标识的字体大小:非处方药专有标识应与药品标签、使用说明书、内包装、外包装一体化印刷,其大小可根据实际需要设定,但必须醒目、清晰,并按照国家药品监督管理局公布的坐标比例使用。

3）非处方药专有标识的印刷位置:非处方药药品标签、使用说明书和每个销售基本单元包装印有中文药品通用名称(商品名称)的一面(侧),其右上角是非处方药专有标识的固定位置。

（四）非处方药管理的一般原则

1. 非处方药的包装、标签和说明书管理

（1）非处方药包装上必须印有国家指定的非处方药专有标识；

（2）非处方药的标签和说明书用语应科学、易懂、翔实、准确，每一销售基本单元要附有标签和说明书；

（3）包装符合质量要求，方便运输、储存和使用；

（4）包装或说明书上印有警示语："请仔细阅读说明书并按说明使用或在药师指导下购买和使用！"

2. 非处方药的广告管理　非处方药经审批可以在大众媒体上进行广告宣传。但其内容必须经过审查、批准，不能任意夸大和篡改。

3. 非处方药的生产、批发管理　非处方药的生产企业必须取得《药品生产许可证》和 GMP 认证，非处方药的批发企业必须取得《药品经营许可证》和 GSP 认证。

▶▶ **课堂活动**

　　1. 非处方药可以做广告的大众媒体有哪些？

　　2. 选择一则你看过的非处方药广告，从内容和形式两方面对其进行简要分析。

4. 非处方药的零售管理

（1）零售企业资格：甲类非处方药必须在具有《药品经营许可证》、GSP 认证证书并配备执业药师或药师以上药学技术人员的零售药店、医疗机构药房销售，其他任何单位或个人不得零售甲类非处方药。

（2）零售管理：非处方药必须与处方药分柜陈列，非处方药不得采用有奖销售、附赠药品或礼品等销售方式。普通商业企业销售乙类非处方药时，应设立专门货架或专柜，并按规定摆放药品。

三、处方药的管理

（一）处方药的特点

处方药简称 Rx，是指必须凭执业医师或执业助理医师处方才可调配、购买和使用的药品。处方药大多属于以下几种情况：

1. 刚上市的新药　新药刚刚上市，虽然做过临床试验，但是对其活性或副作用还要进一步观察，必须作为处方药。

2. 可产生依赖性或成瘾性的药物　例如吗啡类镇痛药及某些催眠安定药物等，消费者自行使用可能造成依赖性或成瘾性，从而危害身体健康。

3. 本身毒性较大或治疗指数小的药物　例如抗癌药物，本身毒性很大，需要在医师的指导和监督下才能使用，并及时检测体征；还有一些药品，有效量和致死量非常接近，消费者自用有很大的危险性，必须作为处方药。

4. 用于治疗某些疾病所需的特殊药品　某些疾病如心脑血管疾病、糖尿病等，虽然是常见病，但是必须经过医生诊断后才能确定。因此，这些疾病用药，须经医师确诊后开出处方并在医师指导下使用，必须作为处方药。

（二）处方药管理的一般原则

1. 处方药的批发、零售管理　处方药的批发、零售企业必须取得《药品经营许可证》和 GSP 认证。对进入流通领域的处方药,药品生产企业应将警示语"凭医师处方销售、购买和使用!"醒目地印制在药品包装和说明书上,禁止以任何方式直接向病患者推荐、销售处方药。处方药不得采取开架自选的方式销售。

知识链接

药品零售企业不得经营和必须凭处方销售的药品

药品零售企业不得经营的处方药品种有:麻醉药品、放射性药品、一类精神药品、终止妊娠药品、蛋白同化制剂、肽类激素(胰岛素除外)、药品类易致毒化学品、疫苗,以及我国法律规定的其他零售企业不得经营的处方药品。

药品零售企业必须凭处方销售的药品有:注射剂、医疗用毒性药品、二类精神药品、上述不得经营的品种以外其他按兴奋剂管理的药品、精神障碍治疗药(抗精神病、抗焦虑、抗躁狂、抗抑郁药)、抗病毒药(逆转录酶抑制剂和蛋白酶抑制剂)、肿瘤治疗药、含麻醉药品的复方口服溶液和曲马多制剂、未列入非处方药目录的抗菌药和激素,以及原国家食品药品监督管理总局公布的其他必须凭处方销售的药品。

---

2. 处方药的广告管理　处方药只能在面向医师、药师的医药专业刊物上发布广告,不得在大众媒体上做广告。

（三）处方药与非处方药的转换

1. 非处方药转为处方药　对已列入国家非处方药目录中的药品,每隔 3～5 年还要进行一次再评价,确保非处方药的有效性和安全性。如果非处方药在使用过程中发现新的严重的不良反应,导致该药品存在不安全隐患或其他不适宜按非处方药管理的情况,应及时转换为处方药,按处方药管理。

案例分析

案例:大家所熟悉的感冒药新康泰克,因为含有提炼冰毒所需的伪麻黄碱成分,且成本较低,制作工艺简单,新康泰克这一本来用来治疗感冒的非处方药,也成了不法分子的制毒新原料,流入制毒环节。一些不法分子大量骗购、套购含麻黄碱类复方制剂,从中提取伪麻黄碱后制造冰毒。

继含麻黄碱类药品实名购买之后,2012 年 12 月,国家食品药品监督管理局、公安部、卫生部联合发布通知,加强含麻黄碱类复方制剂管理:如果单位剂量麻黄碱类药物含量大于 30mg(不含 30mg),该类复方制剂将列入必须凭处方销售的处方药管理。

问题:谈谈你对非处方药向处方药转换的认识。

分析:某些非处方药在使用过程中,发现了严重的不安全隐患,应将其转为处方药管理。

---

2. 处方药转为非处方药　经国家药品监督管理局批准上市的药品,符合申请范围的,其国内药品生产企业(或进口药品代理商)可向所在地省级药品监督管理部门提出处方药转换为非处方药的

申请。初审通过的品种,集中报送至国家药品监督管理局药品安全监管司。国家药品监督管理局对报送的品种进行审查,符合条件的组织有关单位和专家进行医学和药学评价,并定期公布处方药转换为非处方药的品种名单及其说明书。

处方药与非处方药的身份不是一成不变的。在我国实施处方药与非处方药分类管理仍处于不断探索和完善阶段,开展处方药与非处方药转换评价是一项艰巨的工作。

点滴积累 ∨ ···

1. 药品分类管理办法是根据药品的安全性、有效性原则,依据其品种、规格、适应证、剂量及给药途径等,将药品分为处方药和非处方药并做出相应的管理规定。
2. 非处方药的遴选原则可概括为应用安全、疗效确切、质量稳定、使用方便。
3. 处方药是必须凭处方调配、购买和使用的药品。"双轨制"是过渡时期的一种管理方式。
4. 处方药和非处方药的身份不是一成不变的。

第四节 药品标识管理

药品标识在药品流通、使用过程中有重要的作用,对药品标识物进行规范化、科学化、法治化管理是非常必要的。

一、药品标识的概念和作用

(一)药品标识的概念

药品标识又叫药品标识物,是药品的包装、标签和说明书的统称。

药品标识物是作为整体商品的重要组成部分,是药品外在质量的主要体现,也是医师和药师决定用药和指导消费者购买选择的重要信息来源。

各药品生产企业必须在遵守国家规定的前提下设计药品包装的形式和标签的内容,说明书的格式要严格按照原国家食品药品监督管理总局规定的格式印制,内容也应符合相应要求。

(二)药品标识的作用

1. 药品包装的作用 药品包装的作用有以下几个方面:

(1)保护药品:避免药品受温度、湿度、光照、空气等因素的影响而变质;同时又在药品储运过程中发挥着防冻、防虫鼠、防破损及有效防止掺杂、掺假的作用。

▶ **课堂活动**

医药商品的包装要适当。但是当前有些商品出现了过度包装的现象,你能否列举一些过度包装的例子并谈一谈你对过度包装的看法?

(2)方便服用、存储和运输:通过适当的包装可以使剂量准确,方便消费者服用;对某些液体制剂、易变质药品等通过适当包装也便于存储和运输。

(3)传递信息:药品销售包装上印有药品的各种信息,能直观地表明药品的组分、主治、适应证及用法用量、禁忌等。

（4）便于药品分类管理：药品包装上按照规定印有专有标识或特殊标志，通过药品包装上信息的识别来有效地将药品分类陈列、管理。

（5）利于陈列摆放和促进销售：药品的销售包装一般设计精美，印刷讲究，即方便了在货架上陈列摆放，也起到了一定的促销作用。

（6）增加经济效益：药品包装本身也有价值，能增加企业的经济效益。

2. 药品标签和说明书的作用　药品标签、说明书是药品整体包装的重要组成部分，其作用如下：

（1）指导合理用药：药品标签、说明书是药品情况介绍的媒介，是医师、药师、护师和病人发药、用药时的科学依据，仔细阅读说明书使用药品可以在一定程度上避免不合理用药。

（2）传递医药信息：药品标签、说明书是医、药学服务人员和消费者获得药品知识的重要渠道，也是药品生产、供应部门向医药卫生人员和人民群众宣传介绍药品特性、指导合理安全用药、普及医药知识的主要媒介。

（3）传递企业信息：药品标签、说明书上明确印有药品生产企业的信息，方便药品使用者与厂家联系，使厂家可以获取药品使用等方面的第一手资料。

二、药品包装的管理

（一）药品包装的分类

药品的包装分内包装与外包装。

1. 内包装　系指直接与药品接触的包装（如安瓿、注射剂瓶、片剂或胶囊剂泡罩包装铝箔等）。

2. 外包装　系指内包装以外的包装，按由里向外分为中包装和大包装。大包装也叫运输包装。

（二）直接接触药品的包装材料、容器的管理

直接接触药品的包装材料和容器是药品不可分割的一部分，它伴随药品生产、流通及使用的全过程。

1. 直接接触药品的包装材料和容器的一般规定

（1）直接接触药品的包装材料和容器，必须符合药用要求，符合保障人体健康、安全的标准，并由药品监督管理部门在审批药品时一并审批；

（2）药品生产企业不得使用未经批准的直接接触药品的包装材料和容器；

（3）对不合格的直接接触药品的包装材料和容器，由药品监督管理部门责令停止使用；使用未经批准的材料作为直接接触药品的包装材料和容器的按劣药论处。

2. 医疗机构自配制剂包装材料和容器的规定　医疗机构配制制剂所使用的直接接触药品的包装材料和容器、制剂的标签和说明书应当符合《药品管理法》第 6 章和《药品管理法实施条例》的相关规定，并经省、自治区、直辖市人民政府药品监督管理部门批准。

（三）药品销售包装、运输包装的管理

药品包装必须适合药品质量的要求，方便储存、运输和医疗使用，必须按照规定印有或贴有标签并附有说明书。

1. 药品销售包装　是指药品每一个销售基本单元的包装，用于陈列在货架上，便于分类摆放和

选购。生产企业可以在规定的情况下设计药品包装盒的图案和样式,包装上印制的标签必须符合标签的管理规定。

2. 药品运输包装　即外包装应根据药品的特性选用不易破损、防潮、防冻、防虫鼠的包装,并印制或贴有相应的指示性标志,以保证药品在运输、贮藏过程中的质量。药品运输包装上常见的指示性标志如图 8-2 所示。

图 8-2　药品外运输包装(外箱)上常见指示性标志

(四) 中药材、中药饮片包装的管理

1. 发运中药材必须有包装　在每件包装上,必须注明品名、产地、日期、调出单位,并附有质量合格的标志。

2. 中药饮品的包装　生产中药饮片,应当选用与药品性质相适应的包装材料和容器;包装不符合规定的中药饮片,不得销售。中药饮片包装必须印有或者贴有标签。

三、药品标签和说明书的管理

(一) 药品标签的管理

1. 药品标签的含义　药品标签是指药品包装上印有或者贴有的内容,分为内标签和外标签。药品内标签指直接接触药品的包装的标签,外标签指内标签以外的其他包装的标签。

2. 药品标签管理规定

(1) 药品内标签:药品的内标签应当包含药品通用名称、适应证或者功能主治、规格、用法用量、生产日期、产品批号、有效期、生产企业等内容。包装尺寸过小无法全部标明上述内容的,至少应当标注药品通用名称、规格、产品批号、有效期等内容。

(2) 药品外标签:药品外标签应当注明药品通用名称、成分、性状、适应证或者功能主治、规格、用法用量、不良反应、禁忌、注意事项、贮藏、生产日期、产品批号、有效期、批准文号、生产企业等内容。以上事项不能全部注明的,应当标出主要内容并注明"详见说明书"字样。

(3) 用于运输、储藏的包装的标签:至少应当注明药品通用名称、规格、贮藏、生产日期、产品批号、有效期、批准文号、生产企业,也可以根据需要注明包装数量、运输注意事项或者其他标记等必要内容。

（4）专有标识的标注：麻醉药品、精神药品、医疗用毒性药品、放射性药品、外用药品和非处方药品等国家规定有专有标识的，其说明书和标签必须印有规定的标识。药品标签上的专有标识必须彩色印制，说明书和运输包装上的标识可以黑白印制。非处方药品的专有标识前面已讲述。其余药品的专有标识如图8-3所示（见彩图2）。

麻醉药品　　　　　精神药品　　　医疗用毒性药品　　放射性药品　　　　外用药品

图8-3　药品的专有标识

（5）原料药的标签：应当注明药品名称、贮藏、生产日期、产品批号、有效期、执行标准、批准文号、生产企业，同时还需注明包装数量以及运输注意事项等必要内容。

（6）同一药品生产企业生产的同一药品：药品规格和包装规格均相同的，其标签的内容、格式及颜色必须一致；药品规格或者包装规格不同的，其标签应当明显区别或者规格项明显标注。同一药品生产企业生产的同一药品，分别按处方药与非处方药管理的，两者的包装颜色应当明显区别。

（7）贮藏有特殊要求的药品：应当在标签的醒目位置注明。

知识链接

药品标签印刷的限制性规定

根据《药品说明书和标签管理规定》，药品标签不得超出说明书的范围，不得印制暗示疗效、误导使用和不适当宣传产品的文字和标识。因此，药品标签不得印制"××省专销""原装正品""进口原料""驰名商标""专利药品""××监制""××总经销""××总代理"等字样。

"企业防伪标识""企业识别码""企业形象标志"等不违背此规定的文字图案可以印制。"印刷企业""印刷批次"等与药品的使用无关的，不得在药品标签中标注。以企业名称等作为标签底纹的，不得突出显示某一名称来弱化药品通用名称。

（二）药品说明书的管理

药品说明书应依照国家要求的格式及内容，由生产厂家制备。说明书的内容应尽可能准确并定时修订。每个药品包装中应有一份适用的说明书，供患者和医务工作者使用。

1. 药品说明书的内容　药品说明书应当包含药品安全性、有效性的重要科学数据、结论和信息，用以指导安全、合理使用药品。药品说明书的具体格式、内容和书写要求由国家药品监督管理局制定并发布。药品说明书对疾病名称、药学专业名词、药品名称、临床检验名称和结果的表述，应当采用国家统一颁布或规范的专用词汇，度量衡单位应当符合国家标准的规定。

药品说明书应当列出全部活性成分或者组方中的全部中药药味。注射剂和非处方药还应当列出所用的全部辅料名称。药品处方中含有可能引起严重不良反应的成分或者辅料的,应当予以说明。

2. 药品说明书修改的规定 药品生产企业应当主动跟踪药品上市后的安全性、有效性情况,需要对药品说明书进行修改的,应当及时提出申请。根据药品不良反应监测、药品再评价结果等信息,国家药品监督管理局也可以要求药品生产企业修改药品说明书。

药品说明书获准修改后,药品生产企业应当将修改的内容立即通知相关药品经营企业、使用单位及其他部门,并按要求及时使用修改后的说明书和标签。

3. 药品说明书的格式 原国家食品药品监督管理总局制定了《化学药品和治疗用生物制品说明书规范细则》和《预防用生物制品说明书规范细则》《中药、天然药物处方药说明书格式》《中药、天然药物处方药说明书内容书写要求》及《中药、天然药物处方药说明书撰写指导原则》,对各类药品说明书格式及书写规则进行了规定。

知识链接

化学药品和治疗用生物制品说明书格式

注册商标标注位置　　　　　　　　　　特殊药品、非处方药、外用药品标识位置

（左上角）　　　　　　　　　　　　　　　　　　（右上角）

×××说明书

警示语位置

【药品名称】	【药物相互作用】
【成分】	【药物过量】
【性状】	【临床试验】
【适应证】	【药理毒理】
【规格】	【药代动力学】
【用法用量】	【贮藏】
【不良反应】	【包装】
【禁忌】	【有效期】
【注意事项】	【执行标准】
【孕妇及哺乳期妇女用药】	【批准文号】
【儿童用药】	【说明书修订日期】
【老年用药】	【生产企业】

四、药品批准文号等标识的管理

（一）药品批准文号的管理

1. 药品批准文号格式 2007年10月1日起施行的《药品注册管理办法》第171条规定,药品批

准文号的格式为：国药准字 H(Z、S、J)+4 位年号+4 位顺序号,其中 H 代表化学药品,Z 代表中药,S 代表生物制品,J 代表进口药品分包装。除此之外,体外化学诊断试剂使用字母"T",药用辅料使用字母"F"。2002 年 1 月 1 日之前上市的药品,批准文号遵循相关管理规定。

知识链接

药品批准文号的格式规定

2002 年 1 月 28 日国家药品监督管理局发布了《关于统一换发并规范药品批准文号格式的通知》。《通知》规定,药品批准文号格式:国药准字+1 位字母+8 位数字,试生产药品批准文号的格式:国药试字+1 位字母+8 位数字。 化学药品使用字母"H",中成药使用字母"Z",通过国家药品监督管理局整顿的保健药品使用字母"B",生物制品使用字母"S",体外化学诊断试剂使用字母"T",药用辅料使用字母"F",进口分包装药品使用字母"J"。 其中 8 位数字的规定如下:数字第 1、2 位为原批准文号的来源代码,其中"10"代表原卫生部批准的药品;"19""20"代表 2002 年 1 月 1 日以前国家药品监督管理局批准的药品;其他使用各省行政区划代码前两位的,为原各省级卫生行政部门批准的药品。 第 3、4 位为换发批准文号之年公元年号的后两位数字,数字第 5 至 8 位为顺序号。

---

2. 药品批准文号的管理

(1) 药品批准文号是药品生产合法性的标志:《药品管理法》规定,生产新药或者已有国家标准的药品的,"须经国务院药品监督管理部门批准,并发给药品批准文号"。药品生产企业在取得药品批准文号后,方可生产该药品。

(2) 药品批准文号的唯一性:一种药品只有一个药品批准文号,一个批准文号只属于一种药品。药品批准文号可以通过国家药品监督管理局网站进行查询。

案例分析

解读如下药品的批准文号,并指明分别是哪种药品的批准文号。

1. 国药准字 Z20055270。

2. 国药准字 H44021518。

3. 国药准字 Z10890019。

分析: 1. Z 表明该药品为中药, 20 是 2002 年 1 月 1 日以前国家药品监督管理局批准的药品, 05 是该药品批准的年号, 为 2005 年, 顺序号为 5270。

2. H 表明该药为化学药, 44 为广东省行政区划代码的前两位, 表明原批准文号是广东省药品监督管理部门核发的, 02 代表 2002 年统一换发的批准文号, 该品种的顺序号为 1518。

3. Z 表明该药品为中药, 10 代表该药品是原卫生部批准的药品, 89 表明原批准文号是 1989 年核发的, 顺序号为 0019。

（二）药品名称的管理

1. 药品的通用名称 是药品标准中收载的药品名称。通用名称是药品的法定名称。

（1）药品通用名称的意义：《中华人民共和国药品管理法》第50条规定，列入国家药品标准的药品名称为药品通用名称。已经作为药品通用名称的，该名称不得作为药品商标使用。同一处方或同一品种的药品需使用相同的通用名称，这有利于国家对药品的监督管理，有利于医生选用药品，有利于保护消费者合法权益，也有利于制药企业之间展开公平竞争。

（2）药品通用名称的管理规定：根据《中华人民共和国商标法》的规定，药品通用名称不得作为商标或商品名注册；根据《药品广告审查发布标准》第7条规定，药品广告中必须标明药品的通用名称。《药品管理法》和《药品说明书和标签管理规定》规定，在药品包装上或药品说明书上应标有药品通用名称。

（3）药品通用名称的书写：《药品说明书和标签管理规定》第25条规定，药品通用名称应当显著、突出，其字体、字号和颜色必须一致，并符合以下要求：

1）书写位置：对于横版标签，必须在上1/3范围内显著位置标出；对于竖版标签，必须在右1/3范围内显著位置标出；

2）书写字体：不得选用草书、篆书等不易识别的字体，不得使用斜体、中空、阴影等形式对字体进行修饰；

3）印刷颜色：字体颜色应当使用黑色或者白色，与相应的浅色或者深色背景形成强烈反差；

4）除因包装尺寸的限制而无法同行书写的，不得分行书写。

2. 药品的商品名 是药品生产企业为自己生产的药品起的名称。商品名应当符合《药品商品名称命名原则》的规定，并得到国家药品监督管理部门的批准后方可使用。药品商品名的管理规定如下：

（1）药品商品名称不得夸大宣传、暗示疗效作用。

（2）药品商品名称不得与通用名称同行书写，其字体和颜色不得比通用名称更突出和显著，其字体以单字面积计不得大于通用名称所用字体的1/2。

▶▶ **课堂活动**

每人收集3～5个药品包装盒，仔细观察并指出药品的药品通用名、商品名。并说明是否标注了其他名称，分别是什么？

（3）药品说明书和标签中禁止使用其他未经国家药品监督管理部门批准的药品名称。

（三）药品生产日期、有效期和产品批号的管理

1. 药品的生产日期 是指某种药品完成所有生产工序的最后日期，要具体到日。药品包装上"生产日期"应表述明确，不得简化为"同批号"。

2. 药品的有效期 药品标签中的有效期，应当按照年、月、日的顺序标注，年份用四位数字表示，月、日用两位数表示。其具体标注格式为"有效期至××××年××月"或者"有效期至××××年××月××日"；也可以用数字和其他符号表示为"有效期至××××.××."或者"有效期至××××/××/××"等。

▶▶ 课堂活动

　　某药品的包装盒上标注了以下内容，这些内容哪几项是不合规定的？

【生产日期】2012 年 9 月

【产品批号】120901

【有效期】三年

　　3. 产品批号　　是用于识别某一批药品的具有唯一性的一组数字或数字加字母。同一批药品具有均一的质量和特性。因此，产品批号可以追溯一批药品的原料来源、市场去向、质量状况等信息，在必要的时候可以控制或回收整批药品。对药品监督管理者来说，可以依据该批药品的抽检情况及使用中出现的情况进行药品质量监督和药品控制。

知识链接

产品批号不能代表生产日期

　　要特别注意，虽然有的产品批号用生产日期来表示，但是产品批号这组数字与药品的生产日期没有直接联系，如某产品批号可标示为 20020215、20031245、200507AD 等形式，从批号上不能确定生产日期。因此，药品包装盒上要同时标注药品的生产日期、产品批号和有效期。

（四）药品注册商标的管理

　　1. 药品说明书和标签中禁止使用未经注册的商标。

　　2. 注册商标的印刷　　药品标签使用注册商标的，应当印刷在药品标签的边角，含文字的，其字体以单字面积计不得大于通用名称所用字体的 1/4。

　　3. 在药品广告中宣传注册商标的，必须同时使用药品通用名称。

点滴积累　\/

　　1. 药品标识又叫药品标识物，是药品的包装、标签和说明书的统称，药品标签、说明书是药品整体包装的重要组成部分。

　　2. 药品包装上必须印有药品的专有标识。

　　3. 药品说明书应依照国家要求的格式及内容制备，内容准确并定时修订。

第五节　特殊药品管理

　　特殊管理药品是指根据药品管理法的规定，对其研制、生产、经营、运输、进出口和使用等采取有别于一般药品管理的特殊管理措施，分别制定专门管理办法的药品。具体就是指现行《药品管理法》第 35 条规定的麻醉药品、精神药品、医疗用毒性药品和放射性药品。此外，目前我国实施特殊管理的药品还有药源性兴奋剂，药品类易制毒化学品，戒毒药品等。

一、麻醉药品和精神药品的管理

(一) 麻醉药品和精神药品的含义

1. **麻醉药品** 指对中枢神经有麻醉作用,连续使用后易产生身体依赖性、能形成瘾癖的药品。经营管理中所指麻醉药品则是指列入《麻醉药品和精神药品品种目录》的麻醉药品和其他物质,该目录由国务院药品监督管理部门会同公安部门、卫生主管部门制定、调整并公布。最新版本是2007年10月11日公布、自2008年1月1日起施行的2007年版目录。

> **知识链接**
>
> ### 麻醉药品与麻醉药(剂)的区别
>
> 麻醉药(剂),即麻药,是指医疗上用于全身麻醉和局部麻醉的药品,如乙醚、三氯甲烷、普鲁卡因、利多卡因等,能使患者感觉消失尤其是痛觉消失,以利于手术或治疗。这些药品在药理上虽具有麻醉作用,但不具有依赖性潜力。
>
> 麻醉药品能使机体产生依赖性,具有成瘾性。

2. **精神药品** 是指作用于人体的中枢神经系统,对中枢产生兴奋或抑制作用的,长期使用可能产生依赖性的药品。经营管理中所指精神药品则是指列入《麻醉药品和精神药品品种目录》的精神药品和其他物质,该目录由国务院药品监督管理部门会同公安部门、卫生主管部门制定、调整并公布。最新版本于2013年11月11日公布、自2014年1月1日起施行。精神药品分为第一类精神药品和第二类精神药品,第一类精神药品在毒性和成瘾性等方面较第二类精神药品要强。

(二) 麻醉药品的管理要点

1. 国家对麻醉药品实行定点经营制度。

2. 药品经营企业不得经营麻醉药品原料药。

3. **麻醉药品定点批发企业应当具备的条件** 有符合条例规定的麻醉药品和精神药品储存条件;有通过网络实施企业安全管理和向药品监督管理部门报告经营信息的能力;单位及其工作人员2年内没有违反有关禁毒的法律、行政法规规定的行为;符合国务院药品监督管理部门公布的定点批发企业布局。麻醉药品定点批发企业,还应当具有保证供应责任区域内医疗机构所需麻醉药品的能力,并具有保证麻醉药品安全经营的管理制度。

4. 麻醉药品不得零售。

5. 麻醉药品实行政府定价。

6. **麻醉药品的库存管理** 批发企业应当设置储存麻醉药品的专库。该专库应当符合下列要求:安装专用防盗门,实行双人双锁管理;具有相应的防火设施;具有监控设施和报警装置,报警装置应当与公安机关报警系统联网。

7. **配备专人负责麻醉药品管理工作** 企业应当建立储存麻醉药品的专用账册。药品入库双人验收,出库双人复核,做到账物相符。专用账册的保存期限应当自药品有效期期满之日起不少于5年。

8. 麻醉药品目录中的罂粟壳只能用于中药饮片和中成药的生产以及医疗配方使用。

(三) 精神药品的管理

1. 第一类精神药品经营管理要点

(1) 国家对第一类精神药品实行定点经营制度。

(2) 药品经营企业不得经营第一类精神药品原料药。

(3) 第一类精神药品定点批发企业应当具备下列条件:有符合条例规定的精神药品储存条件;有通过网络实施企业安全管理和向药品监督管理部门报告经营信息的能力;单位及其工作人员2年内没有违反有关禁毒的法律、行政法规规定的行为;符合国务院药品监督管理部门公布的定点批发企业布局。

(4) 第一类精神药品的定点批发企业,还应当具有保证供应责任区域内医疗机构所需第一类精神药品的能力,并具有保证第一类精神药品安全经营的管理制度。

(5) 第一类精神药品不得零售。

(6) 第一类精神药品实行政府定价。

(7) 第一类精神药品的专库应当符合下列要求:安装专用防盗门,实行双人双锁管理;具有相应的防火设施;具有监控设施和报警装置,报警装置应当与公安机关报警系统联网。

(8) 企业应当配备专人负责第一类精神药品管理工作,并建立储存第一类精神药品的专用账册。药品入库双人验收,出库双人复核,做到账物相符。专用账册的保存期限应当自药品有效期期满之日起不少于5年。

知识链接

麻醉药品和第一类精神药品交易的限制性规定

药品经营企业不得经营麻醉药品原料和第一类精神药品原料药。 但是供医疗、科学研究、教学使用的小包装的上述药品可由国务院药品监督管理部门规定的药品批发企业经营。

麻醉药品和第一类精神药品不得采用现金交易。

---

2. 第二类精神药品经营管理要点

(1) 国家对精神药品实行定点经营制度。

(2) 从事第二类精神药品批发业务的企业,应当经所在地省、自治区、直辖市人民政府药品监督管理部门批准。

(3) 第二类精神药品定点批发企业可以向医疗机构、定点批发企业和符合规定的药品零售企业以及依照条例规定批准的其他单位销售第二类精神药品。

(4) 经所在地设区的市级药品监督管理部门批准,实行统一进货、统一配送、统一管理的药品零售连锁企业可以从事第二类精神药品零售业务。

（5）第二类精神药品零售企业应当凭执业医师出具的处方,按规定剂量销售第二类精神药品,并将处方保存 2 年备查;禁止超剂量或者无处方销售第二类精神药品;不得向未成年人销售第二类精神药品。

（6）精神药品实行政府定价。

（7）第二类精神药品经营企业应当在药品库房中设立独立的专库或者专柜储存第二类精神药品,并建立专用账册,实行专人管理。专用账册的保存期限应当自药品有效期期满之日起不少于 5 年。

知识链接

麻醉药品和精神药品经营企业需具备的条件

1. 麻醉药品和精神药品定点批发企业应当具备药品管理法规定的药品经营企业的开办条件。

2. 有符合规定的麻醉药品和精神药品储存条件。

3. 有通过网络实施企业安全管理和向药品监督管理部门报告经营信息的能力。

4. 单位及其工作人员 2 年内没有违反有关禁毒的法律法规规定的行为。

5. 符合国务院药品监督管理部门公布的定点批发企业布局。

二、医疗用毒性药品的管理

（一）医疗用毒性药品的含义及品种

1. 医疗用毒性药品　是指毒性剧烈,治疗剂量与中毒剂量相近,使用不当会致人中毒或死亡的药品。

2. 医药用毒性药品的品种　医疗用毒性药品分毒性中药和毒性西药,具体品种如下:

（1）毒性中药品种:砒石(红砒、白砒)、砒霜、水银、生马前子、生川乌、生草乌、生白附子、生附子、生半夏、生南星、生巴豆、斑蝥、青娘虫、红娘虫、生甘遂、生狼毒、生藤黄、生千金子、生天仙子、闹阳花、雪上一枝蒿、红升丹、白降丹、蟾酥、洋金花、红粉、轻粉、雄黄。

（2）毒性西药品种:去乙酰毛花苷丙、阿托品、洋地黄毒苷、氢溴酸后马托品、三氧化二砷、毛果芸香碱、升汞、水杨酸毒扁豆碱、亚砷酸钾、氢溴酸东莨菪碱、士的宁。

（二）毒性药品的经营管理要点

1. 毒性药品经营单位的认定　毒性药品的收购、经营由各级药品监督管理部门指定的药品经营单位负责;配方用药由国营药店、医疗机构负责。未经批准的单位或个人不得从事毒性药品的收购、经营和配方业务。

2. 毒性药品的经营管理　收购、经营、加工、使用毒性药品的单位必须建立健全保管、验收、领发、核对等制度,严防收假、收错,严禁与其他药品混杂,做到划定仓间、仓位,专柜加锁,专人负责、专账管理。

3. 毒性药品的运输管理　毒性药品的包装容器上必须印有毒药标志。在运输毒性药品的过程中应采取有效措施,防止事故发生。

4. 加工炮制毒性中药 必须按照《中华人民共和国药典》或者省级的《炮制规范》的规定进行。

5. 毒性药品的供应和调配 医疗单位供应和调配毒性药品,凭医生签名的正式处方。药店供应和调配毒性药品,凭盖有医生所在的医疗单位公章的正式处方。每次处方剂量不得超过2日极量。

6. 毒性药品的处方调配 调配处方时,必须认真负责,剂量准确,按医嘱注明要求,并由配方人员及具有药师以上技术职称的复核人员签名盖章后方可发出。对处方未注明"生用"的毒性中药,应当付炮制品。如发现处方有疑问时,须经原处方医生重新审定后再行调配。处方1次有效,取药后处方保存2年备查。

三、放射性药品的管理

(一) 放射性药品的含义

放射性药品是指用于临床诊断或治疗的放射性核素制剂或其标记药物,包括裂变制品、加速器制品、放射性同位素发生器及其配套药盒、放射免疫药盒等。

(二) 放射性药品的经营管理要点

1. 放射性药品的包装 必须安全实用,符合放射性药品质量要求,具有与放射性剂量相适应的防护装置,包装必须分内包装和外包装两部分,外包装必须贴有商标、标签、说明书和放射性药品标志,内包装必须贴有标签。

2. 放射性药品的标签 必须注明药品品名、放射性比活度和装量。

3. 放射性药品的说明书 说明书除注明前款内容外,还须注明生产单位、批准文号、批号、主要成分、出厂日期、放射性核素半衰期、适应证、用法、用量、禁忌证、有效期和注意事项等。

四、药品类易制毒化学品管理

(一) 药品类易制毒化学品的含义

1. 易制毒化学品 是指有可能流入制造毒品非法用途的化学品。易制毒化学品分为三类。第一类是可以用于制毒的主要原料,第二类、第三类是可以用于制毒的化学配剂。

2. 药品类易制毒化学品 是指《易制毒化学品管理条例》中所确定的麦角酸、麻黄碱等物质。

知识链接

常见的易制毒化学品

常见的易制毒化学品是指可用于制造海洛因、可卡因、冰毒、摇头丸等苯丙胺类兴奋剂、致幻剂的化学原料或配剂。《易制毒化学品的分类和品种目录》中收录三类23种,其中药品类易制毒化学品包括:麦角酸、麦角胺、麦角新碱;麻黄碱、伪麻黄碱、消旋麻黄碱、去甲麻黄碱、甲基麻黄碱、麻黄浸膏、麻黄浸膏粉等麻黄碱类物质,及上述品种的原料药及其单方制剂。

部分西药的感冒药中含有麻黄碱或其相关成分,如新康泰克、泰诺等。

（二）药品类易制毒化学品经营管理要点

1. 经营药品类易制毒化学品的条件　经营此类药品的企业，应当依照《易制毒化学品管理条例》和《药品类易制毒化学品管理办法》的规定取得药品类易制毒化学品经营许可。药品类易制毒化学品的经营许可，由国家药品监督管理部门委托省、自治区、直辖市药品监督管理部门办理。

2. 经营药品类易制毒化学品原料药的条件　药品经营企业申请经营药品类易制毒化学品原料药，应当符合《易制毒化学品管理条例》第九条规定的条件，向所在地省、自治区、直辖市药品监督管理部门提出申请。经批准后方可经营。

3. 国家对药品类易制毒化学品实行购买许可制度　购买药品类易制毒化学品的，应当办理《药品类易制毒化学品购用证明》。《购用证明》有效期为 3 个月。《购用证明》只能在有效期内一次使用。《购用证明》不得转借、转让。购买药品类易制毒化学品时必须使用《购用证明》原件，不得使用复印件、传真件。

知识链接

可豁免办理《药品类易制毒化学品购用证明》的情形

符合以下情形之一的，可豁免办理《购用证明》：

1. 医疗机构凭麻醉药品、第一类精神药品购用印鉴卡购买药品类易制毒化学品单方制剂和小包装麻黄碱的；

2. 麻醉药品全国性批发企业、区域性批发企业持麻醉药品调拨单购买小包装麻黄碱以及单次购买麻黄碱片剂 6 万片以下、注射剂 1.5 万支以下的；

3. 按规定购买药品类易制毒化学品标准品、对照品的；

4. 药品类易制毒化学品生产企业凭药品类易制毒化学品出口许可自营出口药品类易制毒化学品的。

---

4. 药品类易制毒化学品原料药的销售管理　经营企业应当将药品类易制毒化学品原料药销售给本省、自治区、直辖市行政区域内取得《购用证明》的单位。药品类易制毒化学品经营企业之间不得购销药品类易制毒化学品原料药。教学科研单位只能凭《购用证明》从麻醉药品全国性批发企业、区域性批发企业和药品类易制毒化学品经营企业购买药品类易制毒化学品。

5. 药品类易制毒化学品制剂的销售管理　生产企业应当将药品类易制毒化学品单方制剂和小包装麻黄碱销售给麻醉药品全国性批发企业。麻醉药品全国性批发企业、区域性批发企业应当按照《麻醉药品和精神药品管理条例》第 3 章规定的渠道销售药品类易制毒化学品单方制剂和小包装麻黄碱。麻醉药品区域性批发企业之间不得购销药品类易制毒化学品单方制剂和小包装麻黄碱。

6. 药品类易制毒化学品禁止使用现金或者实物进行交易。

7. 建立买方档案　药品类易制毒化学品经营企业销售药品类易制毒化学品，应当逐一建立购买方档案。

8. 核查买方身份 药品类易制毒化学品经营企业销售药品类易制毒化学品时,应当核查采购人员身份证明和相关购买许可证明,无误后方可销售,并保存核查记录。

9. 配备相应的设施设备和管理制度 药品类易制毒化学品经营企业、使用药品类易制毒化学品的教学科研单位,应当配备保障药品类易制毒化学品安全管理的设施,建立层层落实责任制的药品类易制毒化学品管理制度。经营企业应当设置专库或者在药品仓库中设立独立的专库(柜)储存药品类易制毒化学品。麻醉药品全国性批发企业、区域性批发企业可在其麻醉药品和第一类精神药品专库中设专区存放药品类易制毒化学品。教学科研单位应当设立专柜储存药品类易制毒化学品。专库应当设有防盗设施,专柜应当使用保险柜;专库和专柜应当实行双人双锁管理。

药品类易制毒化学品经营企业,其关键生产岗位、储存场所应当设置电视监控设施,安装报警装置并与公安机关联网。

10. 建立专用账册 药品类易制毒化学品经营企业,应当建立药品类易制毒化学品专用账册。专用账册保存期限应当自药品类易制毒化学品有效期期满之日起不少于 2 年。药品类易制毒化学品入库应当双人验收,出库应当双人复核,做到账物相符。

五、药源性兴奋剂管理

(一) 药源性兴奋剂的含义

1. 兴奋剂 是指兴奋剂目录所列的禁用物质等。兴奋剂目录由国务院体育主管部门会同国务院药品监督管理部门、国务院卫生主管部门、国务院商务主管部门和海关总署制定、调整并公布,目前最新版本为2017年《兴奋剂目录》。2016年12月30日由国家体育总局、中华人民共和国商务部、中华人民共和国国家卫生和计划生育委员会、中华人民共和国海关总署、国家食品药品监督管理总局共同发布了新的《兴奋剂目录》,并于2017年1月1日起施行。

2. 药源性兴奋剂 目录所列物质中属于药品的物质,包括其原料药及单方制剂。

知识链接

兴 奋 剂

兴奋剂是为提高竞技能力而使用的能暂时性改变身体条件和精神状态的药物和技术。英语中称兴奋剂为"Dope",原义为"供赛马使用的一种鸦片麻醉混合剂"。由于运动员为提高成绩而最早服用的药物大多属于兴奋剂药物——刺激剂类,所以尽管后来被禁用的其他类型药物并不都具有兴奋性(如利尿剂),甚至有的还具有抑制性(如 β 受体阻断剂),国际上对禁用药物仍习惯沿用兴奋剂的称谓。因此,如今通常所说的兴奋剂不再是单指那些起兴奋作用的药物,而实际上是对禁用药物的统称。

（二）药源性兴奋剂的管理要点

1. 经营药源性兴奋剂的批发企业的条件 依照药品管理法的规定取得《药品经营许可证》的药品批发企业,具备下列条件,并经省、自治区、直辖市人民政府药品监督管理部门批准,方可经营蛋白同化制剂、肽类激素:①有专门的管理人员;②有专储仓库或者专储药柜;③有专门的验收、检查、保管、销售和出入库登记制度;④法律、行政法规规定的其他条件。

2. 登记记录管理 蛋白同化制剂、肽类激素的验收、检查、保管、销售和出入库登记记录应当保存至超过蛋白同化制剂、肽类激素有效期2年。

3. 销售管理

（1）除胰岛素外,药品零售企业不得经营蛋白同化制剂或者其他肽类激素。

（2）蛋白同化制剂、肽类激素的批发企业只能向医疗机构、蛋白同化制剂、肽类激素的生产企业和其他同类批发企业供应蛋白同化制剂、肽类激素。肽类激素中的胰岛素还可以向药品零售企业供应。

4. 处罚规定 违反《反兴奋剂条例》规定,有下列行为之一的,由县级以上相关部门按照国务院药品监督管理部门规定的职责分工,没收非法经营的蛋白同化制剂、肽类激素和违法所得,并处违法经营药品货值金额2倍以上5倍以下的罚款;情节严重的,由发证机关吊销《药品经营许可证》;构成犯罪的,依法追究刑事责任:①药品批发企业擅自经营蛋白同化制剂、肽类激素,或者未按照本条例规定渠道供应蛋白同化制剂、肽类激素的;②药品零售企业擅自经营蛋白同化制剂、肽类激素的。

点滴积累 ∨

1. 特殊管理药品包括麻醉药品、精神药品、医疗用毒性药品和放射性药品。此外,目前我国实施特殊管理的药品还有:药源性兴奋剂,药品类易制毒化学品,戒毒药品等。

2. 特殊管理药品依据的主要有效法规包括《医疗用毒性药品管理办法》《放射性药品管理办法》《反兴奋剂条例》《麻醉药品和精神药品管理条例》《易制毒化学品管理条例》《药品类易制毒化学品管理办法》。

目标检测

一、单项选择题

1. （   ）主管全国药品监督管理工作

    A. 国家药品监督管理局   B. 国家卫健委   C. 各省药监部门

    D. 人民代表大会   E. 国家发改委

2. 我国法定的药品质量标准是（   ）,它是国家为保证药品质量可控、确保人民用药安全有效而依法制定的药品法典

    A. 企业药品标准   B. 行业药品标准   C. 中国药典

    D. 基本药物目录   E. 医疗保险目录

3. 下列属于假药的情形是（　　　）

　　A. 变质的药品

　　B. 更改有效期的

　　C. 直接接触药品的包装材料和容器未经批准的

　　D. 药品中擅自添加着色剂

　　E. 有效成分含量不符合药品标准的

4. 生产、销售假药，对人体健康造成严重危害或者有其他严重情节的，应（　　　）

　　A. 处罚金 5 万以上

　　B. 判处死刑

　　C. 处十年以上有期徒刑

　　D. 处三年以上十年以下有期徒刑，并处罚金

　　E. 处无期徒刑

5. 在我国具有处方权的是（　　　）

　　A. 主任药师　　　　　　　　　　　B. 执业药师

　　C. 执业医师或执业助理医师　　　　D. 护士

　　E. 懂医药专业知识的人

6. 非处方药的批发企业必须取得的资格是（　　　）

　　A. 药品生产许可证和 GSP 证书　　　B. 药品经营许可证和 GSP 认证

　　C. 药品经营许可证和 GMP 证书　　　D. 药品零售许可证

　　E. 药品批发许可证

7. 关于处方药的特点叙述**不正确**的是（　　　）

　　A. 不得在大众媒体上宣传　　　　　B. 部分药品有成瘾性和依赖性

　　C. 可以开架销售　　　　　　　　　D. 消费者自用不足以保证安全

　　E. 患者不能自己随意购买

8. 药品的包装、标签和说明书统称为（　　　）

　　A. 药品标识　　　　　B. 药品销售包装　　　　　C. 药品运输包装

　　D. 药品质量特征　　　E. 药品附属文件

9. （　　　）是药品不可分割的一部分，它伴随药品生产、流通及使用的全过程

　　A. 药品标识

　　B. 药品销售包装

　　C. 药品运输包装

　　D. 直接接触药品的包装材料和容器

　　E. 药品剂型

10. （　　　）是药品生产合法性的标志

　　A. 药品标识　　　　　B. 药品批准文号　　　　　C. 生产批号

　　D. 药品说明书　　　　　　　　E. 药品包装

11. (　　)是用于识别某一批药品的具有唯一性的一组数字或数字加字母

　　A. 药品批准文号　　　　B. 生产日期　　　　　　　C. 产品批号

　　D. 药品有效期　　　　　E. 药品电子监管码

12. 药品批发企业**不得经营**的品种是(　　)

　　A. 新药　　　　　　　　B. 第一类精神药品　　　　C. 麻醉药品

　　D. 麻醉药品原料药　　　E. 抗癌药

13. 药品零售企业**不得经营**的品种是(　　)

　　A. 新药　　　　　　　　B. 第二类精神药品　　　　C. 麻醉药品

　　D. 含易制毒化学品的药品　　E. 处方药

二、知识应用题

(一) 案例分析

案例1：2011年11月16日,北京市药品监督管理局与市公安局密切配合,联合开展了"7.20"打击制售假药集群战役北京战区行动,成功破获了"7.20"非法收售药品案。此次"7.20"集群战役由公安部统一指挥,将参战省份划分为北京、上海、深圳三个战区,在全国29个省、区、市170余个城市同时展开。北京战区的工作重点是打击非法收售药品犯罪团伙。截至2011年11月17日14时,共出动药监执法人员410人,执法车辆90台,在丰台、海淀、西城、石景山、房山和昌平六区协助公安机关抓获犯罪嫌疑人84名,打掉团伙34个,摧毁窝点34个,查获药品817种(其中假药6种)、57420盒(瓶),商品标识、药盒、防伪等包材14750张,制假设备8台(包括用于更改药品批号的打号机)。

问题：根据此案例,说说药监部门和公安部门打击涉药犯罪案件的意义。

案例2：2008年10月5日,云南省红河州第四人民医院使用黑龙江省×××制药厂(黑龙江×××药业股份有限公司,下称×××药业公司)刺五加注射液后发生严重不良事件。经查,这是一起由药品污染引起的严重不良事件。×××药业公司生产的刺五加注射液部分药品在流通环节被雨水浸泡,使药品受到细菌污染,后被更换包装标签并销售。2008年7月1日,昆明特大暴雨造成库存的刺五加注射液被雨水浸泡。×××药业公司云南销售人员张某从×××药业公司调来包装标签,更换后销售;中国药品生物制品检定所、云南省食品药品检验所在被雨水浸泡药品的部分样品中检出多种细菌。此外,×××药业公司包装标签管理存在严重缺陷,质量管理人员意识淡薄,包装标签管理不严,提供包装标签说明书给销售人员在厂外重新贴签包装。2008年10月6日,国家食品药品监督管理总局接到云南省食品药品监督管理局报告,云南省红河州6名患者使用了标示为黑龙江省×××制药厂(2008年1月更名为黑龙江×××药业公司)生产的两批刺五加注射液(批号:2007122721、2007121511,规格:100ml/瓶)出现严重不良反应,其中有3例死亡。

问题：(1)本案例中涉及的药品被雨水浸泡后,应认定为假药还是劣药?

(2) 依据《药品管理法》的规定,对该不良事件应追究哪些行政责任?

(3) 对涉案人员应如何处理?

（二）实务操作

某药厂刚生产出一种中成药——大山楂丸,请依据"中成药非处方药说明书"的要求、查阅资料为该药写出说明书。

（徐娟　梁安鹏）

第九章

药品经营和使用管理

情景描述:

　　国家相关部门对药品研发、生产、经营、使用等各环节都依据相关的法律法规进行监督管理,但仍有部分不法企业知法犯法。 2016 年 10 月 21 日,国家食品药品监督管理总局在其官方网站上发布了内蒙古自治区食品药品监督管理局关于收回 GSP 认证证书的公告(内食药监公告〔2016〕26 号)。

　　公告中指出,根据内蒙古自治区食品药品监督管理局药品飞行检查组现场检查情况,8 家企业存在违反《药品经营质量管理规范》,依据《药品医疗器械飞行检查办法》第 25 条规定,内蒙古自治区食品药品监督管理局决定依法收回 8 家企业的《药品经营质量管理规范认证证书》。

学前导语:

　　药品安全涉及从药品研发到药品使用的各个环节,任何一个环节出问题,都可能导致患者用药出现安全隐患。 随着药品流通行业的不断发展和人民群众健康知识的增加,市场对于药品及相关医药商品的经营提出了更高的要求,国家也加大了对药品及相关医药商品经营和使用的监督管理。 本章主要从药品经营和使用管理方面展开讲述。

第一节　药品经营许可证管理办法

　　为加强药品经营许可工作的监督管理,根据《中华人民共和国药品管理法》《中华人民共和国药品管理法实施条例》制定的《药品经营许可证管理办法》于 2004 年 1 月 2 日经国家食品药品监督管理局局务会审议通过,自 2004 年 4 月 1 日起施行。

一、申领《药品经营许可证》的条件

(一)药品批发企业申领《药品经营许可证》的条件

　　按照《药品管理法》第 14 条规定,开办药品批发企业,须经企业所在地省、自治区、直辖市人民政府药品监督管理部门批准并发给《药品经营许可证》,并符合以下设置标准:

1. 具有保证所经营药品质量的规章制度;

2. 企业、企业法定代表人或企业负责人、质量管理负责人无《药品管理法》第 75 条、第 82 条规

定的情形；

> **知识链接**
>
> 《药品管理法》第 75 条、第 82 条
>
> 《药品管理法》第 75 条规定：从事生产、销售假药及生产、销售劣药情节严重的企业或者其他单位，其直接负责的主管人员和其他直接责任人员 10 年内不得从事药品生产、经营活动。
>
> 《药品管理法》第 82 条规定：违反本法规定，提供虚假的证明、文件资料样品或者采取其他欺骗手段取得《药品生产许可证》《药品经营许可证》《医疗机构制剂许可证》或者药品批准证明文件的，吊销《药品生产许可证》《药品经营许可证》《医疗机构制剂许可证》或者撤销药品批准证明文件，5 年内不受理其申请，并处 1 万元以上 3 万元以下的罚款。

3. 具有与经营规模相适应的一定数量的执业药师。质量管理负责人具有大学以上学历，且必须是执业药师，企业法人必须是执业药师；

4. 具有能够保证药品储存质量要求的、与其经营品种和规模相适应的常温库、阴凉库、冷库。仓库中具有适合药品储存的专用货架和实现药品入库、传送、分检、上架、出库现代物流系统的装置和设备；

5. 具有独立的计算机管理信息系统，能覆盖企业内药品的购进、储存、销售以及经营和质量控制的全过程；能全面记录企业经营管理及实施《药品经营质量管理规范》方面的信息；符合《药品经营质量管理规范》对药品经营各环节的要求，并具有可以实现接受当地药品监管部门（机构）监管的条件；

6. 具有符合《药品经营质量管理规范》对药品营业场所及辅助、办公用房以及仓库管理、仓库内药品质量安全保障和进出库、在库储存与养护方面的条件。国家对经营麻醉药品、精神药品、医疗用毒性药品、预防性生物制品另有规定的，从其规定。

（二）药品零售企业申领《药品经营许可证》的条件

开办药品零售企业，应符合当地常住人口数量、地域、交通状况和实际需要的要求，符合方便群众购药的原则，并符合以下设置规定：

1. 具有保证所经营药品质量的规章制度；

2. 具有依法经过资格认定的药学技术人员；经营处方药、甲类非处方药的药品零售企业，必须配有执业药师或者其他依法经过资格认定的药学技术人员。质量负责人应有 1 年以上（含 1 年）药品经营质量管理工作经验。经营乙类非处方药的药品零售企业，以及农村乡镇以下地区设立药品零售企业的，应当按照《药品管理法实施条例》第 15 条的规定配备业务人员，有条件的应当配备执业药师。企业营业时间，以上人员应当在岗；

知识链接

开办药品经营企业必须具备的条件

《药品管理法》第 15 条规定，开办药品经营企业必须具备以下条件：

1. 具有依法经过资格认定的药学技术人员；

2. 具有与所经营药品相适应的营业场所、设备、仓储设施、卫生环境；

3. 具有与所经营药品相适应的质量管理机构或者人员；

4. 具有保证所经营药品质量的规章制度。

3. 企业、企业法定代表人、企业负责人、质量负责人无《药品管理法》第 75 条、第 82 条规定情形的；

4. 具有与所经营药品相适应的营业场所、设备、仓储设施以及卫生环境。在超市等其他商业企业内设立零售药店的，必须具有独立的区域；

5. 具有能够配备满足当地消费者所需药品的能力。药品零售企业应备有的国家基本药物品种数量由各省、自治区、直辖市药品监督管理部门结合当地具体情况确定。

二、申领《药品经营许可证》的程序

（一）药品批发企业办理《药品经营许可证》的程序

1. **申办人申请筹建**　申办人向拟办企业所在地的省、自治区、直辖市药品监督管理部门提出筹建申请，并提交以下材料：

（1）拟办企业法定代表人、企业负责人、质量负责人学历证明原件、复印件及个人简历；

（2）执业药师执业证书原件、复印件；

（3）拟经营药品的范围；

（4）拟设营业场所、设备、仓储设施及周边卫生环境等情况。

2. **药监部门对申办人的申请做出处理**　药品监督管理部门对申办人提出的申请，应当根据下列情况分别做出处理：

（1）申请事项不属于本部门职权范围的，应当即时作出不予受理的决定，发给《不予受理通知书》，并告知申办人向有关药品监督管理部门申请；

（2）申请材料存在可以当场更正错误的，应当允许申办人当场更正；

（3）申请材料不齐或者不符合法定形式的，应当当场或者在 5 日内发给申办人《补正材料通知书》，一次性告知需要补正的全部内容。逾期不告知的，自收到申请材料之日起即为受理；

（4）申请事项属于本部门职权范围，材料齐全、符合法定形式，或者申办人按要求提交全部补正材料的，发给申办人《受理通知书》。《受理通知书》中注明的日期为受理日期。

3. **药监部门决定是否同意筹建**　药品监督管理部门自受理申请之日起 30 个工作日内，对申报材料进行审查，做出是否同意筹建的决定，并书面通知申办人。不同意筹建的，应当说明理由，并告知申办人享有依法申请行政复议或者提起行政诉讼的权利。

4. 申办人筹建企业并提出验收申请 申办人完成筹建后,向受理申请的药品监督管理部门提出验收申请,并提交以下材料:

(1) 药品经营许可证申请表;

(2) 市场监督管理部门出具的拟办企业核准证明文件;

(3) 拟办企业组织机构情况;

(4) 营业场所、仓库平面布置图及房屋产权或使用权证明;

(5) 依法经过资格认定的药学专业技术人员资格证书及聘书;

(6) 拟办企业质量管理文件及仓储设施、设备目录。

5. 验收发证 受理申请的药品监督管理部门在收到验收申请之日起 30 个工作日内,依据开办药品批发企业验收实施标准组织验收,做出是否发给《药品经营许可证》的决定。符合条件的,发给《药品经营许可证》;不符合条件的,应当书面通知申办人并说明理由,同时告知申办人享有依法申请行政复议或提起行政诉讼的权利。

(二) 药品零售企业办理《药品经营许可证》的程序

1. 申办人申请筹建 申办人向拟办企业所在地设区的市级市场监督管理部门或省、自治区、直辖市市场监督管理部门直接设置的县级市场监督管理部门提出筹建申请,并提交以下材料:

(1) 拟办企业法定代表人、企业负责人、质量负责人的学历、执业资格或职称证明原件、复印件及个人简历及专业技术人员资格证书、聘书;

(2) 拟经营药品的范围;

(3) 拟设营业场所、仓储设施、设备情况。

2. 药监部门对申办人的申请做出处理 药品监督管理机构对申办人提出的申请,应当根据下列情况分别做出处理:

(1) 申请事项不属于本部门职权范围的,应当即时作出不予受理的决定,发给《不予受理通知书》,并告知申办人向有关药品监督管理部门申请;

(2) 申请材料存在可以当场更正的错误的,应当允许申办人当场更正;

(3) 申请材料不齐或者不符合法定形式的,应当当场或者在 5 日内发给申办人《补正材料通知书》,一次性告知需要补正的全部内容。逾期不告知的,自收到申请材料之日起即为受理;

(4) 申请事项属于本部门职权范围,材料齐全、符合法定形式,或者申办人按要求提交全部补正材料的,发给申办人《受理通知书》。《受理通知书》中注明的日期为受理日期。

3. 药监部门决定是否同意筹建 药品监督管理机构自受理申请之日起 30 个工作日内,依据本办法第 5 条规定对申报材料进行审查,做出是否同意筹建的决定,并书面通知申办人。不同意筹建的,应当说明理由,并告知申办人依法享有申请行政复议或者提起行政诉讼的权利。

4. 申办人筹建企业并提出验收申请 申办人完成筹建后,向受理申请的药品监督管理机构提出验收申请,并提交以下材料:

（1）药品经营许可证申请表；

（2）市场监督管理部门出具的拟办企业核准证明文件；

（3）营业场所、仓库平面布置图及房屋产权或使用权证明；

（4）依法经过资格认定的药学专业技术人员资格证书及聘书；

（5）拟办企业质量管理文件及主要设施、设备目录。

5. 验收发证 受理申请的（食品）药品监督管理机构在收到验收申请之日起 15 个工作日内，依据开办药品零售企业验收实施标准组织验收，做出是否发给《药品经营许可证》的决定。不符合条件的，应当书面通知申办人并说明理由，同时，告知申办人享有依法申请行政复议或提起行政诉讼的权利。

▶▶ 课堂活动

你见过医药企业的《药品经营许可证》吗？ 许可证上标注了哪些信息？

三、《药品经营许可证》的监督检查

（一）监督检查《药品经营许可证》的部门

《药品经营许可证管理办法》第 3 条规定，国家食品药品监督管理总局主管全国药品经营许可的监督管理工作。省、自治区、直辖市药品监督管理部门负责本辖区内药品批发企业《药品经营许可证》发证、换证、变更和日常监督管理工作，并指导和监督下级市场监督管理机构开展《药品经营许可证》的监督管理工作。设区的市级市场监督管理机构或省、自治区、直辖市药品监督管理部门直接设置的县级市场监督管理机构负责本辖区内药品零售企业《药品经营许可证》发证、换证、变更和日常监督管理等工作。

（二）监督检查的主要内容

药品监督管理部门监督检查《药品经营许可证》时，主要包括以下几个方面：

1. 企业名称、经营地址、仓库地址、企业法定代表人（企业负责人）、质量负责人、经营方式、经营范围、分支机构等重要事项的执行和变动情况；

2. 企业经营设施设备及仓储条件变动情况；

3. 企业实施《药品经营质量管理规范》情况；

4. 发证机关需要审查的其他有关事项。

（三）《药品经营许可证》的变更与换发

1.《药品经营许可证》变更

（1）变更事项：分为许可事项变更和登记事项变更。

1）许可事项变更：是指经营方式、经营范围、注册地址、仓库地址（包括增减仓库）、企业法定代表人或负责人以及质量负责人的变更。

2）登记事项变更：是指上述事项以外的其他事项的变更。如企业名称的变更。

（2）变更程序

1）药品经营企业申请变更：药品经营企业变更《药品经营许可证》许可事项的，应当在原许可事项发生变更 30 日前,向原发证机关申请《药品经营许可证》变更登记;药品经营企业变更《药品经营许可证》的登记事项的,应在市场监督管理部门核准变更后 30 日内,向原发证机关申请《药品经营许可证》变更登记。

2）药监部门验收:原发证部门按规定验收合格后,方可办理变更手续。未经批准,不得变更许可事项。

3）药监部门记录并核发正本:《药品经营许可证》登记事项变更后,应由原发证机关在《药品经营许可证》副本上记录变更的内容和时间,并按变更后的内容重新核发《药品经营许可证》正本,收回原《药品经营许可证》正本。变更后的《药品经营许可证》有效期不变。

2. 《药品经营许可证》的换发　《药品经营许可证》有效期届满,需要继续经营药品的持证企业,应在有效期届满前 6 个月内,向原发证机关申请换发《药品经营许可证》。原发证机关按规定进行审查,符合条件的,收回原证,换发新证。不符合条件的,可限期 3 个月进行整改,整改后仍不符合条件的,注销原《药品经营许可证》。

案例分析

案例:某市场监督管理部门在对辖区内的某药品零售企业进行例行检查时,发现该企业店堂内没有悬挂《药品经营许可证》。经检查人员要求,店长拿出了《药品经营许可证》正副本,其上标注的经营范围为中成药、生化药品、抗生素、化学药制剂、生物制品。检查人员发现该企业有中药饮片专柜,且一位店员正在为顾客调配中药饮片。

问题:本案例中该药品零售企业违反了哪些规定?

分析:①《药品经营许可证管理办法》规定,《药品经营许可证》的正本应置于企业经营场所的醒目位置;②药品经营企业的经营范围不得超出许可证上标注的范围。

（四）《药品经营许可证》的注销与补发

1. 《药品经营许可证》的注销　有下列情形之一的,《药品经营许可证》由原发证机关注销:

（1）《药品经营许可证》有效期届满未换证的;

（2）药品经营企业终止经营药品或者关闭的;

（3）《药品经营许可证》被依法撤消、撤回、吊销、收回、缴销或者宣布无效的;

（4）不可抗力导致《药品经营许可证》的许可事项无法实施的;

（5）法律、法规规定的应当注销行政许可的其他情形。

2. 《药品经营许可证》的补发　企业遗失《药品经营许可证》,应立即向发证机关报告,并在发证机关指定的媒体上登载遗失声明。发证机关在企业登载遗失声明之日起满 1 个月后,按原核准事项补发《药品经营许可证》。

点滴积累 ∨

1. 《药品经营许可证》是企业从事药品经营活动的法定凭证,任何单位和个人不得伪造、变造、买卖、出租和出借。

2. （食品）药品监督管理部门（机构）应加强对《药品经营许可证》持证企业的监督检查，持证企业应当按规定接受监督检查。

第二节 药品经营质量管理规范

《药品经营质量管理规范》简称 GSP，是依据《中华人民共和国药品管理法》等有关法律、法规制定的为加强药品经营质量管理、保证人民用药安全有效、保证药品流通各环节符合质量标准的管理制度。

一、GSP 概述

（一）GSP 及其认证

1. GSP 其英文全称是 good supplying practice，中文含义为"良好供应规范"，在我国，称之为《药品经营质量管理规范》。其核心是约束药品经营企业的行为，对药品经营活动进行全过程的质量控制，保证其向用户和消费者提供合格的药品。

2. GSP 认证 GSP 认证是药品监督管理部门依法对药品经营企业实施 GSP 情况的检查、评价并决定是否发给认证证书的监督管理过程。国家食品药品监督管理局于 2003 年颁布了《药品经营质量管理规范认证办法》，药品监督管理部门按照规定对药品经营企业是否符合《药品经营质量管理规范》的要求进行认证；对认证合格的，发给认证证书。

（二）GSP 的适用范围及意义

1. GSP 的适用范围 GSP 是药品经营质量管理的基本准则，适用于中华人民共和国境内经营药品的专营或兼营企业。

2. 实施 GSP 的意义 药品经营企业应在药品的购进、储运和销售等环节实行质量管理，建立包括组织结构、职责制度、过程管理和设施设备等方面的质量体系，并使之有效运行。GSP 的实施就是为了加强药品经营质量管理，对药品经营企业实行"全过程""全员参与""全企业"的质量管理，保证人民用药安全有效。

（三）GSP 的历史沿革

1984 年中国医药公司组织制定《医药商品质量管理规范（试行）》，1991 年中国医药商业协会组织力量对 1984 年版 GSP 进行了修订，1992 年由国家医药管理局正式发布实施。1998 年国家药品监督管理局在 1992 版 GSP 的基础上重新修订了《药品经营质量管理规范》，并于 2000 年 7 月 1 日起正式施行。2011 年，国家食品药品监督管理总局开始了新一轮的 GSP 修订工作，并多次发布了《药品经营质量管理规范》（征求意见稿）广泛征求各方面意见。2012 年 4 月 18 日，卫生部发布了国家食品药品监管局起草的《药品经营质量管理规范（修订草案）》（征求意见稿），向社会公开征求意见。

知识链接

《药品经营质量管理规范》2016 年修订情况

2015 年 12 月 30 日，国务院办公厅印发《关于加快推进重要产品追溯体系建设的意见》，对药品等产品追溯体系建设明确了坚持政府引导与市场化运作相结合，发挥企业主体作用，调动各方面积极性的基本原则。 为贯彻该意见，落实药品经营企业追溯管理责任，强化企业主体意识，促进建设来源可查、去向可追、责任可究的药品全链条追溯体系，需要对原药品 GSP 中电子监管相关规定进行修改。

2016 年 4 月 23 日，国务院发布《关于修改〈疫苗流通和预防接种管理条例〉的决定》，取消了原条例关于药品批发企业经营疫苗的规定，改由疫苗生产企业直接向疾控机构销售和配送。 需要对原药品 GSP 中关于疫苗经营的规定作出相应修改。

根据《国务院办公厅关于加快推进"三证合一"登记制度改革的意见》，原使用组织机构代码证、税务登记证办理相关事务的，一律改为使用"三证合一"后的营业执照，需要对原药品 GSP 中关于查验首营企业证件要求进行修改。

根据第十二届全国人民代表大会常务委员会第十四次会议《关于修改<中华人民共和国药品管理法>的决定》，新公布的《药品管理法》调整了部分条文序号，需要对原药品 GSP 中涉及引用《药品管理法》的相关条文序号进行修改。

二、药品经营企业的质量管理

（一）药品批发的质量管理

1. 人员与培训

（1）各级负责人的要求：药品批发企业主要负责人应具有专业技术职称，熟悉国家有关药品管理的法律、法规、规章和所经营药品的知识；企业负责人中应有具有药学专业技术职称的人员，负责质量管理工作；企业质量管理机构的负责人，应是执业药师或具有相应的药学专业技术职称，并能坚持原则、有实践经验，可独立解决经营过程中的质量问题；药品检验部门的负责人，应具有相应的药学专业技术职称。

（2）从事质量管理和检验工作的人员：应具有药学或相关专业的学历，或者具有药学专业技术职称，经专业培训并考核合格后持证上岗。

（3）从事验收、养护、计量、保管等工作的人员：应具有相应的学历或一定的文化程度，经有关培训并考核合格后持证上岗。在国家有就业准入规定岗位工作的人员，需通过职业技能鉴定并取得职业资格证书后方可上岗。

（4）健康检查：企业每年应组织直接接触药品的人员进行健康检查，并建立健康档案。发现患有精神病、传染病或者其他可能污染药品疾病的患者，应调离直接接触药品的岗位。

（5）培训：企业应定期对各类人员进行药品法律、法规、规章和专业技术、药品知识、职业道德等教育或培训，并建立档案。

2. 设施与设备　企业应有与经营规模相适应的营业场所及辅助、办公用房。营业场所应明亮、整洁。

（1）与经营规模相适应的仓库：库区地面平整，无积水和杂草，无污染源，并做到：药品储存作业区、辅助作业区、办公生活区分开一定距离或有隔离措施，装卸作业场所有顶棚。有适宜药品分类保管和符合药品储存要求的库房。库房内墙壁、顶棚和地面光洁、平整，门窗结构严密。库区有符合规定要求的消防、安全设施。

知识链接

色 标 管 理

　　药品储存作业区各库（区）均应设有明显标志，且实施色标管理。三色五库（区）分别为：待验库（区），黄色；合格品库（区），绿色；发货库（区），绿色；不合格品库（区），红色；退货库（区），黄色。

　　经营中药饮片还应划分零货称取专库（区）。分装中药饮片应有符合规定的专门场所，其面积和设备应与分装要求相适应。

（2）仓库应有的设施和设备：①保持药品与地面之间有一定距离的设备；②避光、通风和排水的设备；③检测和调节温、湿度的设备；④防尘、防潮、防霉、防污染以及防虫、防鼠、防鸟等设备；⑤符合安全用电要求的照明设备；⑥适宜拆零及拼箱发货的工作场所和包装物料等的储存场所和设备。

（3）特殊药品专用仓库：储存麻醉药品、一类精神药品、医疗用毒性药品、放射性药品的专用仓库应具有相应的安全保卫措施。

（4）药品检验和验收设备：有与经营规模、范围相适应的药品检验部门，配置相应的检验仪器和设备。经营中药材及中药饮片的应设置中药标本室（柜）。有与企业规模相适应、符合卫生要求的验收养护室，配备必要的验收和养护用工具及仪器设备。

（5）设施设备档案：对所用设施和设备应定期进行检查、维修、保养并建立档案。

3. 进货　药品批发企业应把质量放在选择药品和供货单位条件的首位，制定能够确保购进的药品符合质量要求的进货程序。

知识链接

药品批发企业购进的药品应符合的基本条件

　　1. 合法企业所生产或经营的药品。

　　2. 具有法定的质量标准。

　　3. 除国家未规定的以外，应有法定的批准文号和生产批号。进口药品应有符合规定的、加盖了供货单位质量检验机构原印章的《进口药品注册证》和《进口药品检验报告书》复印件。

　　4. 包装和标识符合有关规定和储运要求。

　　5. 中药材应标明产地。

（1）首营企业的审核：企业对首营企业应进行包括资格和质量保证能力的审核。审核由业务部门会同质量管理机构共同进行。除审核有关资料外，必要时应实地考察。经审核批准后，方可从首营企业进货。

（2）首营品种的审核：企业对首营品种（含新规格、新剂型、新包装等）应进行合法性和质量基本情况的审核，审核合格后方可经营。

4. 验收与检验　药品质量验收的要求如下：

（1）严格按照法定标准和合同规定的质量条款对购进药品、销后退回药品的质量进行逐批验收。

（2）验收时应同时对药品的包装、标签、说明书以及有关要求的证明或文件进行逐一检查。

（3）验收抽取的样品应具有代表性。

（4）验收应按有关规定做好验收记录。验收记录应保存至超过药品有效期1年，但不得少于3年。

（5）验收首营品种，还应进行药品内在质量的检验。

（6）验收应在符合规定的场所进行，在规定时限内完成。

5. 储存与养护

（1）**药品储存**　药品应按规定的要求专库、分类存放。储存中应遵守以下几点：

1）药品按温、湿度要求储存于相应的库中。

2）在库药品均应实行色标管理。

3）搬运和堆垛应严格遵守药品外包装图式标志的要求，规范操作。怕压药品应控制堆放高度，定期翻垛。

4）药品与仓间地面、墙、顶、散热器之间应有相应的间距或隔离措施。

5）药品应按批号集中堆放。有效期的药品应分类相对集中存放，按批号及效期远近依次或分开堆码并有明显标志。

6）药品与非药品、内用药与外用药、处方药与非处方药之间应分开存放；易串味的药品、中药材、中药饮片以及危险品等应与其他药品分开存放。

7）麻醉药品、一类精神药品、医疗用毒性药品、放射性药品应当专库或专柜存放，双人双锁保管，专账记录。

（2）**药品养护**　药品养护工作的主要职责有以下9个方面：

1）指导保管人员对药品进行合理储存。

2）检查在库药品的储存条件，配合保管人员进行仓间温、湿度等管理。

3）对库存药品进行定期质量检查，并做好检查记录。

4）对中药材和中药饮片按其特性，采取干燥、降氧、熏蒸等方法养护。

5）对由于异常原因可能出现质量问题的药品和在库时间较长的中药材，应抽样送检。

6）对检查中发现的问题及时通知质量管理机构复查处理。

7）定期汇总、分析和上报养护检查、近效期或长时间储存的药品等质量信息。

8）负责养护用仪器设备、温湿度检测和监控仪器、仓库在用计量仪器及器具等的管理工作。

9）建立药品养护档案。

6. 出库与运输 药品出库与运输的要求如下：

（1）药品出库应遵循"先产先出""近期先出"和按批号发货的原则。

（2）药品出库应进行复核和质量检查。麻醉药品、一类精神药品、医疗用毒性药品应建立双人核对制度。

（3）药品出库应做好药品质量跟踪记录，以保证能快速、准确地进行质量跟踪。记录应保存至超过药品有效期1年，但不得少于3年。

（4）对有温度要求的药品的运输，应根据季节温度变化和运程采取必要的保温或冷藏措施。

（5）麻醉药品、一类精神药品、医疗用毒性药品和危险品的运输应按有关规定办理。

（6）由生产企业直调药品时，须经经营单位质量验收合格后方可发运。

▶ 课堂活动

　　某药品的有效期至2019年12月01日，出库记录时间为2017年01月15日，则该药品的出库记录应至少保存到什么时间？

（7）搬运、装卸药品应轻拿轻放，严格按照外包装图示标志要求堆放和采取防护措施。

7. 销售与售后服务 企业应依据有关法律、法规和规章，将药品销售给具有合法资格的单位。

（1）药品销售：销售特殊管理的药品应严格按照国家有关规定执行。销售人员应正确介绍药品，不得虚假夸大和误导用户。销售应开具合法票据，并按规定建立销售记录，做到票、账、货相符。销售票据和记录应按规定保存。因特殊需要从其他商业企业直调的药品，本企业应保证药品质量，并及时做好有关记录。药品营销宣传应严格执行国家有关广告管理的法律、法规，宣传的内容必须以国家药品监督管理部门批准的药品使用说明书为准。

（2）售后服务：对质量查询、投诉、抽查和销售过程中发现的质量问题要查明原因，分清责任，采取有效的处理措施，并做好记录。企业已售出的药品如发现质量问题，应向有关管理部门报告，并及时追回药品和做好记录。

（二）药品零售的质量管理

1. 人员与培训

（1）人员要求：企业的质量负责人应具有药学专业的技术职称。药品零售中处方审核人员应是执业药师或有药师以上（含药师和中药师）的专业技术职称。企业的质量管理和药品检验人员应具有药学或相关专业的学历，或者具有药学专业的技术职称。企业从事质量管理、检验、验收、保管、养护、营业等工作的人员应经过专业培训，考核合格后持证上岗。国家有就业准入规定的岗位，工作人员需通过职业技能鉴定并取得职业资格证书后方可上岗。

（2）健康要求：企业每年应组织直接接触药品的人员进行健康检查，并建立健康档案。发现患有精神病、传染病和其他可能污染药品疾病的人员，应及时调离其工作岗位。

2. 设施和设备

（1）营业环境要求：药品零售企业应有与经营规模相适应的营业场所和药品仓库，并且环境整洁、无污染物。企业的营业场所、仓库、办公生活等区域应分开。

（2）营业场所和药品仓库应配置以下设备：①便于药品陈列展示的设备；②特殊管理药品的保管设备；③符合药品特性要求的常温、阴凉和冷藏保管的设备；④必要的药品检验、验收、养护的设备；⑤检验和调节温、湿度的设备；⑥保持药品与地面之间有一定距离的设备；⑦药品防尘、防潮、防污染和防虫、防鼠、防霉变等设备；⑧经营中药饮片所需的调配处方和临方炮制的设备。

（3）零售连锁企业的质量管理：药品零售连锁企业应设立与经营规模相适应的配送中心，其仓储、验收、检验、养护等设施要求与同规模的批发企业相同。零售连锁门店的药品陈列、保管等设备要求应与零售企业相同。

3. 进货与验收

（1）质量是采购的前提：企业购进药品应以质量为前提，从合法的企业进货。对首营企业应确认其合法资格，并做好记录。

（2）建立购进记录：购进药品应有合法票据，并按规定建立购进记录，做到票、账、货相符。购进票据和记录应保存至超过药品有效期1年，但不得少于2年。

（3）明确质量条款：购进药品的合同应明确质量条款。

（4）首营品种的质量审核：购进首营品种，应进行药品质量审核，审核合格后方可经营。

（5）验收：验收人员对购进的药品，应根据原始凭证，严格按照有关规定逐批验收并记录。必要时应抽样送检验机构检验。验收药品质量时，应按规定同时检查包装、标签、说明书等项内容。

4. 陈列与储存　在零售店堂内陈列药品的质量和包装应符合规定。药品应按剂型或用途以及储存要求分类陈列和储存。对陈列和储存的药品要做好养护工作。库存药品应实行色标管理。

知识链接

药品零售企业药品陈列和药品养护工作

1. 定期检查陈列与储存药品的质量并记录。近效期的药品、易霉变、易潮解的药品视情况缩短检查周期，对质量有疑问及储存日久的药品应及时抽样送检。

2. 检查药品陈列环境和储存条件是否符合规定要求。

3. 对各种养护设备进行检查。

4. 检查中发现的问题应及时向质量负责人汇报并尽快处理。

---

5. 销售与服务

（1）正确介绍药品：销售药品要严格遵守有关法律、法规和制度，正确介绍药品的性能、用途、禁忌及注意事项。

（2）正确调配处方：销售药品时，处方要经执业药师或具有药师以上（含药师和中药师）职称的人员审核后方可调配和销售。对处方所列药品不得擅自更改或代用。对有配伍禁忌或超剂量的处方，应当拒绝调配、销售，必要时，需经原处方医生更正或重新签字方可调配和销售。审核、调配或销售人员均应在处方上签字或盖章,处方按有关规定保存备查。

（3）拆零药品的销售:药品拆零销售使用的工具、包装袋应清洁和卫生,出售时应在药袋上写明药品名称、规格、服法、用量、有效期等内容。

（4）特殊管理药品的销售:销售特殊管理的药品,应严格按照国家有关规定,凭盖有医疗单位公章的医生处方限量供应,销售及复核人员均应在处方上签字或盖章,处方保存 2 年。

（5）顾客服务:企业应在零售场所内提供咨询服务,指导顾客安全、合理用药。企业还应设置意见簿和公布监督电话,对顾客的批评或投诉要及时加以解决。

点滴积累 ⋁

1. GSP 的英文全称是 good supplying practice，中文含义为"良好供应规范"。 在我国，GSP 的全称是"药品经营质量管理规范"。
2. GSP 的实施就是为了加强药品经营质量管理,对药品经营企业实行"全过程""全员参与""全企业"的质量管理,保证人民用药安全有效。
3. 药品批发企业、零售企业应从人员与培训、设施与设备、进货与验收或检验、陈列或储存与养护、销售与服务等方面保证药品的质量。

第三节　药品流通监督管理办法

2007 年 1 月 31 日,国家食品药品监督管理局颁布了《药品流通监督管理办法》,该办法对药品生产和经营企业购销药品等问题进行监督管理。

一、药品流通监督管理办法概述

（一）制定《药品流通监督管理办法》的目的和依据

1. 制定目的　加强药品监督管理,规范药品流通秩序,保证药品质量,顺应药品流通体制改革的要求。

2. 制定依据　《药品流通监督管理办法》是根据《中华人民共和国药品管理法》《中华人民共和国药品管理法实施条例》和有关法律、法规制定的。

（二）《药品流通监督管理办法》的适用范围

《药品流通监督管理办法》的适用范围是在中华人民共和国境内从事药品购销及监督管理的单位或者个人。药品生产、经营企业、医疗机构应当对其生产、经营、使用的药品质量负责。药品生产、经营企业在确保药品质量安全的前提下,应当适应现代药品流通发展方向,进行改革和创新。

二、药品流通的监督管理办法

（一）药品购销行为的相关规定

《药品流通监督管理办法》对药品流通过程中企业的责任、人员的要求、储存和销售场所等各方

面做出了规定,相关规定总结如下:

1. 企业对药品购销行为的责任 药品生产、经营企业对其药品购销行为负责,对其销售人员或设立的办事机构以本企业名义从事的药品购销行为承担法律责任。

2. 企业对其购销人员进行培训 药品生产、经营企业应当对其购销人员进行药品相关的法律、法规和专业知识培训,建立培训档案,培训档案中应当记录培训时间、地点、内容及接受培训的人员。

3. 对销售人员销售行为的规定 药品生产、经营企业应当加强对药品销售人员的管理,并对其销售行为做出具体规定。

4. 储存和销售场所的规定 药品生产、经营企业不得在经药品监督管理部门核准的地址以外的场所储存或者现货销售药品。

5. 企业销售产品范围的规定 药品生产企业只能销售本企业生产的药品,不得销售本企业受委托生产的或者他人生产的药品。

6. 药品生产企业、药品批发企业销售药品时应提供的资料 ①加盖本企业原印章的《药品生产许可证》或《药品经营许可证》和营业执照的复印件;②加盖本企业原印章的所销售药品的批准证明文件复印件;③销售进口药品的,按照国家有关规定提供相关证明文件;④授权书复印件。授权书原件应当载明授权销售的品种、地域、期限,注明销售人员的身份证号码,并加盖本企业原印章和企业法定代表人印章(或者签名)。销售人员应当出示授权书原件及本人身份证原件,供药品采购方核实。

药品生产企业、药品批发企业销售药品时,应当开具标明供货单位名称、药品名称、生产厂商、批号、数量、价格等内容的销售凭证。

药品零售企业销售药品时,应当开具标明药品名称、生产厂商、数量、价格、批号等内容的销售凭证。

药品生产、经营企业按照规定留存的资料和销售凭证,应当保存至超过药品有效期1年,但不得少于3年。

案例分析

案例:2008年2月21日,某生产企业的销售员钟某租用货车,一路以流动的形式销售药品,在A县将药品销售给某药品经营公司时,被A县药监局查获。经调查,该药品经营公司与某生产企业未建立药品购销合同,钟某现场仅提供某生产企业出具的在B县销售的授权委托书。药品经营公司购进药品时也未查验该生产企业销售人员钟某的委托授权书等证件。

问题:1. 本案中违法主体有哪几个?

2. 药品经营公司在本案中是否应予处罚? 为什么?

分析:1. 该案件违法主体有两个:生产企业异地经营;经营企业违规购进。

2. 药品经营公司在本案中应予处罚,因为其没有审核销售人员的授权委托书。《药品流通监督管理办法》第38条规定:药品经营企业和医疗机构必须对销售人员的授权委托书原件等进行审验,并建立审验记录,按规定记入药品购销或购进记录。

（二）药品生产和经营企业在购销药品中的禁止行为

1. 药品生产、经营企业知道或者应当知道他人从事无证生产、经营药品行为的,不得为其提供药品。

2. 药品生产、经营企业不得为他人以本企业的名义经营药品提供场所,或者资质证明文件,或者票据等便利条件。

3. 药品生产、经营企业不得在经药品监督管理部门核准的地址以外的场所储存或者现货销售药品。不得以展示会、博览会、交易会、订货会、产品宣传会等方式现货销售药品。

4. 药品经营企业不得购进和销售医疗机构配制的制剂。

5. 未经药品监督管理部门审核同意,药品经营企业不得改变经营方式。药品经营企业应当按照《药品经营许可证》许可的经营范围经营药品。

6. 药品零售企业应当按照国家药品监督管理局药品分类管理规定的要求,凭处方销售处方药。经营处方药和甲类非处方药的药品零售企业,执业药师或者其他依法经资格认定的药学技术人员不在岗时,应当挂牌告知,并停止销售处方药和甲类非处方药。

7. 药品生产、经营企业不得以搭售、买药品赠药品、买商品赠药品等方式向公众赠送处方药或者甲类非处方药。

8. 药品生产、经营企业不得采用邮售、互联网交易等方式直接向公众销售处方药。

9. 禁止非法收购药品。

点滴积累 ∨

1. 2007 年 1 月 31 日,国家食品药品监督管理局颁布了《药品流通监督管理办法》,该办法对药品生产和经营企业购销药品等问题进行监督管理。

2. 药品生产、经营企业对其药品购销行为负责,对其销售人员或设立的办事机构以本企业名义从事的药品购销行为承担法律责任。

3. 《药品流通监督管理办法》规定了药品生产和经营企业在购销药品中的禁止行为。

第四节　基本医疗保险用药管理

为了保障职工基本医疗用药,合理控制药品费用,规范基本医疗保险用药范围的管理,根据《国务院关于建立城镇职工基本医疗保险制度的决定》(国发〔1998〕44 号),相关部门制定了《城镇职工基本医疗保险用药范围管理暂行办法》,加强对基本医疗保险用药的管理。

一、基本医疗保险用药管理概述

1. **基本医疗保险**　基本医疗保险是为补偿劳动者因疾病风险造成的经济损失而建立的一项社会保险制度。基本医疗保险是社会保险制度中最重要的险种之一,它与基本养老保险、工伤保险、失业保险、生育保险等共同构成现代社会保险制度。

2. 基本医疗保险药品目录　国家通过制定《基本医疗保险药品目录》对基本医疗保险用药范围进行管理。

（1）基本医疗保险药品目录的制定：国家《基本医疗保险药品目录》的制定工作由人力资源和社会保障部负责，会同国家发改委、财政部、卫健委、药品监管局等共同制定，由人力资源和社会保障部发布。各省、自治区、直辖市的《医保药品目录》由各省、自治区、直辖市人力资源和社会保障行政部门会同有关部门共同制定，并报人力资源和社会保障部备案。

（2）基本医疗保险药品目录的修订：《基本医疗保险药品目录》在保持参保人员用药政策相对稳定连续的基础上，会根据临床医药科技进步与参保人员用药需求变化定期调整，各省、自治区、直辖市《基本医疗保险药品目录》也会进行相应调整。目前最新版本为《国家基本医疗保险、工伤保险和生育保险药品目录（2017 年版）》（以下简称《医保药品目录》），此目录是基本医疗保险、工伤保险和生育保险基金支付参保人员药品费用和强化医疗保险医疗服务管理的政策依据及标准。

二、基本医疗保险用药范围

（一）医保药品目录简介

1. 可纳入医保药品的条件：纳入《医保药品目录》的药品应是临床必需、安全有效、价格合理、使用方便、市场能够保证供应的药品，并具备下列条件之一：①《中华人民共和国药典》（现行版）收载的药品；②符合国家药品监督管理部门颁发标准的药品；③国家药品监督管理部门批准正式进口的药品。

知识链接

不能纳入基本医疗保险用药范围的药品

以下药品不能纳入基本医疗保险用药范围：①主要起营养滋补作用的药品；②部分可以入药的动物及动物脏器，干（水）果类；③用中药材和中药饮片泡制的各类酒制剂；④各类药品中的果味制剂、口服泡腾剂；⑤血液制品、蛋白类制品（特殊适应证与急救、抢救除外）；⑥劳动保障部规定基本医疗保险基金不予支付的其他药品。

---

2. 医保药品目录中药品的分类　《医保药品目录》中的西药和中成药分"甲类目录"和"乙类目录"。

（1）甲类目录："甲类目录"中的药品是临床治疗必需，使用广泛，疗效好，同类药品中价格低的药品。"甲类目录"由国家统一制定，各地不得调整。

（2）乙类目录："乙类目录"的药品是可供临床治疗选择使用，疗效好，同类药品中比"甲类目录"药品价格略高的药品。"乙类目录"由国家制定，各省、自治区、直辖市可根据当地经济水平、医疗需求和用药习惯，适当进行调整，增加和减少的品种数之和不得超过国家制定的"乙类目录"药品总数的15%。各省、自治区、直辖市对本省(自治区、直辖市)《医保药品目录》"乙类目录"中易滥用、毒副作用大的药品,可按临床适应证和医院级别分别予以限定。

(二) 2017年版医保药品目录概况

2017版《医保药品目录》分为凡例、西药、中成药、中药饮片四部分。凡例是对《医保药品目录》的编排格式、名称剂型规范、限定支付范围等内容的解释和说明,西药部分包括了化学药和生物制品,中成药部分包括了中成药和民族药,中药饮片部分采用排除法规定了基金不予支付费用的饮片。参保人员使用目录内西药、中成药及目录外中药饮片发生的费用,按基本医疗保险、工伤保险、生育保险有关规定支付。国家免费提供的抗艾滋病病毒药物和国家公共卫生项目涉及的抗结核病药物、抗疟药物和抗血吸虫病药物,参保人员使用且在公共卫生支付范围的,基本医疗保险、工伤保险和生育保险基金不予支付。

点滴积累

1. 基本医疗保险是为补偿劳动者因疾病风险造成的经济损失而建立的一项社会保险制度。
2. 国家通过制定《基本医疗保险药品目录》对基本医疗保险用药范围进行管理。
3. 目前2017年版《医保药品目录》为最新版本的医保目录,此目录是基本医疗保险、工伤保险和生育保险基金支付参保人员药品费用和强化医疗保险医疗服务管理的政策依据及标准。

第五节　药品不良反应报告和监测管理办法

2010年12月13日,卫生部发布最新修订的《药品不良反应报告和监测管理办法》,自2011年7月1日起施行。

一、药品不良反应报告和监测管理概述

(一) 药品不良反应报告和监测管理中的基本概念

1. 药品不良反应(adverse drug reaction,ADR)　是指合格药品在正常用法用量下出现的与用药目的无关的有害反应。

2. 药品不良反应报告和监测　是指药品不良反应的发现、报告、评价和控制的过程。

3. 严重药品不良反应　是指因使用药品引起以下损害情形之一的反应:①导致死亡;②危及生命;③致癌、致畸、致出生缺陷;④导致显著的或者永久的人体伤残或者器官功能的损伤;⑤导致住院或者住院时间延长;⑥导致其他重要医学事件,如不进行治疗可能出现上述所列情况的。

4. 新的药品不良反应　是指药品说明书中未载明的不良反应。说明书中已有描述,但不良反应发生的性质、程度、后果或者频率与说明书描述不一致或者更严重的,按照新的药品不良反应处理。

5. 药品群体不良事件　是指同一药品(指同一生产企业生产的同一药品名称、同一剂型、同一规格的药品)在使用过程中,在相对集中的时间、区域内,对一定数量人群的身体健康或者生命安全造成损害或者威胁,需要予以紧急处置的事件。

6. 药品重点监测　是指为进一步了解药品的临床使用情况和不良反应的发生情况,研究不良反应的发生特征、严重程度、发生率等,开展的药品安全性监测活动。

7. 药物不良事件(adverse drug event,ADE)　是指药物治疗过程中出现的不良医学事件,它不一定与该药有因果关系。为了最大限度的降低人群的用药风险,本着"可疑即报"的原则,对有重要意义的 ADE 也要进行监测。

知识链接

药品不良事件

药品不良事件是指所有与药品使用有关的损害性事件,包括药品不良反应以及其他一切非预期药物作用导致的意外事件。它包含的范围更广,既包括非人为过失的不良反应,也包括人为过失导致的其他负面药物作用。实践中引发药品不良事件的人为过失主要集中在药品质量和临床用药两方面,即由假劣药品引起的不良事件及药品使用过错引起的不良事件。

(二) 药品不良反应报告和监测管理适用法规

1.《药品管理法》第71条　国家实行药品不良反应报告制度。药品生产企业、药品经营企业和医疗机构必须经常考察本单位所生产、经营、使用的药品质量、疗效和反应。发现可能与用药有关的严重不良反应,必须及时向当地省、自治区、直辖市人民政府药品监督管理部门和卫生行政部门报告。具体办法由国务院药品监督管理部门会同国务院卫生行政部门制定。

2.《药品管理法实施条例》第41条　国务院药品监督管理部门对已批准生产、销售的药品进行再评价,根据药品再评价结果,可以采取责令修改药品说明书,暂停生产、销售和使用的措施;对不良反应大或者其他原因危害人体健康的药品,应当撤销该药品批准证明文件。

二、药品经营企业对药品不良反应的报告与处置

(一) 药品经营企业必须实行药品不良反应报告制度

1. 按规定报告药品不良反应　药品经营企业应当按照规定报告所发现的药品不良反应。国家鼓励公民、法人和其他组织报告药品不良反应。

2. 建立相关制度和机构　药品经营企业应当建立药品不良反应报告和监测管理制度,应当设立或者指定机构并配备专(兼)职人员,承担本单位的药品不良反应报告和监测工作。从事药品不良反应报告和监测的工作人员应当具有医学、药学、流行病学或者统计学等相关专业知识,具备科学分析评价药品不良反应的能力。

(二) 与药品经营企业相关的规定

1. 不良反应在线报告　药品经营企业获知或者发现可能与用药有关的不良反应,应当通过国

家药品不良反应监测信息网络报告(http://www.adr.gov.cn);不具备在线报告条件的,应当通过纸质报表报所在地药品不良反应监测机构,由所在地药品不良反应监测机构代为在线报告。报告内容应当真实、完整、准确。

2. 配合药品不良反应的调查 药品经营企业应当配合药品监督管理部门、卫生行政部门和药品不良反应监测机构对药品不良反应或者群体不良事件的调查,并提供调查所需的资料。

3. 建立药品不良反应档案并分析评价 药品经营企业应当建立并保存药品不良反应报告和监测档案。药品经营企业应当对收集到的药品不良反应报告和监测资料进行分析和评价,并采取有效措施减少和防止药品不良反应的重复发生。

4. 主动收集和报告药品的不良反应 药品经营企业应当主动收集药品的不良反应,获知或者发现药品不良反应后应当详细记录、分析和处理,填写《药品不良反应/事件报告表》并报告。

5. 对药品群体不良事件的处理 药品经营企业发现药品群体不良事件应当立即告知药品生产企业,同时迅速开展自查,必要时应当暂停药品的销售,并协助药品生产企业采取相关控制措施。

(三) 与药品经营企业相关的法律责任

药品经营企业有下列情形之一的,由所在地药品监督管理部门给予警告,责令限期改正;逾期不改的,处3万元以下的罚款:

1. 无专职或者兼职人员负责本单位药品不良反应监测工作的;

2. 未按照要求开展药品不良反应或者群体不良事件报告、调查、评价和处理的;

3. 不配合严重药品不良反应或者群体不良事件相关调查工作的。

点滴积累

1. 药品不良反应是指合格药品在正常用法用量下出现的与用药目的无关的有害反应。
2. 药品经营企业必须实行药品不良反应报告制度。
3. 药品经营企业应主动收集和报告药品的不良反应,建立药品不良反应档案并进行分析评价。
4. 药品经营企业应积极配合药品不良反应和不良事件的调查处理。

第六节 药品价格管理

为规范药品价格行为,提高政府管理价格的科学性和透明度,保护消费者和经营者合法权益,国家依据《价格法》《药品管理法》《药品管理法实施条例》国务院《关于深化医药卫生体制改革的意见》等法律法规和政策,加强对药品价格的管理。

一、价格管理基本知识

(一) 药品价格的管理部门

我国药品价格管理的主管部门是国家市场监督管理总局。

（二）我国药品价格监管的历史沿革

1. 第一阶段　20 世纪 80 年代末期以前，国家对绝大部分药品价格从出厂、批发和零售三个环节进行严格控制。当时药品企业少，流通领域很死板，药品流通为三级批发、一级零售。医院按批发价购进药品，加价 15% 销售。

2. 第二阶段　20 世纪 80 年代末期至 1996 年。这一阶段，全国的经济体制都在改革，都在向市场经济的方向靠拢，药品也是一样，到 1996 年的时候，绝大部分药品价格处于放开状态。

3. 第三阶段　1996 年底至 1999 年，我国药品管理方面的问题迭出，药品价格管理处于一系列混乱和失控状态，为此国家对药品市场价格秩序开始加强治理和整顿，将临床应用量大、应用面广的国产药品及主要进口药品，纳入政府定价范围，约 200 多种。

4. 第四阶段　2000 年至 2005 年，国家通过建章立制，逐步强化药品价格的管理。配合医疗卫生、医疗保险和药品生产流通三项改革，在药品价格管理的范围、方式和方法上进行了重大改革。

> **知识链接**
>
> **价格管理新措施**
>
> 在第四阶段，国家定价方式从原来的出厂、批发、零售三个环节定价，调整为只制定最高零售价格，放开出厂、批发价格。生产经营企业和医院在不突破政府规定的最高零售价格前提下，依据市场竞争情况确定实际出厂、批发和实际零售价格，是这个阶段药品价格管理的显著特点。

5. 第五阶段　2005 年至今。2005 年 6 月发布了纲领性文件《国家发展改革委定价药品目录》。纳入政府管理价格范围的药品数量为 2400 种，占市场流通药品数量的 20% 左右，占市场销售份额的 60% 左右。定价方式仍然是只制定最高零售价格，放开出厂、批发价格。生产经营企业和医院在不突破政府规定的最高零售价格前提下，依据市场竞争情况确定实际出厂、批发和实际零售价格。

此外，2005 年 1 月 7 日国家发改委出台了《药品差比价规则（试行）》，2011 年 11 月 17 日，国家发改委修订后重新发布《药品差比价规则》，与试行规则比较更为科学完整。

二、药品价格管理形式

（一）药品价格管理的形式

国家对药品价格实行政府定价、政府指导价或者市场调节价。

列入国家基本医疗保险药品目录的药品以及国家基本医疗保险药品目录以外具有垄断性生产、经营的药品，实行政府定价或者政府指导价；对其他药品，实行市场调节价。

（二）政府定价、政府指导价药品的定价原则

1. 总体原则　《药品管理法》第 55 条规定，依法实行政府定价、政府指导价的药品，政府价格主管部门应当依照《中华人民共和国价格法》（以下简称《价格法》）规定的定价原则，依据社会平均成本、市场供求状况和社会承受能力合理制定和调整价格，做到质价相符，消除虚高价格，保护用药者

的正当利益。

2. 政府定价、政府指导价的具体实施 依法实行政府定价、政府指导价的药品,由政府价格主管部门依照《药品管理法》第 55 条规定的原则,制定和调整价格;其中,制定和调整药品销售价格时,应当体现对药品社会平均销售费用率、销售利润率和流通差率的控制。具体定价办法由国务院价格主管部门依照《价格法》的有关规定制定。

(三) 市场调节价药品的定价原则

依法实行市场调节价的药品,药品的生产企业、经营企业和医疗机构应当按照公平、合理和诚实信用、质价相符的原则制定价格,为用药者提供价格合理的药品。

三、药品价格的监督管理

(一) 药品价格管理的相关规定

1. 药品的生产、经营企业和医疗机构必须执行政府定价、政府指导价 不得以任何形式擅自提高价格。药品生产企业应当依法向政府价格主管部门如实提供药品的生产经营成本,不得拒报、虚报、瞒报。

2. 药品价格监测 政府价格主管部门依照《价格法》的规定实行药品价格监测时,为掌握、分析药品价格变动和趋势,可以指定部分药品生产企业、药品经营企业和医疗机构作为价格监测定点单位;定点单位应当给予配合、支持,如实提供有关信息资料。

3. 明码标价销售药品 药品的生产企业、经营企业和医疗机构应当遵守国务院价格主管部门关于药价管理的规定,制定和标明药品零售价格,禁止暴利和损害用药者利益的价格欺诈行为。

(二) 药品差比价规则

1. 药品差比价 是指药品因剂型、规格或包装等不同而形成的价格之间的差额或比值。具体包括剂型差比价、规格差比价和包装差比价等。

2. 药品差比价的适用 药品差比价规则适用于政府定价、政府指导价的药品。

(三) 医疗机构药品集中采购

1. 医疗机构药品集中采购简介 我国公立医疗机构的药品招标采购最早始于 1993 年。2000年以后,国务院相关部委陆续出台了大量政策,推行医疗机构的药品集中招标采购制度。药品集中招标采购作为目前主流的药品采购模式,在降低药品价格、提高采购效率等方面成果显著。目前药品集中招标采购已经成为全国医疗机构的普遍采购模式。

2. 医疗机构药品集中采购管理规范 2001 年 11 月,国务院六部门印发了《医疗机构药品集中招标采购工作规范(试行)》。到 2010 年 7 月,为进一步规范药品集中采购工作,对《工作规范》进行了修订,形成了新的《医疗机构药品集中采购工作规范》并下发执行。

点滴积累 ∨ ∙∙

1. 国家对药品价格实行政府定价、政府指导价或者市场调节价。

2. 列入国家基本医疗保险药品目录的药品以及国家基本医疗保险药品目录以外具有垄断性生

产、经营的药品，实行政府定价或者政府指导价；对其他药品，实行市场调节价。

3. 药品差比价规则适用于政府定价、政府指导价的药品。

4. 药品集中招标采购作为目前主流的药品采购模式，在降低药品价格、提高采购效率等方面成果显著。目前药品集中招标采购已经成为全国医疗机构的普遍采购模式。

第七节　药品广告管理

为加强药品广告管理，保证药品广告的真实性和合法性，国家制定了一系列有关药品广告的法律法规，主要有《中华人民共和国广告法》《中华人民共和国药品管理法》《中华人民共和国药品管理法实施条例》《药品广告审查办法》及国家有关广告、药品监督管理的其他规定。

一、广告管理基本知识

（一）药品广告的基本概念

1. **广告**　是指商品经营者或者服务提供者承担费用，通过一定媒介和形式直接或者间接地介绍自己所推销的商品或者所提供的服务的商业广告。

2. **广告的基本要求**　广告应当真实、合法，符合社会主义精神文明建设的要求。广告不得含有虚假的内容，不得欺骗和误导消费者。广告主、广告经营者、广告发布者从事广告活动，应当遵守法律、行政法规，遵循公平、诚实信用的原则。

3. **广告监督管理机关**　县级以上人民政府市场监督管理部门是广告监督管理机关。

▶ 课堂活动

请列举你曾经听过或看过的药品广告，并选择一例分析药品广告的形式和内容。

4. **药品广告**　凡利用各种媒介或者形式发布的广告含有药品名称、药品适应证（功能主治）或者与药品有关的其他内容的，为药品广告。

（二）药品广告管理适用法规

1. **中华人民共和国广告法**　1994 年 10 月 27 日颁布，自 1995 年 2 月 1 日起施行。

2. **中华人民共和国药品管理法**　2001 年 2 月 28 日修订，自 2001 年 12 月 1 日起施行。

3. **关于在药品广告中规范使用药品名称的通知**　国家食品药品监督管理总局文件，国食药监市〔2006〕216 号。

4. **关于建立药品医疗器械保健食品广告复审制度的通知**　国家食品药品监督管理总局文件，国食药监市〔2006〕518 号。

5. **关于建立违法药品医疗器械保健食品广告警示制度的通知**　国家食品药品监督管理总局文件，国食药监市〔2006〕521 号。

6. **药品广告审查发布标准**　国家工商总局令第 27 号发布，自 2007 年 5 月 1 日起施行。

7. **药品广告审查办法**　2007 年 3 月 13 日国家食品药品监督管理总局、中华人民共和国国家工商行政管理总局联合发布，自 2007 年 5 月 1 日起施行。

8. 药品医疗器械保健食品广告发布企业信用管理办法　国家食品药品监督管理总局文件,国食药监市[2007]625号。

二、药品广告的审批

(一) 药品广告的批准文号管理

1. 药品广告批准文号的颁发　《中华人民共和国药品管理法》规定,省、自治区、直辖市药品监督管理部门是药品广告审查机关,负责本行政区域内药品广告的审查工作。药品广告须经企业所在地省、自治区、直辖市人民政府药品监督管理部门批准,并发给药品广告批准文号;未取得药品广告批准文号的,不得发布。药品广告批准文号有效期为1年,到期作废。

知识链接

药品广告批准文号的格式

药品广告批准文号格式为"X药广审（视）第0000000000号""X药广审（声）第0000000000号""X药广审（文）第0000000000号"。 其中"X"为各省、自治区、直辖市的简称。"0"为由10位数字组成, 前6位代表审查年月, 后4位代表广告批准序号。"视""声""文"代表用于广告媒介形式的分类代号。

---

2. 药品广告批准文号的申请

(1) 药品广告批准文号的申请人:药品广告批准文号的申请人必须是具有合法资格的药品生产企业或者药品经营企业。药品经营企业作为申请人的,必须征得药品生产企业的同意。申请人可以委托代办人代办药品广告批准文号的申办事宜。

(2) 药品广告批准文号申请的受理部门:申请药品广告批准文号,应当向药品生产企业所在地的药品广告审查机关提出。申请进口药品广告批准文号,应当向进口药品代理机构所在地的药品广告审查机关提出。在药品生产企业所在地和进口药品代理机构所在地以外的省、自治区、直辖市发布药品广告的,在发布前应当到发布地药品广告审查机关办理备案。

(3) 申请药品广告批准文号应提交的材料:申请药品广告批准文号,应当提交《药品广告审查表》,并附与发布内容相一致的样稿(样片、样带)和药品广告申请的电子文件,同时提交以下真实、合法、有效的证明文件:

1) 申请人的《营业执照》复印件;

2) 申请人的《药品生产许可证》或者《药品经营许可证》复印件;

3) 申请人是药品经营企业的,应当提交药品生产企业同意其作为申请人的证明文件原件;

4) 代办人代为申办药品广告批准文号的,应当提交申请人的委托书原件和代办人的营业执照复印件等主体资格证明文件;

5) 药品批准证明文件(含《进口药品注册证》《医药产品注册证》)复印件、批准的说明书复印件和实际使用的标签及说明书；

6）非处方药品广告需提交非处方药品审核登记证书复印件或相关证明文件的复印件；

7）申请进口药品广告批准文号的，应当提供进口药品代理机构的相关资格证明文件的复印件；

8）广告中涉及药品商品名称、注册商标、专利等内容的，应当提交相关有效证明文件的复印件以及其他确认广告内容真实性的证明文件。

以上提供的证明文件为复印件的，需加盖证件持有单位的红色印章。

（二）药品广告审批的相关规定

1. 药品广告的审批要求　《中华人民共和国药品管理法》规定：药品广告的内容必须真实、合法，以国务院药品监督管理部门批准的说明书为准，不得含有虚假的内容。药品广告不得含有不科学的表示功效的断言或者保证；不得利用国家机关、医药科研单位、学术机构或者专家、学者、医师、患者的名义和形象作证明。非药品广告不得有涉及药品的宣传。相关部门要按照以上要求对药品广告进行审批。

2. 药品广告审批的其他规定

（1）提供虚假材料申请广告审批的：对提供虚假材料申请药品广告审批，被药品广告审查机关在受理审查中发现的，1年内不受理该企业该品种的广告审批申请；取得药品广告批准文号的，药品广告审查机关在发现后应当撤销该药品广告批准文号，并3年内不受理该企业该品种的广告审批申请。

（2）非处方药的广告审查：非处方药仅宣传药品名称（含药品通用名称和药品商品名称）的，或者处方药在指定的医学药学专业刊物上仅宣传药品名称（含药品通用名称和药品商品名称）的，无需进行审查。

（3）从严审查含有公众人物做代言的药品广告：在药品广告中，公众人物不得以患者、专家学者的形象或名义为产品的功效做证明；公众人物在介绍或推荐产品的过程中，不得使用绝对化的语言对功效进行肯定和承诺。

知识链接

禁止发布广告的药品

禁止发布广告的药品有：①麻醉药品、精神药品、医疗用毒性药品、放射性药品；②医疗机构配制的制剂；③军队特需药品；④国家药品监督管理部门依法明令停止或者禁止生产、销售和使用的药品；⑤批准试生产的药品。

三、药品广告的管理

1. 药品广告的内容管理

（1）涉及适应证或功能主治的内容：药品广告内容涉及药品适应证或者功能主治、药理作用等内容的宣传,应当以国务院药品监督管理部门批准的说明书为准,不得进行扩大或者恶意隐瞒的宣传,不得含有说明书以外的理论、观点等内容。药品广告中涉及改善和增强性功能内容的,必须与经批准的药品说明书中的适应证或者功能主治完全一致。药品广告中有关药品功能疗效的宣传应当科学准确,不得出现下列情形:

1)含有不科学地表示功效的断言或者保证的;

2)说明治愈率或者有效率的;

3)与其他药品的功效和安全性进行比较的;

4)违反科学规律,明示或者暗示包治百病、适应所有症状的;

5)含有"安全无毒副作用""毒副作用小"等内容的;含有明示或者暗示中成药为"天然"药品,因而安全性有保证等内容的;

6)含有明示或者暗示该药品为正常生活和治疗病症所必需等内容的;

7)含有明示或暗示服用该药能应付现代紧张生活和升学、考试等需要,能够帮助提高成绩、使精力旺盛、增强竞争力、增高、益智等内容的;

8)其他不科学的用语或者表示,如"最新技术""最高科学""最先进制法"等。

(2)涉及药品名称、忠告语和批准文号的内容:药品广告中必须标明药品的通用名称、忠告语、药品广告批准文号、药品生产批准文号。处方药广告的忠告语是:"本广告仅供医学药学专业人士阅读"。非处方药广告的忠告语是:"请按药品说明书或在药师指导下购买和使用"。必须标明药品生产企业或者药品经营企业名称,不得单独出现"咨询热线""咨询电话"等内容。非处方药广告必须同时标明非处方药专用标识(OTC)。这些规定必须在药品广告中出现的内容,其字体和颜色必须清晰可见、易于辨认。这些内容在电视、电影、互联网、显示屏等媒体发布时,出现时间不得少于5秒。

2. 处方药的广告管理 《药品管理法》规定:处方药可以在国务院卫生行政部门和国务院药品监督管理部门共同指定的医学、药学专业刊物上介绍,不得在大众传播媒介发布广告或者以其他方式进行以公众为对象的广告宣传。不得以赠送医学、药学专业刊物等形式向公众发布处方药广告。处方药名称与该药品的商标、生产企业字号相同的,不得使用该商标、企业字号在医学、药学专业刊物以外的媒介变相发布广告。不得以处方药名称或者以处方药名称注册的商标以及企业字号为各种活动冠名。

知识链接

第 27 批医学药学专业刊物

国家食品药品监督管理总局于 2016 年 11 月 23 日在官方网站公布了第 27 批允许发布处方药广告的医学药学专业刊物名单,本次公布的刊物共 7 个。

第 27 批公布的刊物名单如下:《中国计划生育学杂志》《生殖医学杂志》《药店周刊》《健康忠告》《医师在线》《中国骨与关节损伤杂志》《药学研究》。

---

3. 药品广告内容的禁止性规定

（1）非处方药广告：非处方药广告不得利用公众对于医药学知识的缺乏，使用公众难以理解和容易引起混淆的医学、药学术语，造成公众对药品功效与安全性的误解。

（2）药品广告不得怂恿任意、过量的购买和使用药品：药品广告应当宣传和引导合理用药，不得含有以下内容：

1）含有不科学的表述或者使用不恰当的表现形式，引起公众对所处健康状况和所患疾病产生不必要的担忧和恐惧，或者使公众误解不使用该药品会患某种疾病或加重病情的；

2）含有免费治疗、免费赠送、有奖销售、以药品作为礼品或者奖品等促销药品内容的；

3）含有"家庭必备"或者类似内容的；

4）含有"无效退款""保险公司保险"等保证内容的；

5）含有评比、排序、推荐、指定、选用、获奖等综合性评价内容的。

（3）药品广告不得利用相关机构或个人的名义宣传：药品广告不得含有利用医药科研单位、学术机构、医疗机构或者专家、医生、患者的名义和形象作证明的内容。药品广告不得使用国家机关和国家机关工作人员的名义。药品广告不得含有军队单位或者军队人员的名义、形象。不得利用军队装备、设施从事药品广告宣传。

（4）药品广告不得涉及公共信息：药品广告不得含有涉及公共信息、公共事件或其他与公共利益相关联的内容，如各类疾病信息、经济社会发展成果或医药科学以外的科技成果。

（5）药品广告不得以儿童为诉求对象：不得以儿童名义介绍药品。

（6）药品广告中不得宣传医疗机构：药品广告不得含有医疗机构的名称、地址、联系办法、诊疗项目、诊疗方法以及有关义诊、医疗（热线）咨询、开设特约门诊等医疗服务的内容。

（7）经批准的药品广告不得更改广告内容：药品广告在发布时内容需要改动的，应当重新申请药品广告批准文号。篡改经批准的药品广告内容进行虚假宣传的，由药品监督管理部门责令立即停止该药品广告的发布，撤销该品种药品广告批准文号，1年内不受理该品种的广告审批申请。

点滴积累 ∨

1. 药品广告须经企业所在地省、自治区、直辖市人民政府药品监督管理部门批准，并发给药品广告批准文号。
2. 药品广告的内容必须真实、合法，不得含有虚假的内容。
3. 处方药可以在国务院卫生行政部门和国务院药品监督管理部门共同指定的医学、药学专业刊物上介绍。

第八节 药品电子商务经营规定

2005年9月29日，国家食品药品监督管理局发布《互联网药品交易服务审批暂行规定》，有限放开对互联网药品交易的审批，建立了网上药店的准入制度，为我国药品电子商务的发展提供了明确的政策依据。此后,原国家食品药品监督管理总局不断完善相关政策法规,并相继出台了《互联网药品交易服务机构验收标准》《互联网药品交易服务现场验收标准(实施细则)》和《互联网药品交易服务系统软件测评大纲》。

一、药品电子商务基础知识

(一)药品电子商务基本概念

1. **药品电子商务** 是指药品生产者、经营者或使用者,通过信息网络系统以电子数据信息交换的方式进行并完成各种商务活动和相关的服务活动。

2. **互联网药品信息服务** 是指通过互联网向上网用户提供药品(含医疗器械)信息的服务活动。

3. **互联网药品交易服务** 是指通过互联网提供药品(包括医疗器械、直接接触药品的包装材料和容器)交易服务的电子商务活动。

4. **网上药店** 网上药店(或称虚拟药店、网络药房),是指企业依法建立的、能够实现与个人消费者在互联网上进行医药商品交易的电子虚拟销售市场,是互联网药品交易服务的一个分支,属于B2C交易模式,其主要功能是网上药品零售和在线药学服务。

(二)药品电子商务概况

1. **药品电子商务的组成** 通过互联网进行药品信息的发布和获取、进行在线药品批发业务、医疗机构网上集中采购招标和药品招商业务、发布互联网药品广告、医药行业信息的传播、促进和达成医药类商品的交易、网上药品零售等行为,均属于药品电子商务的组成部分。在我国,药品电子商务的应用形式为互联网药品信息服务和交易服务。

2. **药品电子商务的模式** 我国互联网药品交易服务目前主要采取两种模式:一种是在企业对企业之间的模式(business to business,简称B2B),指企业之间通过互联网进行产品、服务及信息的交换,例如制药厂将原料卖给制剂厂。另一种是企业对公众消费者模式(business to costumer,简称B2C),例如药品零售企业网上药店将所经营产品出售给消费者。还有一种O2O模式,即online to offline线上到线下,其核心是把线上的消费者带到现实的商店中去,也就是让用户在线支付购买线下的商品和服务后,到线下去享受服务。

知识链接

B2B交易模式

根据《互联网药品交易服务审批暂行规定》中对医药电子商务所做的解释,可把B2B交易模式细分为:

(1)为药品生产企业、药品经营企业和医疗机构之间的互联网药品交易提供服务的医药电子商务,即独立的第三方医药电子商务交易平台。

(2)药品生产企业、药品批发企业通过自身网站与本企业成员之外的其他企业进行的互联网药品交易,即医药企业自身建设的电子商务交易平台。

二、互联网药品交易服务审批暂行规定

（一）互联网药品信息服务管理

1. 互联网药品信息服务的许可　拟提供互联网药品信息服务的网站,应当在向国务院信息产业主管部门或者省级电信管理机构申请办理经营许可证或者办理备案手续之前,按照属地监督管理的原则,向该网站主办单位所在地省、自治区、直辖市药品监督管理部门提出申请,经审核同意后取得提供互联网药品信息服务的资格。各省、自治区、直辖市药品监督管理局对本辖区内申请提供互联网药品信息服务的互联网站进行审核,符合条件的核发《互联网药品信息服务资格证书》。《互联网药品信息服务资格证书》有效期为 5 年。提供互联网药品信息服务的网站,应当在其网站主页显著位置标注《互联网药品信息服务资格证书》的证书编号。

> **知识链接**
>
> 互联网药品信息服务
>
> 互联网药品信息服务分为经营性和非经营性两类。 经营性互联网药品信息服务是指通过互联网向上网用户有偿提供药品信息等服务的活动。 非经营性互联网药品信息服务是指通过互联网向上网用户无偿提供公开的、共享性药品信息等服务的活动。

2. 申请提供互联网药品信息服务应提供的材料　申请提供互联网药品信息服务,应当填写《互联网药品信息服务申请表》,向网站主办单位所在地省、自治区、直辖市药品监督管理部门提出申请,同时提交以下材料:

（1）企业营业执照复印件(新办企业提供市场监督管理部门出具的名称预核准通知书及相关材料);

（2）网站域名注册的相关证书或者证明文件。从事互联网药品信息服务网站的中文名称,除与主办单位名称相同的以外,不得以"中国""中华""全国"等冠名;除取得药品招标代理机构资格证书的单位开办的互联网站外,其他提供互联网药品信息服务的网站名称中不得出现"电子商务""药品招商""药品招标"等内容;

（3）网站栏目设置说明(申请经营性互联网药品信息服务的网站需提供收费栏目及收费方式的说明);

（4）网站对历史发布信息进行备份和查阅的相关管理制度及执行情况说明;

（5）(食品)药品监督管理部门在线浏览网站上所有栏目、内容的方法及操作说明;

（6）药品及医疗器械相关专业技术人员学历证明或者其专业技术资格证书复印件、网站负责人身份证复印件及简历;

（7）健全的网络与信息安全保障措施,包括网站安全保障措施、信息安全保密管理制度、用户信息安全管理制度;

（8）保证药品信息来源合法、真实、安全的管理措施、情况说明及相关证明。

3. 申请提供互联网药品信息服务的条件 申请提供互联网药品信息服务,除应当符合以上规定的要求外,还应当具备下列条件：

（1）互联网药品信息服务的提供者应当为依法设立的企事业单位或者其他组织；

（2）具有与开展互联网药品信息服务活动相适应的专业人员、设施及相关制度；

（3）有两名以上熟悉药品、医疗器械管理法律、法规和药品、医疗器械专业知识,或者依法经资格认定的药学、医疗器械技术人员。

4. 互联网药品信息服务的要求

（1）互联网提供的信息要求：互联网提供的药品信息服务网站所登载的药品信息必须科学、准确,必须符合国家的法律、法规和国家有关药品、医疗器械管理的相关规定。不得发布麻醉药品、精神药品、医疗用毒性药品、放射性药品、戒毒药品和医疗机构制剂的产品信息。

（2）互联网的广告要求：提供互联网药品信息服务的网站发布的药品(含医疗器械)广告,必须经过药品监督管理部门审查批准。发布的药品(含医疗器械)广告要注明广告审查批准文号。

▶▶ **课堂活动**

请列举出你所知道的提供互联网药品信息服务的网站。

（3）网站要求：提供互联网药品信息服务的网站,除已取得药品招标代理机构资格的单位所开办的网站外,一律不得提供药品交易服务,不得以提供互联网药品信息服务的名义开办网上药店、为消费者提供网上采购药品等电子商务活动。

（二）互联网药品交易服务管理

1. 互联网药品交易服务的内容 互联网药品交易服务包括为药品生产企业、药品经营企业和医疗机构之间的互联网药品交易提供的服务,药品生产企业、药品批发企业通过自身网站与本企业成员之外的其他企业进行的互联网药品交易以及向个人消费者提供的互联网药品交易服务。

2. 互联网药品交易服务企业应具备的条件 从事互联网药品交易服务的企业必须经过审查验收并取得互联网药品交易服务机构资格证书。资格证书有效期5年。申请从事互联网药品交易服务的网站,必须是取得《互联网药品信息服务资格证书》至少期满3个月,系统运行稳定并且连续3个月内没有任何违法提供互联网药品信息服务记录的网站。

（1）为药品生产企业、药品经营企业和医疗机构之间的互联网药品交易提供服务的企业,应当具备以下条件：

1）依法设立的企业法人；

2）提供互联网药品交易服务的网站已获得从事互联网药品信息服务的资格；

3）拥有与开展业务相适应的场所、设施、设备,并具备自我管理和维护的能力；

4）具有健全的网络与交易安全保障措施以及完整的管理制度；

5）具有完整保存交易记录的能力、设施和设备；

6）具备网上查询、生成订单、电子合同、网上支付等交易服务功能；

7）具有保证上网交易资料和信息的合法性、真实性的完善的管理制度、设备与技术措施；

8）具有保证网络正常运营和日常维护的计算机专业技术人员,具有健全的企业内部管理机构和技术保障机构;

9）具有药学或者相关专业本科学历,熟悉药品、医疗器械相关法规的专职专业人员组成的审核部门负责网上交易的审查工作。

（2）通过自身网站与本企业成员之外的其他企业进行互联网药品交易的药品生产企业和药品批发企业应当具备以下条件:

1）提供互联网药品交易服务的网站已获得从事互联网药品信息服务的资格;

2）具有与开展业务相适应的场所、设施、设备,并具备自我管理和维护的能力;

3）具有健全的管理机构,具备网络与交易安全保障措施以及完整的管理制度;

4）具有完整保存交易记录的设施、设备;

5）具备网上查询、生成订单、电子合同等基本交易服务功能;

6）具有保证网上交易的资料和信息的合法性、真实性的完善管理制度、设施、设备与技术措施。

（3）向个人消费者提供互联网药品交易服务的企业,应当具备以下条件:

1）依法设立的药品连锁零售企业;

2）提供互联网药品交易服务的网站已获得从事互联网药品信息服务的资格;

3）具有健全的网络与交易安全保障措施以及完整的管理制度;

4）具有完整保存交易记录的能力、设施和设备;

5）具备网上咨询、网上查询、生成订单、电子合同等基本交易服务功能;

6）对上网交易的品种有完整的管理制度与措施;

7）具有与上网交易的品种相适应的药品配送系统;

8）具有执业药师负责网上实时咨询,并有保存完整咨询内容的设施、设备及相关管理制度;

9）从事医疗器械交易服务,应当配备拥有医疗器械相关专业学历、熟悉医疗器械相关法规的专职专业人员。

3. 交易范围

（1）在互联网上进行药品交易的药品生产企业、药品经营企业和医疗机构必须通过经（食品）药品监督管理部门和电信业务主管部门审核同意的互联网药品交易服务企业进行交易。参与互联网药品交易的医疗机构只能购买药品,不得上网销售药品。

（2）通过自身网站与本企业成员之外的其他企业进行互联网药品交易的药品生产企业和药品批发企业只能交易本企业生产或者本企业经营的药品,不得利用自身网站提供其他互联网药品交易服务。

（3）向个人消费者提供互联网药品交易服务的企业只能在网上销售本企业经营的非处方药,不得向其他企业或者医疗机构销售药品。

点滴积累 ＼

1. 药品电子商务是指药品生产者、经营者或使用者,通过信息网络系统以电子数据信息交换的方式进行并完成各种商务活动和相关的服务活动。

2. 原国家食品药品监督管理总局不断完善药品电子商务相关政策法规，相继出台了《互联网药品交易服务机构验收标准》《互联网药品交易服务现场验收标准（实施细则）》《互联网药品交易服务系统软件测评大纲》和《互联网药品信息服务管理办法》等法规文件。

目标检测

一、单项选择题

1. 生产、销售假药的单位，其直接负责的主管人员和其他直接责任人员（　　）年内不得从事药品生产、经营活动

　　A. 10　　　　　B. 15　　　　　C. 5　　　　　D. 3　　　　　E. 4

2. 关于《药品经营许可证》的说法**错误的**是（　　）

　　A. 其有效期为 5 年

　　B. 有效期届满前 6 个月应申请换证

　　C. 其许可事项变更的应申请换证

　　D. 各省市可根据要求的格式自行印制《药品经营许可证》

　　E. 药品批发或零售企业都需要取得此证

3. 色标管理中，退货区应标注的颜色是（　　）

　　A. 红色　　　B. 绿色　　　C. 黄色　　　D. 蓝色　　　E. 黑色

4. 关于不合格药品，说法**不正确**的是（　　）

　　A. 企业可自行销毁

　　B. 建立不合格药品报废、销毁的记录

　　C. 对不合格药品处理情况的汇总和分析

　　D. 应按程序上报

　　E. 销毁时应有药监人员监督

5. 2007 年 1 月 31 日，国家食品药品监督管理总局颁布了《药品流通监督管理办法》，该办法对药品生产和经营企业（　　）等问题进行监督管理

　　A. 购销药品　　　　　　　B. 生产药品　　　　　　　C. 批发药品

　　D. 零售药品　　　　　　　E. 药品电子商务

6. 药品生产、经营企业按照规定留存的资料和销售凭证，应当保存至超过药品有效期（　　）年，但不得少于（　　）年

　　A. 2,3　　　B. 1,3　　　C. 1,1　　　D. 2,2　　　E. 3,3

7. （　　）是指合格药品在正常用法用量下出现的与用药目的无关的有害反应

　　A. 副作用　　　　　　　B. 药品不良反应　　　　　　　C. 药品不良事件

　　D. 药理作用　　　　　　　E. 特异质反应

8. （　　）是指同一药品（指同一生产企业生产的同一药品名称、同一剂型、同一规格的药品）在使用过程中,在相对集中的时间、区域内,对一定数量人群的身体健康或者生命安全造成损害或者威胁,需要予以紧急处置的事件

    A. 副作用   B. 药品不良反应   C. 药品不良事件

    D. 药理作用   E. 集体中毒事件

9. 我国药品价格管理的主管部门是（　　）

    A. 国务院   B. 药监局   C. 工商局

    D. 国家市场监督管理总局   E. 卫健委

10. 政府定价药品,由价格主管部门制定（　　）

    A. 出厂价格   B. 批发价格   C. 最高零售价格

    D. 统一零售价格   E. 最低限价

11. （　　）是由生产企业根据生产经营成本和市场供求制定的零售价

    A. 政府指导价   B. 市场调节价   C. 最高零售价格

    D. 统一零售价格   E. 最低限价

12. （　　）作为目前主流的药品采购模式,在降低药品价格、提高采购效率等方面成果显著

    A. 统一采购   B. 政府采购   C. 市场自由调节

    D. 药品集中招标采购   E. 网络采购

13. 《中华人民共和国药品管理法》规定,（　　）是药品广告审查机关

    A. 省、自治区、直辖市药品监督管理部门

    B. 国家药品监督管理部门

    C. 工商行政部门

    D. 国务院

    E. 税务部门

14. 药品广告批准文号有效期为（　　）年,到期作废

    A. 3   B. 1   C. 2   D. 5   E. 6

15. （　　）指企业之间通过互联网进行产品、服务及信息的交换

    A. B2B   B. B2C   C. C2B   D. C2C   E. B2O

二、案例分析题

1. 案例:某工商部门在日常执法时发现,辖区内袁某（个人）涉嫌无营业执照经营药品,该工商部门对袁某的药品进行了扣押。由于工商部门对扣押的药品质量不能鉴定,便请药品监督管理部门协助。药监部门在鉴定药品质量的时候,发现袁某经营药品未取得《药品经营许可证》。经进一步调查,袁某无证批发经营药品已长达5年之久。

问题:（1） 袁某的行为有无违法? 袁某的行为若是违法,违法行为应定性为什么?

（2） 袁某应承担什么法律责任?

2. 案例:北京某广告公司于 2002 年 10 月 23 日开始,在未办理登记审批手续的情况下,擅自在北京市延庆县妫川广场步行街两侧,发布了 12 块果皮箱式户外广告牌,广告内容均为广西某制药厂的药品广告,药品分别是:正骨水、湿毒清胶囊及鸡谷草胶囊。北京市工商行政管理局延庆分局执法人员于 2002 年 10 月 25 日立案调查。在案件调查期间,当事人又编造广告审查决定文件即《药品广告审查表》被查获。

问题:(1) 本案违法主体是谁? 有何违法行为,应定性为什么?

(2) 应承担什么法律责任?

ER-09章习题

（徐　娟）

第十章

经济纠纷的解决

导学情景

情景描述：

赵鹏大学毕业后，在家人的支持下独立创业开办了甲医药销售公司，甲医药销售公司因急需一批药品就与乙制药厂签订了药品买卖合同。后因药品的质量规格问题甲医药销售公司与乙制药厂出现了争议，双方各执己见。于是赵鹏决定采用法律手段解决争议，但采用何种方式解决争议赵鹏一直拿不定主意。

学前导语：

我国目前解决经济纠纷的方式主要有两种：仲裁和诉讼。两种方式的相关制度和程序均有所不同。本章我们将带领同学们学习仲裁法和诉讼法的主要规定，帮助大家掌握仲裁和诉讼的法律常识，学会依法提起仲裁和诉讼。

第一节　经济仲裁

一、仲裁法概述

（一）仲裁的概念和特点

仲裁（arbitration），亦称"公断"，是指双方当事人在争议发生前或争议发生后达成协议，自愿将其争议交付第三者居中评断是非并作出裁决，双方当事人都有义务执行裁决的一种解决争议的方式。

作为一种民间性裁判制度，仲裁不同于解决同类争议的司法、行政途径，其具有以下特点：

1. **自愿性**　仲裁以双方当事人的自愿为前提，即是否将发生在双方当事人之间的纠纷提交仲裁，交予哪个仲裁机构仲裁，仲裁庭如何组成等都是在当事人自愿的基础上，由双方当事人协商确定的。因此，仲裁是最能体现当事人意思自治的争议解决方式。

2. **专业性**　根据我国仲裁法的规定，仲裁机构都备有专业的、由专家组成的仲裁员名册供当事人进行选择，专家仲裁由此成为民商事仲裁的重要特点之一。

3. **灵活性**　由于仲裁充分体现当事人的意思自治，仲裁中的诸多具体程序可以由双方当事人协商确定与选择，因此与诉讼相比，仲裁程序更加灵活。

4. **保密性**　仲裁以不公开审理为原则。我国仲裁法明确规定仲裁不公开进行的同时，还明确规定了仲裁员及仲裁秘书人员的保密义务。

5. **快捷性**　仲裁实行一裁终局制，仲裁裁决一经仲裁庭作出即发生法律效力。这使得当事人之间的纠纷能够迅速得以解决。

6. 独立性　仲裁机构独立于行政机构和其他机构,仲裁机构之间也无隶属关系,具有很大的独立性。

（二）仲裁法的概念和适用范围

仲裁法是国家制定或认可的、规范仲裁法律关系主体的行为和调整仲裁法律关系的法律规范的总称。为适应社会主义市场经济发展的需要,1994 年 8 月 31 日第八届全国人大常委会第九次会议通过了《中华人民共和国仲裁法》（以下简称《仲裁法》）,该法自 1995 年 9 月 1 日起施行。《仲裁法》的颁布和施行,对于保证公正、及时地仲裁经济纠纷,保护当事人的合法权益,保障社会主义市场经济健康发展,具有十分重要的意义。

所谓仲裁的适用范围,是指仲裁作为解决纠纷的一种方式,可以解决哪些纠纷,不能解决哪些纠纷。关于仲裁的适用范围,我国仲裁法明确规定:平等主体的公民、法人和其他组织之间发生的合同纠纷和其他财产权益纠纷,可以仲裁;同时规定,婚姻、收养、监护、抚养、继承纠纷和依法应当由行政机关处理的行政争议,不能仲裁。

▶▶ **课堂活动**

根据我国仲裁法的有关规定,下列纠纷是否属于仲裁委员会的受理范围?

1. 王某与李某就是否收养赵某问题发生的纠纷。

2. 甲市市场监督管理部门作出对杨某罚款 3000 元的决定,杨某不服,与其发生的纠纷。

3. 甲医药公司与乙制药厂签订了药品买卖合同,双方因交付期限问题发生的纠纷。

（三）仲裁法的基本原则

仲裁法的基本原则是仲裁立法的指导思想,是贯穿仲裁整个过程、仲裁机构和双方当事人必须遵循的基本准则。其主要包括:

1. 自愿原则　自愿原则是仲裁法最基本的原则。我国仲裁法规定:当事人采用仲裁方式解决纠纷,应当双方自愿,达成仲裁协议。没有仲裁协议,一方申请仲裁的,仲裁委员会不予受理。在仲裁中,当事人可以任意选择他们共同信任的、对纠纷处理较为方便的仲裁机构。

2. 以事实为根据、以法律为准绳的原则　仲裁应根据事实,依法合理解决纠纷,这是公正处理经济纠纷的根本保障,是解决当事人之间的争议所应当依据的基本准则。同时,在法律没有规定或者规定不完备的情况下,仲裁庭可以按照公平合理的一般原则来解决纠纷。

3. 仲裁独立原则　仲裁独立指的是从仲裁机构的设置到仲裁纠纷的解决的整个过程,都具有法定的独立性,具体体现在:①仲裁机构独立于行政机关,与行政机关没有隶属关系,其依法独立仲裁,不受行政机关的干涉;②仲裁不实行级别管辖和地域管辖。仲裁组织体系中的仲裁协会、仲裁委员会和仲裁庭三者之间相对独立。③仲裁独立于审判。

仲裁法赋予了法院审查仲裁裁决的权力,但法院对仲裁裁决的审查是事后审查,且必须基于当事人的申请,撤销仲裁裁决要基于充分的证据。撤销仲裁裁决来源于法律赋予法院的监督权,并不等于仲裁附属于审判。

4. 先行调解原则　调解制度是我国处理案件的一条重要实践经验。通过调解解决纠纷,有利于当事人将来的合作,便于调解协议的执行。仲裁法规定:仲裁庭在作出裁决前,可以先行调解。当事人自愿调解的,仲裁庭应当调解。调解不成的,应及时作出裁决。

(四) 仲裁法的基本制度

仲裁法在我国原有法律对仲裁的基本制度规定的基础上,在进一步借鉴国际通行做法的情况下,确立和完善了如下制度:

1. 协议仲裁制度 当事人采用仲裁方式解决纠纷,应当双方自愿,达成仲裁协议。没有仲裁协议,一方申请仲裁的,仲裁机构不予受理。协议仲裁制度是意思自治原则最根本的体现,也是意思自治原则在仲裁过程中得以实现的最基本的保证。

2. 或裁或审制度 当事人达成仲裁协议的,应当向仲裁机构申请仲裁,不能向法院起诉,一方向人民法院起诉的,人民法院不予受理,但仲裁协议无效的除外。如果没有仲裁协议,仲裁机构不受理,当事人可以直接向人民法院起诉。

3. 一裁终局制度 仲裁裁决作出后,就发生法律效力,当事人就同一纠纷再申请仲裁或者向人民法院起诉的,仲裁机构或者人民法院不予受理。仲裁裁决被人民法院依法裁定撤销或者不予执行的,当事人就该纠纷可以根据双方重新达成的仲裁协议申请仲裁,也可以向人民法院起诉。一裁终局制度是仲裁程序简便、迅速的集中体现。

二、仲裁机构

(一) 仲裁委员会

仲裁委员会是组织进行仲裁工作、解决经济纠纷的事业单位法人。仲裁委员会可以在直辖市和省、自治区人民政府所在地的市设立,也可以根据需要在其他设区的市设立,不按行政区划层层设立。仲裁委员会由上述规定的市的人民政府组织有关部门和商会统一组建。同时,根据实际需要,《仲裁法》规定,涉外经济贸易、运输和海事纠纷的仲裁由中国商会组织设立的涉外仲裁委员会进行。设立仲裁委员会,应当经省、自治区、直辖市的司法行政部门登记。

仲裁委员会由主任 1 人、副主任 2~4 人和委员 7~11 人共同组成。仲裁委员会主任、副主任和委员由法律、经济贸易专家和有实际工作经验的人员担任。仲裁委员会的组成人员中,法律、经济贸易专家不少于 2/3。

知识链接

仲裁员的资格

仲裁委员会应当从公道正派的人员中聘任仲裁员。 仲裁员应符合下列条件之一:

1. 从事仲裁工作满 8 年的;

2. 从事律师工作满 8 年的;

3. 曾任审判员满 8 年的;

4. 从事法律研究、教学工作并具有高级职称的;

5. 具有法律知识、从事经济贸易等专业工作并具有高级职称或者具有同等专业水平的。

（二）中国仲裁协会

中国仲裁协会是社会团体法人，是仲裁委员会的自律性组织。仲裁委员会是中国仲裁协会的会员。中国仲裁协会的章程由全国会员大会制定，其职责：一是根据章程对仲裁委员会及其组成人员、仲裁员的违纪行为进行监督；二是依照仲裁法和民事诉讼法的有关规定制定仲裁规则。

三、仲裁协议

（一）仲裁协议的概念和类型

1. 仲裁协议的概念　仲裁协议是双方当事人自愿将他们之间已经发生或者可能发生的争议提交仲裁机构并服从仲裁约束力的书面协议。

2. 仲裁协议的类型　根据仲裁立法和仲裁实践，仲裁协议主要包括以下三种类型：

（1）仲裁条款：是指当事人在合同中订立的以仲裁方式解决纠纷的条款。

（2）仲裁协议书：是指双方当事人在主合同之外单独签订的发生纠纷请求仲裁的协议。仲裁协议书可以在纠纷发生前订立，也可以在纠纷发生后签订。

（3）其他有关书面文件中包含的仲裁协议：随着现代通讯技术的发展，当事人除了通过订立合同的方式达成仲裁协议外，当事人之间通过信函、电报、电传、传真、电子数据交换、电子邮件等方式达成协议也越来越普遍。这种类型与前两种类型的不同之处在于：仲裁的意思往往会分散在当事人之间多次往来的不同文件中。

（二）仲裁协议的内容

仲裁决议是双方当事人充分协商，达成一致意见后订立的书面协议。仲裁决议应当具有下列内容：①请求仲裁的意思表示；②仲裁事项；③选定的仲裁委员会。仲裁协议对仲裁事项或者仲裁委员会没有约定或者约定不明确的，当事人可以补充协议；达不成补充协议的，仲裁协议无效。仲裁协议独立存在，合同的变更、解除、终止或者无效，不影响仲裁协议的效力。

（三）仲裁协议的实质要件

根据仲裁法规定，仲裁协议应具备下列要件：

（1）当事人必须有缔约能力：双方当事人应是完全民事行为能力人，订立的仲裁协议视为有效。

（2）意思表示真实：双方当事人完全真实自愿地订立仲裁协议来解决经济纠纷。

（3）当事人约定的仲裁事项不得超出法律规定的仲裁范围，即仲裁事项应当是平等主体当事人产生的财产纠纷，且以当事人有权处分的民事权利为限。

（四）仲裁协议的效力

1. 仲裁协议的法律效力　仲裁协议的法律效力即仲裁协议所具有的法律约束力。仲裁协议一经有效成立，即对双方当事人产生法律效力，使双方当事人受到仲裁协议的约束。有效的仲裁协议可以排除法院的司法管辖权。

2. 仲裁协议法律效力的确认　当事人对仲裁协议的效力有异议的，可以请求仲裁委员会作出决定或者请求人民法院作出裁定。一方请求仲裁委员会作出决定,另一方请求人民法院作出裁定的,由人民法院裁定。当事人对仲裁决议的效力有异议,应当在仲裁庭首次开庭前提出。

> **案例分析**
>
> 　　案例:A市甲药店与B市乙制药企业签订了药品买卖合同,后因药品规格问题双方引发争议,约定由B市仲裁委员会仲裁。后双方均对仲裁协议的效力存有异议,甲药店申请B市仲裁委员会对仲裁协议的效力作出决定,但乙制药企业申请B市人民法院对仲裁协议的效力作出裁定。
>
> 　　问题:本案中哪个机关有权对仲裁协议的效力进行确认?为什么?
>
> 　　分析:本案中B市人民法院有权对仲裁协议的效力进行确认。仲裁法规定:当事人对仲裁协议的效力有异议的,可以请求仲裁委员会作出决定或者请求人民法院作出裁定。一方请求仲裁委员会作出决定,另一方请求人民法院作出裁定的,由人民法院裁定。

　　3. 仲裁协议的无效　即仲裁协议不具有法律效力,主要包括下列几种情形:①约定的仲裁事项超出了法律规定的仲裁范围;②无民事行为能力人或者限制民事行为能力人订立的仲裁协议;③一方采取胁迫手段,迫使对方订立的仲裁协议;④口头订立的仲裁协议;⑤仲裁协议对仲裁委员会没有约定或者约定不明确,当事人又达不成补充决议的。

四、仲裁程序

(一) 申请和受理

　　1. 仲裁的申请　仲裁不实行级别管辖和地域管辖,当事人可以向双方约定的仲裁机构申请仲裁。当事人申请仲裁应当符合下列条件:

　　(1) 有仲裁协议;

　　(2) 有具体的仲裁请求、事实和理由;

　　(3) 属于仲裁委员会的受理范围。

　　此外,当事人还应当向仲裁委员会递交仲裁协议、仲裁申请书及副本。

　　2. 仲裁的受理　仲裁委员会自收到仲裁申请书之日起5日内,认为符合受理条件的,应当受理,并通知当事人;认为不符合受理条件的,应当书面通知当事人不予受理,并说明理由。

　　仲裁委员会受理仲裁申请后,应当在仲裁规则规定的期限内将仲裁规则和仲裁员名册送达申请人,并将仲裁申请书副本和仲裁规则、仲裁员名册送达被申请人。被申请人应当在规定的期限内提交答辩书,并由仲裁委员会按规定将答辩书副本送达申请人。被申请人未提交答辩书的,不影响仲裁程序的进行。

　　当事人达成仲裁协议,一方向人民法院起诉未声明有仲裁协议,人民法院受理后,另一方在首次开庭提交仲裁协议的,人民法院应当驳回起诉,但仲裁协议无效的除外;另一方在首次开庭前未对人民法院受理该案提出异议的,视为放弃仲裁协议,人民法院应当继续审理。

申请人可以放弃或变更仲裁请求。被申请人可以承认或者反驳仲裁请求,有权提出反请求。当事人可以申请财产保全、可以委托代理人仲裁活动。

(二) 仲裁庭的组成

1. 仲裁庭的组成 仲裁委员会受理仲裁申请后,组成仲裁庭裁决案件,仲裁庭行使仲裁权。

仲裁庭的组成有两种形式:一种是由 3 名仲裁员组成的合议庭,另一种是由 1 名仲裁员任独任仲裁员。前者应当由双方当事人各自选定或者各自委托仲裁委员会主任指定一名仲裁员,第三名仲裁员由当事人共同选定或者共同委托仲裁委员会主任指定,第三名仲裁员是首席仲裁员。后者应当由当事人共同选定或者共同委托仲裁委员会主任指定仲裁员。

仲裁庭组成后,仲裁委员会应当将仲裁庭的组成情况书面通知当事人。

2. 仲裁员的回避 仲裁员有下列情形之一的,必须回避,当事人也有权提出回避申请:①是本案当事人或者当事人、代理人的近亲属;②与本案有利害关系;③与本案当事人、代理人有其他关系,可能影响公正仲裁的;④私自会见当事人、代理人,或者接受当事人、代理人请客送礼的。

当事人提出回避申请,应当说明理由,在首次开庭前提出。回避事由在首次开庭后知道的,可以在最后一次开庭终结前提出。仲裁员是否回避,由仲裁委员会主任决定;仲裁委员会主任担任仲裁员时,由仲裁委员会集体决定。

(三) 开庭和裁决

1. 仲裁方式 仲裁应当开庭进行;但当事人协议不开庭的,仲裁庭可以根据仲裁申请书、答辩书及其他材料作出裁决。仲裁一般不公开进行,但当事人协议公开的,可以公开进行,涉及国家秘密的除外。

2. 仲裁日期 仲裁委员会应在规定的期限内将开庭日期通知双方当事人。当事人有正当理由的,可以在规定的期限内请求延期开庭。是否延期,由仲裁庭决定。

申请人经书面通知,无正当理由不到庭或者未经仲裁庭许可中途退庭的,视为撤回仲裁申请。被申请人经书面通知,无正当理由不到庭或者未经仲裁庭许可中途退庭的,可以缺席裁决。

当事人申请仲裁后,可以自行和解,也可以撤回仲裁申请。当事人达成和解协议,撤回仲裁申请后反悔的,还可以根据仲裁协议申请仲裁。

3. 举证责任 当事人应当对自己的主张提供证据。仲裁庭认为有责任收集的,可以自行收集。且应当在开庭时出示,当事人可以质证也可以申请证据保全,在仲裁过程中有权申请回避。

4. 和解 当事人申请仲裁后,可以自行和解。当事人达成和解协议的,可以请求仲裁庭根据和解协议作出裁决书,也可以撤回仲裁申请。如果当事人撤回仲裁申请后反悔的,则仍可以根据原仲裁协议申请仲裁。

5. 调解 仲裁庭在作出裁决前,可以先行调解。当事人自愿调解的,仲裁庭应当调解。调解达成协议的,仲裁庭应当制作调解书或者根据协议的结果制作裁决书。调解书与裁决书具有同等法律效力。调解书经双方当事人签收后,即发生法律效力。调解不成或者在调解书签收前当事人反悔的,仲裁庭应当及时作出裁决。

案例分析

案例：A市甲医药公司与B市乙制药厂签订了一份药品买卖合同。后来双方又达成了补充协议，约定因该合同的履行发生的纠纷由B市仲裁委员会裁决。在药品交付后，市场监督管理部门鉴定部分药品为劣质产品。甲医药公司遂要求乙制药厂赔偿损失，乙制药厂不同意，引发纠纷。

问题：（1）假设B市人民法院受理了甲医药公司的起诉，乙制药厂欲通过仲裁程序解决纠纷，此时可以采取何种措施？

（2）假设B市仲裁委员会受理甲医药公司的仲裁申请，仲裁庭在作出裁决前双方自愿调解，可如何结案？

分析：（1）乙制药厂可以在B市人民法院首次开庭前提交仲裁协议。仲裁法规定：当事人达成仲裁协议，一方向人民法院起诉未声明有仲裁协议，人民法院受理后，另一方在首次开庭前提交仲裁协议的，人民法院应当驳回起诉。

（2）当事人自愿调解达成协议，B市仲裁委员会仲裁庭应当制作调解书或者根据协议的结果制作裁决书。仲裁法规定：当事人自愿调解的，仲裁庭应当调解。调解达成协议的，仲裁庭应当制作调解书或者根据协议的结果制作裁决书。调解书经双方当事人签收后，即发生法律效力。

6. 裁决 仲裁裁决是指仲裁庭对当事人之间所争议的事项进行审理后所作出的终局判定。仲裁裁决书是仲裁庭对仲裁纠纷案件作出裁决的法律文书。裁决书自作出之日起发生法律效力。仲裁裁决的效力体现在：

（1）当事人不得就已经裁决的事项再行申请仲裁，也不得就此提起诉讼；

（2）其他任何机关和个人均不得变更仲裁裁决；

（3）仲裁裁决具有执行力。

点滴积累 ∨

1. 仲裁是指双方当事人在争议发生前或争议发生后达成协议，自愿将其争议交付第三者居中评断是非并作出裁决，双方当事人都有义务执行裁决的一种解决争议的方式。仲裁活动和法院的审判活动一样，关乎当事人的实体权益，是解决民事争议的方式之一。

2. 仲裁协议是双方当事人自愿将他们之间已经发生或者可能发生的争议提交仲裁机构并服从仲裁约束力的书面协议，是双方当事人所表达的采用仲裁方式解决纠纷意愿的法律文书，是将双方当事人之间的仲裁合意书面化、法律化的形式。

3. 当事人申请仲裁后，可以自行和解。当事人达成和解协议的，可以请求仲裁庭根据和解协议作出裁决书，也可以撤回仲裁申请。

第二节　经济诉讼

一、经济诉讼的概念及制度

（一）经济诉讼的概念

经济诉讼是指国家审判机关即法院依照法律规定,在当事人和其他诉讼参与人的参加下,依法解决诉讼的活动。为了保证当事人公平、公正地通过诉讼解决经济纠纷,1991年4月9日第七届全国人民代表大会第四次会议通过了《中华人民共和国民事诉讼法》,并于2007年、2012年进行了两次修订。

（二）审判制度

1. 合议制度　合议制度是指由3名以上审判人员组成审判组织,代表法院行使审判权,对案件进行审理并作出裁判的制度。合议制度是相对于独任制度而言的,后者是指由1名审判员独立地对案件进行审理和裁判的制度。法院审理第一审民事案件,除适用简易程序审理的民事案件由审判员1人独任审理外,一律由审判员、陪审员共同组成合议庭。法院审理第二审民事案件,由审判员组成合议庭。法院审理行政案件,由审判员组成合议庭,或者由审判员、陪审员组成合议庭。合议庭的成员,应当是3人以上的单数。

2. 两审终审制度　一个诉讼案件经过两级法院审判后即终结。我国法院分为四级:最高人民法院、高级人民法院、中级人民法院、基层人民法院。除最高法院外,其他各级法院都有自己的上一级法院。按照两审终审制,一个案件经第一审法院审判后,当事人如果不服,有权在法定期限内向上一级法院提起上诉,由该上一级法院进行第二审。二审法院的判决、裁定是终审的判决、裁定。

最高人民法院作出的一审判决、裁定为终审判决、裁定。适用特别程序、督促程序、公示催告程序和企业法人破产还债程序审理的案件,实行一审终审制。对终审判决、裁定,当事人不得上诉。如果发现终审裁判确有错误,可以通过审判监督程序予以纠正。

二、经济诉讼管辖

经济诉讼管辖是指各级法院之间以及不同地区的同级法院之间,受理第一审民事案件、经济纠纷案件的职权范围和具体分工。管辖可以按照不同标准作多种分类,其中最重要、最常用的是级别管辖和地域管辖。

（一）级别管辖

级别管辖是根据案件性质、案情繁简、影响范围,来确定上下级法院受理第一审案件的分工和权限。大多数民事案件均归基层人民法院管辖。中级人民法院管辖下列第一审经济纠纷案件:①重大涉外案件;②在本辖区有重大影响的案件;③最高人民法院确定由中级人民法院管辖的案件(如专利纠纷案件)。高级人民法院管辖在本辖区有重大影响的第一审经济纠纷案件。最高人民法院管辖下列第一审经济纠纷案件:①在全国有重大影响的案件;②认为应当由本院审理的案件。除了以上地方各级法院外,还有各专门法院管辖特殊的经济纠纷。

> **知识链接**
>
> 各专门法院的受案范围
>
> 1. 军事法院　当事人双方均是军队内部单位的经济纠纷案件,由军事法院管辖。 但仅有一方当事人是军队内部单位的经济案件,应由有管辖权的地方法院管辖。
>
> 2. 海事法院　我国海事法受理当事人因海事侵权纠纷、海商合同纠纷(包括海上运输合同、海船租用合同、海上保赔合同、海船船员劳务合同等)及法律规定的其他海事经济纠纷提起的诉讼。
>
> 3. 铁路运输法院　我国铁路法院的受案范围包括:①铁路运输合同纠纷;②代办托运、包装整理、仓储保管、接取送达等铁路运输延伸服务合同纠纷;③铁路系统内部的经济纠纷案件;④对铁路造成损害的侵权纠纷案件。

(二) 地域管辖

各级法院的辖区和各级行政区划是一致的。按照地域标准也即按照法院的辖区和民事案件的隶属关系,确定同级法院之间受理第一审民事案件的分工和权限,称地域管辖。地域管辖又分为一般地域管辖、特殊地域管辖和专属管辖等。

1. **一般地域管辖**　一般地域管辖是按照当事人所在地与法院辖区的隶属关系来确定案件管辖法院,也叫普通管辖。通常实行"原告就被告"原则,即由被告住所地法院管辖,原告向被告住所地法院起诉。这样规定,既有利于被告应诉,又便于法院行使审判权,还有利于法院采取财产保全和执行措施,同时也可在一定程度上防止原告滥用起诉权。

2. **特殊地域管辖**　特殊地域管辖是以诉讼标的所在地、法律事实所在地为标准确定管辖法院,也称特别管辖。即在一般地域管辖之外,针对特殊情况关于管辖的规定。

> **知识链接**
>
> 特殊地域管辖的情形
>
> 1. 因合同纠纷提起的诉讼,由被告住所地或者合同履行地法院管辖;
>
> 2. 因保险合同纠纷提起的诉讼,由被告住所地或者保险标的物所在地法院管辖;
>
> 3. 因票据纠纷提起的诉讼,由票据支付地或者被告住所地法院管辖;
>
> 4. 因铁路、公路、水上、航空运输和联合运输合同纠纷提起的诉讼,由运输始发地、目的地或者被告住所地法院管辖;
>
> 5. 因侵权行为提起的诉讼,由侵权行为地(包括侵权行为实施地、侵权结果发生地)或者被告住所地法院管辖;
>
> 6. 因铁路、公路、水上和航空事故请求损害赔偿提起的诉讼,由事故发生地或者车辆、船舶最先到达地、航空器最先降落地或被告住所地法院管辖;

7. 因船舶碰撞或者其他海事损害事故请求损害赔偿提起的诉讼,由碰撞发生地、碰撞船舶最先到达地、加害船舶被扣留地或者被告住所地法院管辖;

8. 因海难救助费用提起的诉讼,由救助地或者被救助船舶最先到达地法院管辖;

9. 因共同海损提起的诉讼,由船舶最先到达地、共同海损理算地或者航程终止地的法院管辖。

3. **专属管辖** 专属管辖是指法律强制规定某类案件必须由特定法院管辖,其他法院无权管辖,当事人也不得协议变更的管辖。专属管辖的案件主要有三类:

(1) 因不动产纠纷提起的诉讼,由不动产所在地法院管辖;

(2) 因港口作业中发生纠纷提起的诉讼,由港口所在地法院管辖;

(3) 因继承遗产纠纷提起的诉讼,由被继承人死亡时住所地或者主要遗产所在地法院管辖。

案例分析

案例:甲市 A 医药公司与乙市 B 制药厂签订协议,合资在丙市兴建一座制药厂房。厂房如期建成,B 制药厂却背着 A 医药公司单独以自己的名义办理了产权登记手续。A 医药公司得知此事后,向乙市法院起诉 B 公司,要求确认自己对该制药厂房拥有部分产权,但乙市法院不予受理。

问题:对该案应如何处理? 为什么?

分析:我国民事诉讼地域管辖的基本原则虽为"原告就被告",但根据民事诉讼法规定:因不动产纠纷提起的诉讼,由不动产所在地人民法院管辖。因此,A 医药公司应当依法向该厂房所在地法院即丙市人民法院起诉。

4. **协议管辖** 合同或者其他财产权益纠纷的当事人可书面协议选择被告住所地、合同履行地、合同签订地、原告住所地、标的物所在地等与争议有实际联系的地点的人民法院管辖,但不得违反本法对级别管辖和专属管辖的规定。

5. **两个以上法院都有管辖权时管辖的确定(共同管辖和选择管辖)** 两个以上法院都有管辖权(共同管辖)的诉讼,原告可以向其中一个法院起诉(选择管辖);原告向两个以上有管辖权的法院起诉的,由最先立案的法院管辖。

三、经济诉讼程序

(一) 普通程序

普通程序是我国民事诉讼法规定的人民法院审理第一审经济案件通常所适用的程序,也是民事案件的当事人进行第一审民事诉讼通常遵循的程序。

1. **起诉与受理** 起诉是指公民、法人和其他组织在其民事权益受到侵害或与他人发生争议时,向人民法院提起诉讼,请求人民法院通过审判予以司法保护的行为。当事人的起诉要得到人民法院的受理,必须具备法律规定的起诉条件。起诉的方式,以书面起诉为原则,以口头起诉为例外。起诉应当向人民法院递交起诉状,并按照被告人数提出副本。

> **知识链接**
>
> 起诉的条件
>
> 1. 原告是与本案有直接利害关系的公民、法人和其他组织;
>
> 2. 有明确的被告;
>
> 3. 有具体的诉讼请求和事实、理由;
>
> 4. 属于人民法院受理民事诉讼的范围和受诉人民法院管辖。

受理是指人民法院通过对当事人的起诉进行审查,对符合法律规定条件的进行立案审理的行为。人民法院收到起诉状或者口头起诉,经审查,认为符合起诉条件的,应当在 7 日内立案,并通知当事人;认为不符合起诉条件的,应当在 7 日内裁定不予受理,原告对裁定不服的,可以提起上诉。

2. 审理前的准备　审理前的准备是经济纠纷审判过程中的一个必经阶段。审理前的准备工作主要有:①送达起诉状副本和提出答辩状;②告知当事人诉讼权利义务及合议庭组成人员;③审阅诉讼材料,调查、收集必要的证据;④追加应当参加诉讼的当事人。

3. 开庭审理　开庭审理是指在人民法院审判人员的主持下,在当事人和其他诉讼参与人的参加下,依法定程序对案件进行实体审查从而作出裁判的全部过程。开庭审理是普通程序中最重要和最中心的环节,必须严格按照法定的阶段和顺序进行。

(1) 准备开庭:开庭审理前,书记员应当查明当事人和其他诉讼参与人是否到庭,宣布法庭纪律。开庭审理时,由审判长核对当事人,宣布案由,宣布审判人员、书记员名单,告知当事人有关的诉讼权利和义务,询问当事人是否提出回避申请。

(2) 法庭调查:在法庭上通过展示与案件有关的所有证据,对案件事实进行全面调查,从而为进入开庭审理的下一阶段做好准备的活动。法庭调查按照下列顺序进行:①当事人陈述;②告知证人的权利和义务,证人作证,宣读未到庭的证人证言;③出示书证、物证和视听资料;④宣读鉴定结论;⑤宣读勘验笔录。

(3) 法庭辩论:即双方当事人及其诉讼代理人充分行使自己的辩论权,在法庭上就有争议的事实和法律问题进行辩驳和论证。法庭辩论的任务是对有争议的问题逐一进行审查和核实,以查明案件的客观真实情况,为明确是非责任、正确适用法律奠定基础。

(4) 评议和宣判:即由合议庭的人员在法庭调查和法庭辩论的基础上,认定案件事实,确定适用的法律,最后宣告案件的审理结果,这是开庭审理的最后阶段。宣告判决有两种方式:一种是当庭宣判,一种是定期宣判。

(二) 简易程序

简易程序是指基层人民法院及其派出法庭审理简单民事案件和简单经济纠纷案件所适用的

程序。

简易程序有自己的特定适用范围。基层人民法院和它派出的法庭审理事实清楚、权利义务关系明确、争议不大的简单民事案件,适用简易程序。

在内容上简易程序是普通程序的简化。例如:适用简易程序时原告可以口头起诉;当事人双方可以同时到基层人民法院或者它派出的法庭,请求解决纠纷。基层人民法院或者它派出的法庭可以当即审理,也可以另定日期审理;基层人民法院和它派出的法庭审理简单的民事案件,可以用简便方式随时传唤当事人、证人;由审判员 1 人独任审理;人民法院适用简易程序审理案件,应当在立案之日起 3 个月内审结。

不适用简易程序的情形:①起诉时被告下落不明;②发回重审、再审的案件;③一方人数众多的共同诉讼;④特别程序、督促程序、公示催告、破产程序。

▶ 课堂活动

甲医药销售公司与乙制药企业签订了药品购销合同。 合同到期乙制药企业没有如期交付药品,甲医药销售公司诉至法院,要求乙制药企业履行合同并赔偿损失。 但此时,乙制药企业的相关负责人均已下落不明。

本案中人民法院能否适用简易程序审理此案?

(三) 第二审程序

由于我国实行两审终审制,当事人不服一审法院作出的裁判,可以向上一级法院提起上诉,经上一级法院审理并作出裁判后,诉讼便告终结,所以二审程序又称上诉程序、终审程序。

1. 上诉的提起

(1) 当事人不服地方人民法院第一审判决的,有权在判决书送达之日起 15 日内向上一级人民法院提起上诉。

(2) 当事人不服地方人民法院第一审裁定的,有权在裁定书送达之日起 10 日内向上一级人民法院提起上诉。上诉状应当通过原审人民法院提出,并按照对方当事人或者代表人的人数提出副本。

(3) 当事人直接向第二审人民法院上诉的,第二审人民法院应当在 5 日内将上诉状移交原审人民法院。

2. 上诉案件的审查范围 第二审人民法院应当对上诉请求的有关事实和适用法律进行审查,并应当组成合议庭,开庭审理。经过阅卷和调查,询问当事人,在事实核对清楚后,合议庭认为不能要开庭审理的,也可以进行判决、裁定。第二审人民法院审理上诉案件,可以在本院进行,也可以到案件发生地或者原审人民法院所在地进行。

3. 上诉案件的裁判 第二审人民法院对上诉案件,经过审理,按照下列情形,分别处理:①原判决认定事实清楚,适用法律正确的,判决驳回上诉,维持原判决;②原判决适用法律错误的,依法改判;③原判决认定事实错误的,或者原判决认定事实不清,证据不足的,裁定撤销原判决,发回原审人民法院重审,或者查清事实后改判;④原判决违反法定程序,可能影响案件正确判决的,裁定撤销原判决,发回原审人民法院重审。

当事人对重审案件的判决、裁定,可以上诉。第二审人民法院的判决、裁定,是终审的判决、裁定。

四、诉讼时效

(一) 诉讼时效的概念

诉讼时效是指权利人在法定期间内不行使权利而失去诉讼保护的制度。诉讼时效期间是指权利人请求法院或者仲裁机关保护其民事权利的法定期间。

诉讼时效期间届满,权利人丧失的是胜诉权,即丧失依诉讼程序强制义务人履行义务的权利;权利人的实体权利并不消灭,债务人自愿履行的,不受诉讼时效限制。

(二) 诉讼时效期间类型

1. 普通诉讼时效期间　普通诉讼时效期间,也称一般诉讼时效期间,是指由民事普通法规定的具有普遍意义的诉讼时效期间。根据《民法总则》的规定,除法律另有规定外,一般诉讼时效为 3 年。

2. 特别诉讼时效期间　特别诉讼时效期间,也称特殊诉讼时效期间,是指由民事普通法或特别法规定的,仅适用于特定民事法律关系的诉讼时效期间。

下列事项的诉讼时效期间为 1 年:①身体受到伤害要求赔偿的;②出售质量不合格的商品未声明的;③延付或者拒付租金的;④寄存财物被丢失或者损毁的。

(三) 最长诉讼时效期间

前面所讲的诉讼时效期间,均从权利人知道或应当知道权利被侵害时起计算。但是,从权利被侵害之日起超过 20 年的,法院不予保护。有特殊情况的,法院可以延长诉讼时效期间。也就是说,对在 20 年内始终不知道或者不应当知道自己权利受侵害的当事人,法律也不再予以诉讼保护。20 年就是法律保护的最长期限,故也称绝对时效期间。

(四) 诉讼时效期间的中止、中断和延长

1. 诉讼时效期间的中止　在诉讼时效期间的最后 6 个月内,因不可抗力或者其他障碍致使权利人不能行使请求权的,诉讼时效期间暂时停止计算。从中止时效的原因消除之日起,诉讼时效期间继续计算。

知识链接

诉讼时效期间中止的其他障碍

其他障碍,包括权利被侵害的无民事行为能力人、限制民事行为能力人没有法定代理人,或者法定代理人死亡、丧失代理权,或者法定代理人本人丧失行为能力;也包括继承开始后继承人尚未确定或者非因继承人的原因导致遗产管理人不明确,使继承人不能行使其继承权。

---

2. 诉讼时效期间的中断　在诉讼时效期间,当事人提起诉讼、当事人一方提出要求或者同意履

行义务,而使已经经过的时效期间全部归于无效。从中断时起,诉讼时效期间重新计算。

3. 诉讼时效期间的延长 在诉讼时效期间届满后,权利人基于某种正当理由要求法院根据具体情况延长时效期间,经法院审查确认后决定延长的制度。

点滴积累 ∨

1. 经济诉讼是指国家审判机关即法院依照法律规定,在当事人和其他诉讼参与人的参加下,依法解决诉讼的活动。

2. 我国实行两审终审制,当事人不服一审法院作出的裁判,可以向上一级法院提起上诉,经上一级法院审理并作出裁判后,诉讼便告终结。 二审程序又称上诉程序、终审程序。

目标检测

一、单项选择题

1. 根据我国仲裁法规定,下列纠纷可以仲裁的是( )

   A. 合同纠纷　　　B. 继承纠纷　　　C. 行政争议　　　D. 抚养纠纷　　　E. 监护纠纷

2. 仲裁委员会的组成人员中,法律、经济贸易专家**不得少于**( )

   A. 1/3　　　B. 1/2　　　C. 1/5　　　D. 3/4　　　E. 2/3

3. 仲裁员是否回避,由( )决定

   A. 仲裁委员会集体　　　　　　B. 仲裁委员会主任

   C. 仲裁庭庭长　　　　　　　　D. 仲裁庭集体

   E. 仲裁委员会少数服从多数

4. 普通诉讼时效为( )年

   A. 1　　　B. 2　　　C. 3　　　D. 4　　　E. 5

5. 对判决不服的上诉期限为( )日

   A. 10　　　B. 15　　　C. 20　　　D. 30　　　E. 40

二、知识应用题

（一）案例分析

案例1:甲市医疗器械厂与乙市医药公司于2006年7月签订一份购销合同。合同中的仲裁条款规定:因履行合同发生的争议由双方协商解决,无法协商解决的由仲裁机构仲裁。2006年9月双方发生争议,医疗器械厂向其所在地的甲市仲裁委员会递交了仲裁申请书,但乙市医药公司拒绝答辩。同年11月双方经过协商,重新签订了一份仲裁协议,并协商将此合同争议提交医药公司所在地的乙市仲裁委员会仲裁。事后,医疗器械厂担心乙市仲裁委员会实行地方保护主义偏袒医药公司,故意未申请仲裁而向合同履行地人民法院提起诉讼,且起诉时未说明补充约定乙市仲裁委员会仲裁的情况。法院受理此案后,向医药公司送达了起诉状副本。医药公司则向法院提交答辩状和重新签订的仲裁协议,要求法院驳回医疗器械厂的诉讼。

问题:(1) 购销合同中的仲裁条款是否有效?为什么?

(2) 争议发生后,双方签订的协议是否有效?为什么?

(3) 原告医疗器械厂向法院提起诉讼是否正确?为什么?

(4) 法院是否应该受理本案?为什么?

(5) 法院最终应如何处理本案?为什么?

案例2:甲市 A 医药公司与乙市 B 制药厂在丙市签订药品购买合同,约定 B 制药厂向 A 医药公司供给一批药品,合同履行地在丙市。A 医药公司验收合格再付款,合同中未约定仲裁条款。合同履行过程中,A 医药公司与 B 制药厂因药品质量问题发生争议。双方在交涉过程中通过电子邮件的方式约定将争议提交给乙市仲裁委员会进行仲裁。其后 A 医药公司担心乙市仲裁委员会会对 B 制药厂有所偏袒,因此向丙市人民法院提起诉讼,请求判决解除合同,并由 B 制药厂赔偿其所遭受的损失。丙市人民法院在不知双方曾约定仲裁的情况下受理了本案,B 制药厂进行了答辩,表示不同意解除合同。丙市人民法院经过审理,判决解除合同,并由 B 制药厂赔偿其所遭受的损失。被告不服,认为一审判决错误,提出上诉。称双方当事人之间存在仲裁协议,且民事诉讼管辖实行原告就被告原则,丙市人民法院对本案无诉讼管辖权。

问题:(1) 丙市人民法院对本案是否具有诉讼管辖权?为什么?

(2) 本案中合同双方当事人通过电子邮件约定仲裁解决纠纷的形式是否合法?为什么?

(3) 被告关于管辖权的上诉理由是否成立?为什么?

(4) 若二审法院认为本案原判决认定事实错误发回重审,一审法院作出新判决,当事人对于该新判决不服可否再次提起上诉?

(二) 实务操作

模拟民事诉讼过程。

要求:1. 由教师提供具体案例,诉讼过程应当包括起诉、申请财产保全、法院受理、法院审理程序、上诉等过程。

2. 学生拟写起诉状、答辩状、辩护词等。

3. 力争全面再现本案件的诉讼过程。

ER-10章习题

(张蓓蓓)

参考文献

［1］韩世远. 合同法总论. 3 版. 北京:法律出版社,2011.

［2］蒋言斌. 知识产权:原理、规则与案例. 湖南:中南大学出版社,2016.

［3］周考文. 专利申请自己来. 北京:化学工业出版社,2013.

［4］吴力佳. 税法实务. 北京:清华大学出版社,2016.

［5］杨应杰,张旭,张俊霞. 税法. 北京:化学工业出版社,2016.

［6］梁俊娇. 税法. 3 版. 北京:中国人民大学出版社,2016.

［7］谢根成. 劳动和社会保障法学. 广州:暨南大学出版社,2010.

［8］贾俊玲. 经济法系列——劳动法学. 北京:北京大学出版社,2009.

［9］魏双顶,张蓓蓓. 医药经济法规实务. 北京:化学工业出版社,2010.

［10］张寅玲. 医药行业法律与法规. 5 版. 北京:中国医药科技出版社,2012.

目标检测参考答案

第一章　法律基础知识

一、单项选择题

1．B　2．B　3．C　4．C　5．A

二、案例分析题

1．本案中有三个法律关系存在。分别是：甲医药公司与韩某间的委托法律关系；甲医药公司与乙药厂之间的买卖合同关系；甲药品公司与乙药厂之间的违约法律关系。

2．甲药品公司应承担违约的民事法律责任。经济法律关系主体承担民事责任的主要形式有：停止侵害、排除妨碍、返还财产、恢复原状、赔偿损失、支付违约金等。

3．对于双方之间的法律关系，如果双方当事人之间订有仲裁协议或仲裁条款，乙药厂可通过向仲裁委员会申请仲裁的方式实现对法律关系的保护。在双方没有仲裁协议或仲裁条款的情况下，加佳药厂可通过向司法机关提起民事诉讼，由司法机关进行民事审判的方式维护自身的合法权益。

第二章　市场主体法律制度

一、单项选择题

1．A　2．D　3．D　4．C　5．C　6．C　7．B　8．B　9．B　10．A

二、知识应用题

（一）案例分析

案例1：（1）丙在合伙企业中以劳务出资的形式合法。丙在其设立的个人独资企业中不可以用劳务出资。

（2）合伙协议中约定甲、乙、丁不执行事务是符合规定的，《合伙企业法》规定，有限合伙人不执行合伙事务，不得对外代表有限合伙企业。

（3）甲以普通合伙人身份与银行签订的借款合同，甲对此业务所产生的债务应承担无限连带责任。《合伙企业法》规定，第三人有理由相信有限合伙人为普通合伙人并与其交易的，该有限合伙人对该笔交易承担与普通合伙人同样的责任。

（4）丙聘任戊担任合伙企业的经营管理人员及为B公司提供担保的行为不符合规定。《合伙企业法》的规定，除合伙协议另有约定外，合伙企业聘任合伙人以外的人担任合伙企业的经营管理人员和以合伙企业名义为他人提供担保的事项，应当经全体合伙人一致同意。由于该合伙企业的合伙协议中并未对聘任经营管理人员和担保的事项作出约定，丙独自决定的这两项事项是不符合规定的。

（5）丙与合伙企业签订了买卖合同的行为是符合规定的。《合伙企业法》规定,除合伙协议另有约定或者经全体合伙人同意外,合伙人不得同本合伙企业进行交易。但由于该交易甲、乙和丁均表示同意,因此是合法的。

（6）首先,用企业的银行存款和实物折价共 9 万元清偿所欠的工资、社会保险费用、税款,之后,用剩余的 78 000 元清偿庚的债务,但仍欠庚 22 000 元,这 22 000 元,可用丙从合伙企业分取的收益予以清偿或由庚依法请求人民法院强制执行丙在合伙企业中的财产份额用于清偿。

（7）甲、乙、丁决定以现有状况继续经营是不符合规定的。《合伙企业法》规定,有限合伙企业仅剩有限合伙人的,应当解散。丙被人民法院强制执行其在合伙企业中的全部财产份额后,当然退伙,此时,该有限合伙企业仅剩有限合伙人,因此应当解散,不应该继续经营。

案例 2:（1）对于乙出资不实的行为,乙应承担违约责任,并补足其差额。在公司内部,甲、丙应承担连带责任。

（2）丁不承担连带责任。丁做为新股东,没有参与开始的出资,所以不承担连带责任。

案例 3:（1）本案例中有三种出资形式:即实物、现金、无形资产。其中 A 的出资为实物出资,符合我国《公司法》的规定。B 虽然是从银行借的资金,但并不影响其出资能力,故属货币出资,符合我国《公司法》的规定。C 的出资是无形资产,但我国《公司法》只规定知识产权等可以用货币估价并可依法转让的非货币财产作价出资,以管理能力作为出资我国《公司法》上没有规定。

（2）会予以注册登记。因为股东人数（50 个以下）等符合《公司法》的有关规定。

（二）实务操作

1. 提示:甲、乙、丙、丁可以设立普通合伙、有限合伙、有限责任公司、股份有限公司。如果设立合伙企业,需准备合伙协议等登记文件,如设立公司,需准备公司章程等登记文件。

2. 提示:合伙协议的内容应全面,起码包括以下内容:①普通合伙人和有限合伙人的姓名或者名称、住所;②执行事务合伙人应具备的条件和选择程序;③执行事务合伙人权限与违约处理办法;④执行事务合伙人的除名条件和更换程序;⑤有限合伙人入伙、退伙的条件、程序以及相关责任;⑥有限合伙人和普通合伙人相互转变程序。

第三章　合同法律制度

一、单项选择题

1. D　2. C　3. B　4. C　5. C

二、多项选择题

1. AB　2. CDE　3. ABCDE　4. ABCD　5. ABDE

三、知识应用题

（一）案例分析

案例 1:（1）不符合。《合同法》规定定金的数额不得超过合同标的额的 20%。本案中标的额的 20% 应为 15 万。

（2）符合。《合同法》规定给付定金的一方不履行约定债务的,无权要求返还定金;收受定金的一方不履行约定债务的,应当双倍返还定金。当事人既约定违约金,又约定定金的,一方违约时,对方可以选择适用违约金或者定金条款。

案例 2:(1) 可变更和可撤销合同。一方以欺诈、胁迫手段或者乘人之危,使对方在违背真实意思的情况下订立的不损害国家利益的合同:欺诈是指一方当事人故意欺骗他人如故意告知对方虚假情况,或者故意隐瞒真实情况,并使他人陷入错误而订立合同的行为。

(2) 应当赔偿损失。《合同法》规定合同被撤销以后,因该合同取得的财产,应当予以返还;不能返还或者没有必要返还的,应当折价补偿。有过错的一方应当赔偿对方因此受到的损失,双方都有过错的,应当各自承担相应的责任。

(二) 实务操作

1. 该合同存在的问题主要有:①单位作为合同当事人应该用全称,还应有单位住址、电话,法定代表人的姓名及联系电话;②药品的数量约定不明确,完全取决于甲方,甲方的权利太大;③履行时间约定太过宽泛,不能准确反映双方的需求;④履行方式牵涉到双方费用的承担、风险的承担以及诉讼的管辖,必须明确,否则易起纠纷;⑤验收标准的约定应以国家药品标准为准,而不是以乙方的出厂检验为准;⑥双方的违约责任约定不平等,甲方退货要分是否有正当理由再定是否要承担责任,并非只要退货都要承担责任;⑦双方的纠纷并非涉外纠纷,不能约定由外国的仲裁机构仲裁。双方如果约定由国内的仲裁机构仲裁解决纠纷,还须明确具体的仲裁机构;⑧起诉权是双方的法定权利,不需要事先征得对方的同意。

2. 答案(略)

要求:熟悉合同订立的注意事项,订立的合同内容完整,文字表述准确具体。

第四章　工业产权法律制度

一、单项选择题

1. C　2. E　3. A　4. B　5. B　6. A　7. B

二、多项选择题

1. BCD　2. ABCDE　3. ABC　4. ABC　5. BC　6. ABCD　7. ABC　8. AB　9. ABCD

三、知识应用题

(一) 案例分析

案例1:(1) 原国家工商总局商标评审委员会认为,美国某公司的"AABB"商标与桂林某公司使用的"AA　BB"标识两个词组的唯一区别在于两个单词之间的空格,一般消费者以普通注意力很难将二者区分,上述两词组应属于近似标识。商评委裁定撤销美国某公司的血糖试纸商标。

(2) 商标无效就无所谓是否侵权,桂林某公司假冒商标的指控也就不成立了。

案例2:(1) 未经专利权人许可,制造、使用、许诺销售他人专利产品,甲乙丙丁构成专利侵权。

(2) 权利人可依法要求停止侵害、赔偿损失、消除影响。

(二) 实务操作(提示:重点考虑商标注册的条件、程序等)

第五章 市场管理法律制度

一、单项选择题

1. A 2. C 3. D 4. D 5. A 6. A 7. D 8. A 9. D 10. A 11. B

二、知识应用题

（一）案例分析

案例1：赵先生的损失由网络交易平台提供者来承担。《消费者权益保护法》第44条规定：消费者通过网络交易平台购买商品或者接受服务，其合法权益受到损害的，可以向销售者或者服务者要求赔偿。网络交易平台提供者不能提供销售者或者服务者的真实名称、地址和有效联系方式的，消费者也可以向网络交易平台提供者要求赔偿。

案例2：（1）该企业的行为违法。《产品质量法》规定：生产者生产产品，不得掺杂、掺假，不得以假充真，以次充好，不得以不合格产品冒充合格产品。

（2）市场监督管理作出的处罚正确。《产品质量法》规定：在产品中掺杂、掺假，以假充真，以次充好，或者以不合格产品冒充合格产品的，责令其停止生产、销售，没收违法生产、销售的产品，并处违法生产、销售产品货值金额50%以上3倍以下的罚款；有违法所得的，并处没收违法所得；情节严重的，吊销营业执照。

（二）实务操作

（1）小王的母亲为消费者，其合法权益应受到《消费者权益保护法》的保护。

（2）小王可以要求某保健产品的生产厂家或者销售商赔偿。若找不到生产厂家或者销售商，小王可以要求展销会的举办者赔偿。

（3）小王的母亲可以获得医疗费、治疗期间的护理费、因误工减少的收入等费用；造成残疾的，还应当支付残疾者的生活自助具费、生活补助费、残疾赔偿金以及由其抚养的人所必需的生活费等费用。

（4）小王可以采取以下途径解决此纠纷：与经营者协商和解；请求消费者协会调解；向有关行政部门申诉；根据与经营者达成的仲裁协议提请仲裁；向人民法院提起诉讼。

（5）小王可以要求商家双倍返还定金。

第六章 税收法律制度

一、单项选择题

1. E 2. E 3. B 4. D 5. A 6. E 7. E 8. D 9. C

二、多项选择题

1. CDE 2. ABC 3. ABD 4. ABD 5. ABC 6. ABCD 7. BD 8. BCE

三、案例分析题

1.（1）该企业按13%的税率计缴增值税的行为不合法。根据我国《增值税暂行条例》的规定，该企业属于一般纳税人，而且属于基本税率，即按17%的税率纳税。

（2）根据我国《增值税暂行条例》的规定，增值税的税率分为 3 档：基本税率 17%、低税率 13%、零税率。具体规定（略）。

由于增值税有 17% 基本税率和 13% 低税率之分，当纳税人兼营不同税率的货物或者应税劳务时，应当分别核算不同税率货物或者应税劳务的销售额。未分别核算销售额的，从高适用税率。纳税人销售不同税率货物或应税劳务，并兼营应属一并征收增值税的非应税劳务的，其非应税劳务应从高适用税率。

2.（1）根据我国《税收征收管理法》的规定，企业、公司在外地设立的分支机构和从事生产、经营的场所，个体工商户和从事生产、经营的事业单位，自领取营业执照之日起 30 日内，持有关证件，向税务机关申报办理登记。在办理税务登记时，应按其生产、经营所在地税务机关确定的管辖范围，在规定时间内向其主管税务机关提出申请办理税务登记的书面报告，如实填写税务登记表。同时，纳税人应当提供有关证件或资料：①营业执照；②有关合同、章程、协议书；③银行账户证明；④居民身份证明、护照或者其他合法证件；⑤税务机关要求提供的其他有关证件、资料。对于纳税人填报的税务登记表、提供的证件和资料，税务机关应当自收到之日起 30 日内审核完毕，符合规定的，予以登记，并发给税务登记证件；不符合规定的，也应予以答复。

（2）该分公司的行为违反了《税收征收管理法》的规定，依据第 60 条，即"纳税人未按照规定的期限申报办理税务登记、变更或者注销登记的，由税务机关责令限期改正，可处以 2000 元以下的罚款"，税务机关可以对其罚款。

第七章　劳动法律制度

一、单项选择题

1. B　2. E　3. A　4. A　5. B

二、知识应用题

（一）案例分析

案例 1：张某与王某之间是劳务关系而不是劳动关系。王某并非张某个体经济组织的成员，平时不接受张某的管理，双方约定的报酬方式也是一次性的，与工资报酬关系的持续性支付不同。王某在为张某提供劳务时不慎摔伤骨折，应依《民法通则》处理，即按民事纠纷处理。

案例 2：（1）王某可以单方解除。试用期是劳动者与用人单位双向选择的考察期，双方可以随时解除劳动合同，因此王某不与用人单位协商单方解除劳动合同的行为是法律所允许的。

（2）王某不应赔偿用人单位的培训费用。劳动法规定的承担赔偿责任的条件是当事人有不履行或不适当履行劳动合同的行为、当事人本身有过错。王某在试用期内提出解除劳动合同并未违反劳动法的有关规定，没有过错行为，依法不应承担赔偿责任。

案例 3：（1）该药店的处理是正确的。该药店实行综合计算工时制，允许采用轮休制度。如果周日女工上班，该周每日工作时间并未超过国家规定的八小时，该周的工作时间并未超过国家规定的四十小时，故周日要求该女工上班，不能视为加班，女工在规定的工作时间内应当服从企业安排，否则应按违反该药店的规章制度处理。

（2）如果该药店执行的是标准工时制度,该药店的处理不正确。按每周工作6天计,该药店已是延长工时。公休假日要求职工加班应当征得职工本人的同意,职工有权拒绝。企业扣罚构成克扣工资。

（二）实务操作（略）

第八章 药品监督管理

一、单项选择题

1. A 2. C 3. A 4. D 5. C 6. B 7. C 8. A 9. D 10. B 11. C 12. D 13. C

二、知识应用题

（一）案例分析

案例1:本案是北京市药监局联合北京市公安局破获的一起涉药案件。药品是特殊商品,打击涉药案件对维护国家药品市场秩序,保障群众用药安全有重大意义。

案例2:(1) ×××药业公司的行为严重违反《药品管理法》的规定,刺五加注射液事件是一起由药品污染引起的严重不良事件,依法应按假药论处。

（2）依据《药品管理法》的规定,对该不良事件追究行政责任:1)按照《药品召回管理办法》的有关规定,召回2007121511和2007122721两个批次的100ml刺五加注射液,查封、扣押以上两个批次药品的库存成品和留样。2)由黑龙江省食品药品监管局责令×××药业公司全面停产,收回药品GMP证书,对该企业违法违规行为依法处罚,直至吊销《药品生产许可证》。

（3）由黑龙江省食品药品监管局依法处理企业直接责任人,在10年内不得从事药品生产、经营活动。销售人员张某等人的行为涉嫌违法犯罪,应追究其刑事责任。

（二）实务操作（略）

第九章 药品经营和使用管理

一、单项选择题

1. A 2. D 3. C 4. A 5. A 6. B 7. B 8. C 9. D 10. C 11. B 12. D 13. A 14. B 15. A

二、案例分析题

1. 《药品管理法》第14条规定:无《药品经营许可证》不得经营药品。《药品管理法》第73条规定:未取得《药品经营许可证》经营药品的,依法予以取缔,没收违法生产、销售的药品和违法所得,并处违法生产、销售的药品(包括已出售的和未出售的药品)货值金额2倍以上5倍以下的罚款。袁某无证照批发经营药品的违法行为,应由药监部门以违反《药品管理法》第14条第一款之规定,按照《药品管理法》第73条规定给予处罚。如果袁某的经营数额达5万元以上或者违法所得达1万元以上,就构成了非法经营罪,应承担刑事责任,药监部门应及时把案件移交给公安部门处理。

2. 北京某广告有限公司未经批准发布药品广告的行为违法了《中华人民共和国药品管理法》。

该法第 60 条规定,药品广告须经企业所在地省、自治区、直辖市人民政府药品监督管理部门批准,并发给药品广告批准文号;未取得药品广告批准文号的,不得发布。《中华人民共和国广告法》第 36 条规定"任何单位和个人不得伪造、变造或者转让广告审查决定文件"。当事人的行为显然违反了此项规定。《中华人民共和国广告法》第 44 条第二款规定:伪造、变造或者转让广告审查决定文件的,由广告监督管理机关没收违法所得,并处 1 万元以上 10 万元以下的罚款。构成犯罪的,依法追究刑事责任。

第十章　经济纠纷的解决

一、单项选择题

1. A　2. E　3. B　4. C　5. B

二、知识应用题

(一) 案例分析

案例 1:(1) 本案中,双方当事人签订的合同中的仲裁条款并未指明具体的仲裁委员会,属于内容不明确。根据我国《仲裁法》的规定,该仲裁条款无效。

(2)《仲裁法》规定:仲裁协议对仲裁事项或者仲裁委员会没有约定或者约定不明确的,当事人可以补充协议。争议发生后,双方重新签订仲裁协议,指明了具体的仲裁委员会,因此是有效的。

(3) 医疗器械厂向人民法院的起诉是不正确的。《仲裁法》规定:当事人达成仲裁协议,一方向人民法院起诉的,人民法院不予受理,但仲裁协议无效的除外。本案中因重新签订的仲裁协议是有效的。因此,原告医疗器械厂的起诉不正确。

(4) 本案中医疗器械厂向法院起诉时未声明有仲裁协议,根据《仲裁法》规定,法院应该受理。

(5) 法院应当驳回医疗器械厂的起诉。根据《仲裁法》规定:当事人达成仲裁协议,一方向人民法院起诉未声明有仲裁协议,人民法院受理后,另一方在首次开庭前提交仲裁协议的,人民法院应当驳回起诉,但仲裁协议无效的除外。

案例 2:(1) 丙市人民法院对本案具有诉讼管辖权,根据《民事诉讼法》规定:因合同纠纷提起的诉讼,由被告住所地或者合同履行地法院管辖。本案中双方当事人约定合同履行地在丙市,因此,丙市人民法院具有诉讼管辖权。

(2) 本案中合同双方当事人通过电子邮件约定仲裁解决纠纷的形式是合法的。根据《仲裁法》规定:仲裁协议的类型可以是信函、电报、电传、传真、电子数据交换、电子邮件等。因此,通过电子邮件约定仲裁的形式是合法的。

(3) 被告关于管辖权的上诉理由不成立。根据《仲裁法》规定:当事人达成仲裁协议,一方向人民法院起诉未声明有仲裁协议,另一方在首次开庭前未对人民法院受理该案提出异议的,视为放弃仲裁协议。在本案中被告明知有仲裁协议在首次开庭前未对人民法院受理该案提出异议。另外,丙市人民法院对本案具有诉讼管辖权。第一题中已阐明原因,此处不再赘述。

(4) 若二审法院认为本案原判决认定事实错误发回重审,一审法院作出新判决的,当事人对于该新判决不服不能再次提起上诉。根据《民事诉讼法》规定:第二审人民法院对上诉案件,经过审理认为原判决认定事实错误,发回原审人民法院重审。这就是第二审人民法院的裁决,我国实行两审终审制度。因此,第二审法院的裁决是终审的裁决,当事人不能再次提起上诉。

(二) 实务操作(略)

药品经营管理法律实务课程标准

（供药品经营与管理、药品服
务与管理等专业用）

ER-课程标准

甲类非处方药
(红底白字)

乙类非处方药
(绿底白字)

彩图 1　非处方药专有标识

麻醉药品　　精神药品　　医疗用毒性药品　　放射性药品　　外用药品

彩图 2　药品的专有标识